国家社会科学基金资助项目

U0642801

政府规制下制药企业
创新激励与定价机制研究

张新鑫 申成霖 侯文华 著

科学技术文献出版社
SCIENTIFIC AND TECHNICAL DOCUMENTATION PRESS
·北京·

图书在版编目（CIP）数据

政府规制下制药企业创新激励与定价机制研究 / 张新鑫，申成霖，侯文华著.
—北京：科学技术文献出版社，2017.11（2019.1重印）
ISBN 978-7-5189-3693-9

Ⅰ.①政…　Ⅱ.①张…　②申…　③侯…　Ⅲ.①制药工业—工业企业管理—激励制度—中国　Ⅳ.① F426.77

中国版本图书馆 CIP 数据核字（2017）第 290328 号

政府规制下制药企业创新激励与定价机制研究

策划编辑：孙江莉　　责任编辑：赵　斌　　责任校对：文　浩　　责任出版：张志平

出　版　者　科学技术文献出版社
地　　　址　北京市复兴路15号　　邮编 100038
编　务　部　（010）58882938，58882087（传真）
发　行　部　（010）58882868，58882870（传真）
邮　购　部　（010）58882873
官方网址　www.stdp.com.cn
发　行　者　科学技术文献出版社发行　全国各地新华书店经销
印　刷　者　北京虎彩文化传播有限公司
版　　　次　2017 年 11 月第 1 版　2019 年 1 月第 2 次印刷
开　　　本　710×1000　1/16
字　　　数　188千
印　　　张　11.75
书　　　号　ISBN 978-7-5189-3693-9
定　　　价　58.00元

内 容 简 介

制药产业具有投资高、风险大、研发周期长等特点，其发展水平受到企业创新能力、产业政策及市场需求等多种因素的影响。我国制药产业长期以来面临着创新能力薄弱、低水平同质化竞争等突出问题，提高制药企业的创新水平及市场绩效，既是产业发展的必然要求，又是决定人民医疗健康福利水平的关键所在，具有重要的现实意义与研究价值。

本书结合创新管理理论、产业组织理论、政府规制理论和运营管理理论，探讨规制政策框架和市场环境下，制药企业创新激励及药品定价的协调机制问题。具体包括：分析集中采购规制、价格管制及医疗保险支付政策对制药企业创新激励及药品市场绩效的影响；研究制药企业创新管理、政府规制政策、市场竞争和患者需求之间的交互关系；提出制药企业创新战略与营销广告、药品定价的协调机制，以及制药产业的创新激励政策和规制政策。研究成果对于产业政策的科学决策、制药企业创新发展具有借鉴和参考价值。

本书可供创新管理及运营管理领域的研究人员、企业经营者及管理咨询人员、政策决策人员阅读参考。

前　言

　　制药业是典型的创新驱动型产业，新药研发创新是该产业生存发展的基础和制药企业获得长期竞争优势的关键。由于药品是不同于普通消费品的特殊商品，为保障患者利益，世界上绝大多数国家都对药品市场实施不同程度的监管和干预。政府规制，包括激励性规制和约束性规制，对制药企业创新行为和市场绩效的影响已经成为学术界关注的热点问题。长期以来，实业界和学术界就政府规制对制药企业创新激励和药品定价的影响机制一直争论不断。国内外学者对政府规制与制药企业技术创新之间关系的研究，形成了两种截然相反的观点：一部分学者认为，政府规制对制药企业技术创新起到积极的推动作用；另一部分学者则认为，政府规制对制药企业技术创新存在明显的消极影响。世界各国政府对医药市场的普遍做法是设立专门的规制机构进行规制，而学术界争论的问题是加强政府规制还是放松政府规制？这其中又可以划分为经济性规制和社会性规制两类规制。在现阶段，我国政府更侧重经济性规制，即价格管制、采购规制和市场准入规制（GMP、GLP、GSP及新药审批等）。市场准入规制是制药企业必须具备的资质条件，属于市场进入壁垒。在世界范围内，加强市场准入规制已经成为普遍共识。关于价格管制、医疗保险支付政策、采购规制对制药企业的创新行为、营销定价及创新绩效竟产生怎样的影响，是值得研究的重要课题。制药企业创新战略选择及其效果在很大程度上取决于政府、企业及消费者多方博弈的结果。尽管国外学者对该问题有了一定研究，但由于中国与其他国家在医药市场结构、医疗体制等方面存在着巨大差异，使得国外研究成果的借鉴意义非常有限。国内目前的研究多是基于经验的、面板数据的实证研究，基于博弈论等严密数理模型的研究还较为缺乏，而这恰恰正是行之有效的研究范式。

本书立足于中国药品市场的现实背景，综合运用创新管理理论、产业组织理论、市场营销理论、博弈论和最优化理论等相关理论和方法，研究了制药企业创新的战略决策、产学研创新联盟的形成和利润分配机制；研究价格管制、集中采购规制、政府创新激励 3 种政策，以及这 3 种政策组合下，政府、制药企业和药物集中采购平台的决策行为，深入探讨不同政策组合对制药企业创新激励、广告投资、药品定价和药品市场绩效的影响机制，提出制药企业创新激励、广告营销及药品定价的协调策略，以及制药产业创新激励与规制政策建议。

本书共分为 9 章，具体内容如下。

第 1 章是绪论，介绍中国制药企业创新实践背景，提出政府规制下制药企业创新激励和市场绩效等研究问题，说明本研究的学术价值和应用价值，界定研究对象和重要概念，阐明研究的思路、方法，概括本书的研究特色和创新之处。

第 2 章是相关理论与文献综述。梳理相关理论、国内外文献，作为后续模型研究的理论基础和出发点。文献综述包括：药品价格管制、集中采购规制等规制政策下的制药企业创新战略决策、药品定价决策及创新激励等问题，梳理各类规制政策对制药企业创新激励的影响，阐述了制药企业创新战略理论、政府规制理论（包括准入规制、价格管制、集中采购规制等）。

第 3 章研究制药企业产学研联盟创新管理问题。提出相互竞争的制药企业与同一学研机构的双边纳什议价博弈模型，研究制药企业的创新战略选择、产学研创新联盟形成的影响因素及合作创新对药品价格、制药企业的市场份额和社会福利的影响等问题。

第 4 章研究完全竞争市场条件下，价格管制和医疗保险支付政策对制药企业创新投入和创新药定价的影响，阐明价格管制政策和医疗保险支付政策与制药企业创新激励的交互作用机制，根据模型研究结论提出相关政策建议。

第5章研究激励性规制和约束性规制并存时，制药企业的创新激励问题。基于政府实施创新研发激励政策和药品价格管制的现实背景，构建政府、制药企业和消费者（患者）间的三阶段博弈模型，探讨政府的战略性创新激励政策、价格管制政策和医疗保险支付政策对制药企业创新激励、药品市场绩效和社会总福利的综合影响，提出相应的政策建议。

第6章研究集中采购规制、采购平台收费机制对制药企业的创新激励和市场绩效的影响等问题。通过对不同采购模式和平台收费机制下制药企业与集中采购平台决策行为的对比分析，研究集中采购规制、采购平台收费机制对制药企业创新激励、药品定价、医疗机构的采购成本和药品市场的社会总福利的交互影响关系。

第7章研究制药企业与集中采购平台议价博弈问题。考虑医疗机构的异质性购买偏好和制药企业的议价能力，构建了两家相互竞争的制药企业与集中采购平台间的议价博弈模型，研究企业议价能力和集中采购的成本优势对制药企业集中采购参与意愿的影响，探讨了集中采购规制对药品价格、医疗机构采购成本和制药企业利润的影响。

第8章研究价格管制、消费市场结构对制药企业创新研发战略、广告战略选择决策的影响机制。考虑药品市场中两家相互竞争的制药企业，构建存在/不存在价格管制下的研发和价格双重竞争下的博弈模型，研究价格管制下，广告投资、研发投入之间的作用关系及其对创新药市场绩效的共同影响，给出相关管理措施及政策建议。

第9章是总结与展望。总结全书的主要结论，进一步阐明研究的理论意义及管理实践价值，提出激励制药企业创新发展的政策建议，指出未来的研究方向。

本书试图回答现阶段经济发展条件下，政府应当如何设计政策菜单激励制药产业创新，以及制药企业如何通过协调创新战略与营销定价策略赢取竞争优势等管理问题，进一步丰富了制药产业的激励与规制理论、创新管理理论。本书对于从事新药研发的企业、研究开发与管理人员、创新管理研究人员，以及相关产业政策决策者具有一定的理论参考价值。

本书是国家社会科学基金项目"政府规制下制药企业创新激励与定价机制研究"（编号：15BGL074）的阶段性研究成果，同时要特别感谢国家社会科学基金项目"需求不确定下企业绿色技术创新激励与政策效应研究"（编号：16BGL079）、天津市哲学社会科学规划项目"竞争环境下制药企业的创新投入、广告支出与创新绩效研究"（编号：TJGL15－035），以及天津市第5批宣传文化"五个一批"人才培养工程（编号：2015CR05）对我们研究工作的资助和支持，感谢天津理工大学管理学院在项目研究和本书写作过程中给予的大力帮助和支持，感谢科学技术文献出版社编辑的辛勤工作。由于作者水平有限，书中存在不足之处在所难免，期望读者不吝赐教。

张新鑫　申成霖　侯文华

2017 年 10 月

目　　录

第1章 绪 论

  制药业属于典型的创新导向型产业，高效的新药研发创新是该行业生存与发展的基础和制药企业获得长期竞争优势的关键。2013 年，全球研发强度排名前 10 位的企业中，制药企业占据 5 席，全行业的研发强度约为 22%，在全球研发强度排行榜中名列前三甲（Barry 等，2013）。相比之下，中国制药业的新药研发却相形见绌，远远落后于美欧等制药强国，普遍存在低水平、同质化竞争及创新能力低下等问题。究其原因，综合科技实力的差距固然是重要原因，但是政府在新药研发激励机制上的缺位和不足也不容忽视（周斌和吴晓明，2014）。如何有效激发制药企业的创新研发积极性，设计合理的创新激励政策，保障制药企业获得合理的创新报酬，已经成为我国药品监管部门亟须解决的重点问题，同时也成为学术界研究的热点问题。

  众所周知，药品不同于普通消费品，是关系到人类生命健康的特殊商品。为保障公众对药品的公平可及性和控制药费支出，世界上绝大多数国家都对药品市场实行广泛的干预和监管（Scherer，2000；Sood 等，2009）。相对于国外药品市场，我国政府对药品市场的规制更为严格，基于社会福利的目的，实行了多种经济性规制，如最高限价规制（价格上限规制）、药品集中采购规制等，以达到降低居民药费支出，缓解"看病贵"等问题的目的（张庆霖和郭嘉仪，2013）。

  综上所述，药品市场，特别是中国药品市场，不同于一般的消费品市场，是一个激励性规制和约束性规制并存的市场，必须综合考虑政府的创新研发激励政策（激励性规制）和各种约束性规制（主要是经济性规制）对制药企业创新激励、药品定价和市场绩效的交互作用关系，才能提出既能够保障患者利益，又能够激发制药企业创新研发积极性的政策组合，这也是本书研究的着力点和核心问题。

  因此，本章首先将从选题背景出发，对国内外相关领域研究现状深入分析，提出研究问题，论证研究的学术价值和应用价值；然后，依次对研究对象和相关概念做出界定和解释，并阐明研究的方法与思路；最后，总结本书的研究特色和创新点。

第1节　研究背景和问题的提出

一、研究背景

制药业是国民经济的重要支柱产业，生物医药更是我国大力提倡发展的战略性新兴产业。制药业具有投资高、风险大、研发周期长及技术创新能力要求高等特点，较少受到经济周期的影响，因而被公认为"永远的朝阳产业"。同时，药品是不同于普通消费品的特殊商品，影响到人的健康与生活，与人类社会的存在与发展休戚相关。作为一种准公共品，药品的研发、供给和销售受到制药企业的创新与经营能力、政府规制、社会医疗保险支付制度及患者（消费者）需求与购买能力等多种因素的相互作用和影响。

随着医疗体制改革的持续推进、人口老龄化、消费升级及全民医疗保险制度的推广，我国的制药业呈现快速增长的势头。2013年中国医院与零售渠道药品市场销售额达到6839亿元，整体增长率为13.4%。然而，相对于药品市场的迅猛发展，我国制药企业的新药研发却远远落后于欧美及亚洲的日本和印度等国家，存在低水平仿制、同质化严重和创新能力低下等严重问题（张俊祥 等，2012）。如何有效进行新药创制，提高制药企业的创新能力和研发积极性，以满足人民群众日益增长的医疗与健康需求是摆在制药企业、政府和全社会面前的共同课题。位于医药产业价值链初始端的制药企业，作为医疗健康产品的提供者，负有极为重要的责任。鉴于药品的特殊性，不能完全依赖市场机制发挥作用（陈文，2008），因此，制药业的发展受到国家政府各类规制政策的综合影响。以我国为例，政府一方面投入大量的创新资金和研发补贴，用以鼓励拥有自主知识产权的新药的研制[①]；另一方面又对药品市场实施较为严格的价格管制，以达到抑制药品价格上涨，降低民众药费支出的目的。在此市场环境和政策背景下，制药企业，特别是我国制药企业，面对的突出问题在于，如何通过有效的创新研发来应对日益激烈的市场竞争、人民群众日益增长的健康保健需求及日趋严格的医药市场规制等环境。以下从消费者市场、产业竞争及政府规制3个角度对我国制药业

---

① 据报道，"十一五"期间，我国投入超过200亿元用于重大新药创制。

（企业）技术创新发展的现状、特点，以及面临的机会与挑战问题进行分析，以期提出研究的问题。

（一）中国药品市场持续增长与制药业创新能力不足并存

由于人口增长、老龄化社会的到来、慢性病增多、健康生活需求的增长、医疗保险覆盖面扩大、医疗保险支付水平提高，以及医疗技术和创新药品的出现等因素，我国药品消费需求总量和速度不断增加，2014 年已经超过日本，成为世界第二大药品消费市场。与此相适应，我国制药产业规模发展迅速。据统计，我国七大类医药工业总产值在"十一五"（2006—2010年）期间复合增长率达到 23.31%，进入"十二五"，仍然保持快速增长势头，在 2011 年及 2012 年分别增长了 26.50% 和 20.10%，2013 年达 22 297亿元，同比增长 18.79%（《中国医药市场蓝皮书》，2014）。然而，相对于药品市场的迅猛发展，我国制药业的研发创新却相形见绌，制药企业的创新能力薄弱，与人民群众日益增长的医疗健康消费需求的矛盾较为突出。制药业发展中长期存在产业结构不合理、自主创新能力弱、技术水平不高、产品同质化严重、生产集中度低等突出问题（张俊祥 等，2012）。医药行业的本质是研究创制高效创新药及先进疗法来治病救人，其行业特质是高风险、高科技和高回报。实际上，目前我国整体制药产业研发投入占销售收入比重平均为 1%~2%；除个别企业在 5% 以上之外，大部分企业的研发投入与销售收入比重处于非常低的水平；而国外企业的平均水平是 15%~18%，相邻的发展中国家印度的水平也在 6%~12%（康义瑶，2010）。我国医药产品更新换代缓慢，无法及时跟上和满足市场需求的变化，一直处于全球制药产业价值链低端，国际市场占有率低。国内高端医药市场，也主要被进口或合资产品占据。例如，创新药物为主的合资外资药已经占据我国 48% 的市场份额，并不断蚕食国产药的份额；而国产一类新药的销售比重不到 5%，远不及合资外资创新药物所占的比重[①]。药品市场需求决定了制药企业创新的方向和内容，制药企业只有通过加强新药创制来开拓市场，创造需求，满足需求，才能逐步进入良性发展的轨道。

（二）市场竞争加剧下的制药企业技术创新

中国制药业自改革开放之后，经过 30 多年的发展，先后经过国有制药企业主导市场，演变为外资或中外合资制药企业、本土制药企业群雄逐鹿的

---

① 搜狐健康：中国将成第二大药品市场 亟须药物创新政策支持（2012 - 03 - 12）。

局面（曾峥，2014）。外资企业主导处方药和高端药品，其地位进一步巩固；少数民营企业（如仁和、葵花等）在非处方药市场形成品牌优势；如海正、恒瑞、科伦等企业在某一类治疗领域形成相对品牌优势；如华海等企业在国际化方面形成优势；如国药、上药、通用医药和华润等国有企业经历转型并在并购方面扩大规模，例如，以并购著称的复星医药、远大、华立等企业通过外延式发展增量提速。2014 年，中国已超越日本成为全世界第二大药品市场，快速增长的态势将会持续。全球大型跨国制药公司和中小型制药公司都无一例外地将中国列入重点市场。因此，中国医药市场本身就是一个国际化市场，市场竞争极为激烈。随着资本市场的成熟和多元化，中国医药市场将进入资本主导期，集中度将进一步提高，跨地域整合的步伐将加速，一批大型企业将相对垄断品类市场，创新将主导竞争格局的变化（孔学东和干荣富，2011）。药品市场竞争向深层开展：战略层面的竞争、品牌层面的竞争和运营层面的竞争将全面展开，我国本土企业原有的一些竞争手段（低成本、价格战、模仿等）将不再奏效。目前，中国制药行业集中度低、行业企业规模一般偏小、创新资源和创新能力有限是主要掣肘，这样的企业无法在国际化市场竞争中站稳脚跟（程锦锥和朱恒鹏，2012）。中国制药企业参与国际竞争的广度、深度及影响力将更多地取决于企业创新战略思维高度和技术创新实力。

（三）政府规制对制药业创新的影响

与世界范围内的大多数国家类似，我国对药品市场实行广泛的干预和监管，即政府规制。本质上，政府规制代表了社会公共利益与制药业进行博弈，因此政府规制是影响制药业技术创新的重要因素。目前，我国对于制药业领域的政府规制主要有市场进入规制、价格管制、安全规制、质量规制等，还有最近逐渐实行的环境规制。目前，国内外就政府规制对制药业技术创新的效应，基本形成了两派观点：一派观点认为，政府规制可能对制药企业的创新产生积极作用，在一定程度上激励制药企业的创新（Grabowski 和Vernon，2000；Scherer，2001；吴红雁，2008；杨莉 等，2012）；另一派观点则认为，政府规制对制药企业的创新产生消极影响，甚至是造成中国制药企业进行"伪新药"技术创新的重要原因（Vernon，2005；朱恒鹏，2007；刘小鲁，2010；吴斌珍 等，2011；张庆霖，2011，2012）。对于各类规制政策本应发挥的价值和作用需要有一个科学客观的评价，更为重要的是，这些规制政策对制药企业创新及经营产生了怎样的影响，对药品市场的供给和药品价格的影响究竟是好是坏，则需要对医药市场的各利益相关方进行深入分析和探讨。

（四）组织管理因素对制药业创新的影响

随着研发成本的不断攀升、技术复杂性和市场不确定性的增加，以及药品产品生命周期的缩短，制药企业单独进行产品创新的难度越来越大。我国逐渐形成了政府引导下的"官、产、学、研"制药创新体系。国家从宏观政策角度，鼓励药品创新研发，促进制药业发展，发挥宏观调控的作用，并鼓励制药企业与研发机构或专业技术公司合作，联合进行新药开发，以降低研发成本和控制研发风险（郭宗儒和赵红宇，2013）。由于体制和机制等原因，我国制药业创新的关键资源大多集中在高校和科研院所（以下简称学研机构），制药企业主要负责药品的生产。然而，学研机构资金短缺和市场运作能力不足，极大地限制了科研成果的产业化；相对而言，制药企业则资金充裕，所以，彼此的合作研发便成为可能（王龙和康灿华，2005）。国内许多知名制药企业已经开始与学研机构结成研发战略联盟，采用产学研联盟模式进行新药研发，实现资源共享与能力互补。例如，天士力集团已经与北京大学医学部、天津中医药大学、浙江大学等多所高校开展产学研合作，在促进人才、技术、资金和项目的高效互动方面取得很好的效果[①]。同时，由于药品创新研发的高度专业性、高风险性和竞争性，制药企业往往倾向于与知名学研机构进行合作开发，以提高新药开发的成功率，如国内的许多制药企业与中科院药物所合作开发新药。因此，本书特别关注竞争环境下，制药企业的创新战略决策（即是否进行产学研合作创新）、创新利润在产学研联盟各成员间的分配及联盟创新可能存在的风险等问题。

（五）制药企业创新的价值转化能力

我国目前每年审批的药品中，90%是剂型改造和仿制药，10%是创新药（高冰洋和王春，2014）。在这10%的创新药研发企业中，部分企业由于没有从市场需求出发，品种研发过程没有形成资本化的商业运作模式，导致大批创新品种无法有效产业化，而以失败告终。制药企业进行技术创新的动力主要源于药品在研发成功后所带来的丰厚利润。药品创新研发的投资大、周期长、审批手续繁杂，在产品上市前任何一个阶段受挫，都会使之前的投入成为沉没成本。因此，制药企业的产品创新价值转化效果（商业化）取决

---

① 新华网天津频道：天士力创新科研体系 产学研合作结硕果（2011 - 09 - 23）。

于产品上市后能否快速赚取利润,这依赖于良好的营销管理,特别是药品的定价销售管理。药品价格自然成为创新激励管理的重要考虑因素(周斌和吴晓明,2014)。我国药品价格管理体制是政府宏观调控与市场调节相结合的混合型价格管理体制。多种定价形式并存,既包括政府统一定价,又有经营者自主定价。列入《国家基本医疗保险药品目录》的药品和少数垄断性(如独家品种、中药保护品种等)、特殊性药品(如麻醉药、有毒有害管制药品等)实行政府制定最高零售价或政府直接定价方式。上述范围以外的药品则实行市场调节价,由企业根据生产经营成本和市场供求关系自行制定价格。由于药品的准公共品属性,药品定价问题涉及制药企业、患者、医疗服务机构、医疗保险机构和政府等多方利益。政府的价格管制政策一方面要激励创新研发、扶持制药业发展,同时还要保证创新药品的可及性、降低药品费用、减轻医疗保险基金支付压力及促进医疗资源合理使用等(常峰,2010)。有鉴于此,本书将针对创新药产品的定价问题进行研究,协调制药企业的创新激励与药品定价机制,保障制药企业的创新回报,同时又兼顾消费者的医疗健康福利、社会公平及医疗资源投入的可持续性。

二、问题的提出

由以上分析可知,我国制药企业在新药创新研发管理与药品定价及政府的药品规制政策设计方面均存在很多亟待解决的重要问题。就创新主体而言,目前我国药品研发的主体是学研机构,而非企业。制药企业面临技术落后,技术人员水平总体较低,难以应对药品创新研发技术高、风险高及周期长等诸多难题,而学研机构则面临经费有限、产业化经验不足等问题。推动制药业的创新研发,本质上需要树立和巩固制药企业作为技术创新主体的地位,实现企业从"制药"到"创药"的角色转变。在现阶段条件下,产学研合作新药研发模式,可以较好地解决企业创新能力不足和学研机构资金不足的问题,已逐渐成为我国新药创新研发的重要模式(郭宗儒和赵红宇,2013)。就创新战略层面而言,外部环境上需要政府在激励性规制方面强化对制药企业的创新激励,进行适当"输血",增强企业的创新意愿;制药企业需要树立正确的创新战略思想,走创新驱动的发展道路,做好药品创新的战略选择决策。就制药企业运营层面而言,制药企业需要做好药品特别是创新药的营销及定价管理,加强创新管理与营销管理的协同,实现技术创新的价值转化,产生"造血"功能,这样才能敢于创新,真正形成以创新为核心的综合竞争力。

长期以来，理论界和实业界就政府规制对制药企业创新研发行为作用和影响的争论一直持续不断。但可以肯定的是，一段时期内政府对制药业的市场准入规制、价格管制和采购规制的做法将不会轻易改变。基于上述现实背景，本书运用产业组织理论、博弈论、创新管理、讨价还价理论和市场营销等理论，深入探讨在既有的政策框架和市场环境下，产学研合作新药研发模式、制药企业的创新激励和药品定价问题。深入分析集中采购规制、价格管制及医疗保险支付政策对制药企业创新投入和市场绩效的作用与价值，探讨制药企业创新管理与政府规制、市场竞争及消费者（患者）之间的交互影响关系，并据此提出制药企业的创新战略与营销定价的协同机制，帮助政府制定和完善有利于激励制药企业创新的规制政策或政策组合。

第 2 节　研究的学术价值和应用价值

一、研究的学术价值

创新能力是制药企业的核心竞争力，而提升产品创新能力则是关键中的关键。本书综合考虑政府的激励性规制、约束性规制和医疗保险支付政策，重点研究中国制药企业的创新决策及不同的政策组合下企业的创新激励、药品定价和市场绩效等问题，研究的学术价值体现在以下几个方面：

①以往对于制药企业的创新决策及市场绩效的研究多是基于产业经济学视角的。本研究则是基于管理科学视角，采用产业组织理论、博弈论、创新管理理论、最优化理论及营销理论等理论与方法，以产业—企业—（产学研）联盟（组织）为研究对象（其中，制药企业为核心研究对象），研究不同政策组合下制药企业的创新激励管理问题。本书提供了系统性、综合性的研究新视角，丰富并发展了产业组织理论、创新管理理论。

②鉴于制药业的特殊性及牵扯着社会多方利益。本研究以提高社会资源配置的合理性、效率及公平性为目标，分析 4 方参与者——制药企业、医疗服务机构、政府（规制机构）及消费者（患者）——之间的相互作用及博弈行为，综合考虑政府的激励性规制、约束性规制和医疗保险支付政策，深入研究不同政策或政策组合与制药企业利润、消费者的剩余和社会总福利的交互作用关系，对各类规制政策的利弊进行了对比研究与深入探讨。本书的

研究成果进一步丰富了公共政策理论、政府规制理论和营销管理理论。

③本研究还侧重考虑了制药企业内部如何构建创新战略管理—营销（广告及定价）管理的协调决策；立足于现实中制药企业的研发实践，研究制药企业—学研机构研发联盟的创新协作、利润分配及创新风险等问题。对创新战略决策、运营决策的整合性研究，进一步丰富了创新战略理论和运营管理的理论。

二、研究的应用价值

本研究的应用价值体现在：

①制药企业的创新激励受到企业内外部环境、资源的制约和影响。本研究深入挖掘各类规制政策、医疗保险支付政策及消费需求对药品创新研发的作用机制，分析在各种博弈情境下，制药企业的创新战略选择决策、创新投入决策及药品定价最优决策，旨在增强制药企业创新意愿和研发积极性，合理化创新管理及营销决策，对于激励制药企业创新具有现实指导意义。

②本研究可以帮助政府制定和完善各类规制政策，发挥其积极作用。这些政策对于引导和鼓励制药企业积极进行创新研发，协调药品创新利益相关方的利益关系，完善创新药品定价机制，提高医药服务水平，保证医疗服务、社会福利水平的公平性、可及性、效率性和可持续性都具有重要的借鉴意义。

第3节　研究对象

一、制药企业

本书的研究对象和范围是中国的制药业和制药企业。在我国，政府的政策文件多用"医药工业"，研究人员多用"医药产业"等词来研究制药业。"医"与"药"是既存在紧密联系又具有一定区别的两个行业。药品是制药业提供的产品，包括原料药、中间品和成药制剂。医疗器械与医疗服务相关的领域可称之为医疗服务产业。为了避免概念混淆，本书的制药业是指狭义上的制药产业，即包括药品制造产业，而不包括医疗器械及医疗服务相关的医疗服务产业。书中涉及的制药企业包括化药、中成药和生物制药产业中，从事研发、生产成药制剂的企业，不包括任何类型药物中间品生产企业。在本书中，涉及药品的定价问题，与医疗服务机构和消费者有关。"医"与

"药"的背景不可分割，本书也同时混合使用了医药产业等概念，此时是指由制药和医疗服务共同构成的产业或市场。

二、制药企业的技术创新

一般而言，制药企业的技术创新，既包含了药品的创制过程，又包括了新药产品的产业化、商业化的过程。本研究中的技术创新主要是指以生产新药产品为目的的各种技术与经济活动，并强调以产品为中心的创新过程，即本研究主要强调制药企业的产品创新，如全新分子实体创新的创制和对已上市药品的改进以到达减毒增效的目的。在不引起混淆的前提下，全书将对技术创新和产品创新的提法混合使用。制药企业产品创新的结果就是新药，包括全新分子实体创新药和对已上市药品的质量改进（如提高疗效、降低毒副作用等）而形成的创新药。

三、政府规制

制药业的每一个环节都离不开政府部门和相关机构的各类规制，以防范和纠正市场失灵现象，保护患者利益，提高制药企业创新研发积极性和增进社会总福利。政府规制主要包含社会性规制和经济性规制两种类型。世界各国对于两类规制都较为重视，但有的国家偏重于社会性规制，有的国家侧重于经济性规制，还有的国家则同时重视两种规制。我国经历了计划经济向市场经济的转型，对经济性规制比较重视。随着人民生活水平的提高、对健康生活的重视，以及医疗事故、过度医疗等现象的增多，政府规制不能仅仅停留在对市场经济性规制上，应更多地转向以保障国民生命财产的安全、健康权利和增进社会福利为目的的社会性规制。政府规制借助制定各类法律法规等，促进医药产业的健康发展。

制药业中的社会性规制是政府为了保护患者的用药安全、生命健康、自然环境和公共利益而采取的各类规制措施，包括制药业的 GMP、GLP、GSP 和各种新药审批等规制，通过这些规制加强对药品生产及流通过程中的质量、安全性等诸多方面的管理。制药业中的经济性规制包含对药品市场进入和退出、药品定价等方面的规制措施。我国在这方面的经济性规制包括：药品集中采购规制、药品最高限价制度等。实行经济性规制可以促进资源的有效合理配置、保障患者对药品的公平可及性、增进社会福利水平。目前，世界各国对医药产业的政府规制大都体现了经济性规制、社会性规制的双重特点和功效。

近年来，面对社会反映强烈的"看病贵"问题，如何降低居民的药费支出始终是我国政府规制政策的着力点（张庆霖和郭嘉仪，2013）。针对"虚高"的药价，我国政府实施了药品集中采购规制和药品价格上限管制（最高限价规制），旨在降低医疗机构的药品采购成本，并最终减轻患者的药费负担。尽管上述规制在降低药品价格方面取得一定的效果，但是业界普遍认为，上述规制挤压了制药企业的利润，降低了其创新研发积极性，对于研发投入严重不足的中国制药业更是雪上加霜，甚至数度出现叫停药品集中采购规制和放开药品价格管制的呼声。然而，目前学术界对上述两种规制，特别是集中采购规制对制药企业创新激励的影响机制并不十分清楚。某些学者甚至将集中采购规制简单地等同于限价规制，使集中采购这一国外较为普遍的药品采购模式在我国备受争议。我国现行的"以药养医"的医疗体制和集中采购规制的不完善固然是重要原因，但学术界和实业界就集中采购规制对制药企业，特别是激烈市场竞争下制药企业创新激励的影响机制认识不足，是不容忽视的原因。这为本书的研究提供了广阔的空间，集中采购规制对制药企业创新激励和市场绩效的影响是本书的另一个研究重点。

综上所述，本书主要考虑价格上限规制（在不引起混淆的情况下简称价格管制）、集中采购规制、政府战略性创新激励政策及医疗保险支付政策（可视为对需求方的支付限制规制）对制药企业创新激励的影响。价格管制和集中采购规制属于经济性规制，而政府战略性创新激励政策可视为激励性规制。这几类规制会对制药企业的创新激励、药品定价及市场绩效产生极为重要的影响，不仅影响制药企业的技术创新价值转化程度，而且影响新药的市场扩散。

第4节　研究思路与方法

一、研究思路

已有研究表明，对于制药企业创新激励问题的研究需要进一步拓展。鉴于制药业的特殊性，制药企业创新管理研究需要考虑的因素非常繁杂。与以往从产业、企业战略等角度研究不同，本研究以产业—企业—联盟等组织为研究对象，试图从创新战略决策和营销定价决策协调的角度切入，采用管理科学思维、工具和方法对创新激励及绩效问题进行深入分析与研究。在本研究中，重点采用博弈论范式研究了制药企业、政府、医疗服务机构（或患者）之间的决策行为，这对于有效梳理和弄清制药业中纷繁复杂的利益相关者关系显得非常适当。该种方法有利于呈现不同的情境下，决策主体的决策偏好特征及影响决策的各种相关因素，在此基础上，很容易提出提高制药企业创新意愿、创新能力及创新绩效的对策和措施。在研究中，笔者重点考虑了影响制药创新激励的几类规制政策，包括价格管制、集中采购规制、政府战略性创新激励政策和医疗保险支付政策的作用与价值；考虑了消费者支付能力的异质性；考虑了市场竞争环境下制药企业研发联盟的作用价值和可能的创新风险；考虑了广告投资、研发投入与创新药市场绩效之间的交互影响关系。这些因素的不同组合，形成了各种对策局面，通过构建不同决策主体间的博弈模型，采用逆向归纳法和最优化理论获得均衡解，通过均衡分析和对均衡结果的对比分析与比较静态分析，发现和挖掘这些数理模型背后的经济意义和管理意义，进而提出相应的政策建议和企业创新管理措施。

本研究的技术路线如图 1-1 所示。

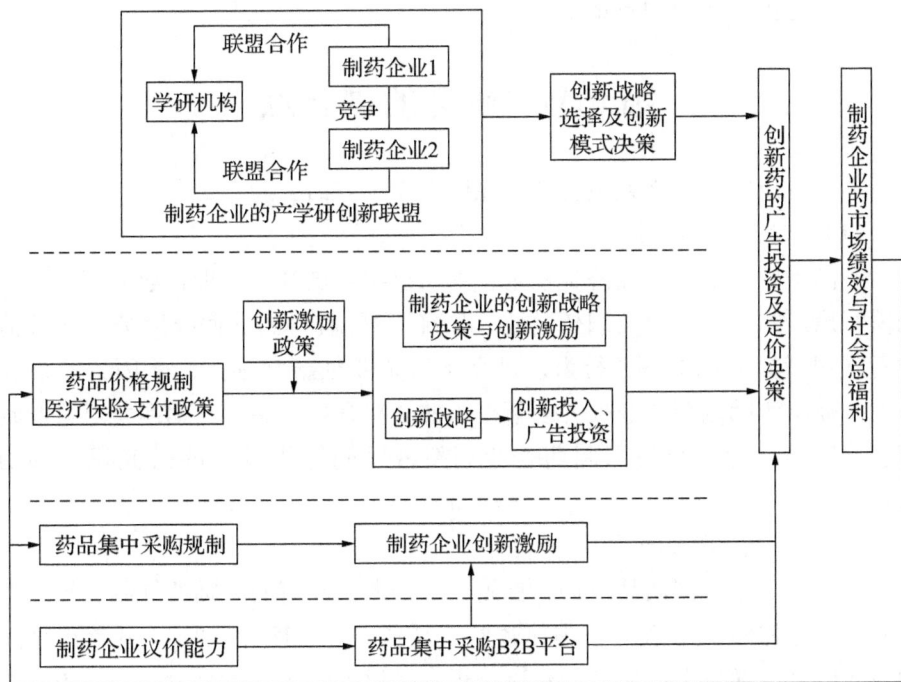

图 1-1 研究技术路线

二、研究方法

本研究属于创新管理、营销管理及产业经济学的交叉领域，采用数理模型法、文献分析法及理论分析法解决所提出的科学问题。模型研究基于产业经济学理论、非合作博弈论和纳什讨价还价理论构建理论模型，采用逆向归纳法、最优化理论、比较静态分析、数值仿真等方法求解和修正模型。这部分大量采用对比研究的方式，分析有无规制政策下，制药企业的创新投入水平，以及不同消费需求下，药品广告及定价决策、集中采购平台的收费模式和制药企业（药品供应链）的创新绩效等一系列问题。在本书中，特别强调政府规制中的经济规制特性和职能，该规制过程是由制药企业、医疗服务机构和消费者（患者）对规制政策及其后果进行讨价还价的过程所发生的战略互动关系组成的。规制研究的对象包括了不同规制下的市场均衡，博弈论成为研究这些均衡的合理方法。最后，综合文献述评、基础理论及模型研究结论，阐释政府规制政策、创新激励政策、医疗保险支付政策及制药企业的产品差异化战略、创新研发战略对制药企业创新激励和市场绩效的作用机制，并据此提出相应的政策及措施。

第5节　研究的创新点

本书可能的创新之处主要体现在以下 3 个方面：

（1）研究视角方面

不同于以往的产业经济学视角，本书首次尝试基于管理科学的视角，采用博弈论研究范式，分析制药企业、政府（规制机构）、医疗服务机构及消费者（患者）之间的博弈行为，研究制药企业创新激励的影响因素及创新绩效，提出激励制药企业提高创新投入的战略管理思想、营销运营对策及政府规制措施，为研究我国制药企业创新激励问题提供新的研究视角和切入点。

（2）研究内容方面

本书立足于中国药品市场，首先，综合考虑政府的激励性规制、约束性规制和医疗保险支付政策，构建政府、制药企业、医疗机构（患者）之间的博弈模型，通过理论研究和对比分析，探讨不同政策组合下，制药企业的创新激励与药品定价协调决策及政府最优的政策设计问题，进而对各类规制政策（组合）在激励制药企业创新、增进患者福利和提高社会总福利方面的利与弊，进行探索性的研究。这些研究成果对于完善和改进各类规制政策的设计，促进制药企业的加大创新投入、提高创新绩效，具有极为重要的理论意义与价值。其次，本书首次探讨了集中采购规制和集中采购平台的收费机制对制药企业创新激励、创新药的定价和社会总福利的交互作用关系。最后，本书分析制药企业的议价能力对企业集中采购参与意愿的影响，进而分析集中采购规制对制药企业利润的影响。这些成果对于完善和改进集中采购规制设计、优化集中采购平台的运营及充分发挥集中采购规制的优势具有重要的理论意义与实践价值。

（3）研究结论方面

本书的研究结果表明，价格管制、集中采购规制及施政于民的医疗保险支付政策这三大政策必须合理匹配，这样不仅能够降低药品价格，减轻患者的医疗负担，控制第三方（医疗保险机构）的药费支出，还能够提高制药企业的创新投入，实现患者、制药企业、医疗机构、医疗保险机构和政府的"多赢"。本书得到的一系列研究结论，对于制药企业的创新及营销管理、政府有关部门的政策制定及医疗机构的服务管理，都具有非常重要的实践意义和决策参考价值。

第2章 相关理论与文献综述

根据本书的研究主题，本章对相关的理论、国内外文献进行分析和述评，旨在作为后续模型研究的出发点和理论基础。第1节梳理制药企业创新及产学研联盟创新的文献与理论；第2节综述政府规制与制药企业技术创新之间的关系；第3节综述药品价格管制与制药企业技术创新的相互关系；第4节综述集中采购规制与制药企业技术创新的关系及相关理论；第5节综述创新研发激励政策的相关文献与理论。

第1节 制药企业产学研联盟创新研究述评

一、制药企业的创新战略决策

（一）制药企业的产品创新

制药企业的发展高度依赖于技术创新，技术创新应当成为制药企业的核心竞争力。全球领先的制药企业长期维持高研发强度的目的，就是维护其市场地位和获得丰厚的利润回报。中国制药企业作为后发企业，在国家优先发展战略性新兴产业、强调创新驱动发展的现实背景下，更应当重视技术创新，尤其是以产品创新为核心的持续创新能力的培养和形成。制药企业的技术创新过程包括：新药研发、注册申请、生产及商业化的全过程，具有高投入、高风险、高收益、长周期及高技术性等显著特征。因此，制药企业在进行产品创新之初，需要加强对创新战略的研究与讨论。本书的研究注重创新管理在战略层面和运营层面的联合决策，内容包括：创新战略的选择决策——选择何种创新模式，达到多大创新程度；创新投入的决策——创新投入多少资本/资源的问题；本书还提出如何激励制药企业加强创新的管理措施及政策建议。

（二）制药企业的创新战略类型

在复杂多变的市场环境中，企业必须积极地在产品、组织、市场和经营等方面不断进行创新，以便在激烈的竞争中获取并保持优势，这种战略行为称之为创新战略。创新战略是以产品创新为导向的一种竞争战略，视缩短产品上市周期为企业的重要目标（冯志强，2009）。创新战略可以从多个角度划分为多种类型。

按照创新的新颖程度，可以分为渐进性创新战略和突破性创新战略。制药企业的渐进性创新是指对现有技术改进引起的渐进、连续的创新。例如，采用"全面质量管理""精益化""组合化学"和"高通量筛选技术"等，通过持续改变的概念来提高药品的疗效，降低毒副作用，节约成本，获得显著回报。渐进性创新的累积效应往往大于一些偶尔发生一次的颠覆性变化（蒂德和贝赞特，2012）。突破性创新是指有重大突破、新颖程度高的创新。新分子实体化合物药品创新可以是突破性创新，仅仅改变给药途径、剂型、扩大适应证范围和提高生物利用度等的创新可以称之为渐进性创新。

按照创新研发的组织模式，可以分为模仿创新、自主创新和合作创新。模仿创新和自主创新都是企业自己主导的创新活动，前者到后者的技术创新程度由低到高。模仿创新是企业通过学习模仿而进行的创新活动，又可以分为完全模仿创新和模仿后再创新。制药业的模仿后再创新是对已上市的药品进行改进，即引进消化他人技术加以完善再创新，超越原有技术水平的创新，如仿制药创新，即可视为模仿后再创新。自主创新是企业依靠自身资源、能力取得技术进展或创新突破，并实现商业化的过程，"重磅炸弹类"新药都是自主创新的成果。由于药品创新的高风险、高投入、高技术复杂性等特点，合作创新成为制药业重要的创新形式。合作创新是指制药企业、高校和研发机构（科研院所、医药科技公司等）合作开发新药的形式。在合作创新模式下，制药企业需要对创新投入的多少、投入的时间及方式、创新绩效的分配及风险分担等问题做出决策。制药企业选择创新组织模式时，需要考虑创新风险、创新利润分配与企业的组织特点相匹配，决定采取合作创新或自主创新模式，通过组织架构设计合理配置资源，平衡并分担风险。

按照技术竞争态势划分，企业创新战略分为领先战略、跟随战略和模仿战略；按照市场进入的策略，可以分为市场最大化战略、市场细分战略、成本最小化战略；按照企业在市场中的地位和行为方式，又可以分为进攻战略、防御战略、填空战略和游击战略 4 种（宁钟，2012）。在此，不再赘述。

（三）制药企业的创新战略决策过程

依据经典的战略管理理论，制药企业的创新战略选择决策，首先需要评估和分析企业自身（资源和能力）的优势（Strength）、劣势（Weakness），外部环境的机遇（Opportunities）、挑战（Threats），包括医药市场、卫生医疗制度、知识产权和政策法规等因素的机遇和挑战；然后确立企业技术创新战略内容及目标，进一步分解为产品创新目标，确定具体产品的创新内容；接着对创新产品进行技术经济分析，提出创新战略的若干方案；最后对方案进行比较与论证，决策最优市场绩效的创新战略实施方案。制药企业的创新战略决策过程如图 2-1 所示。

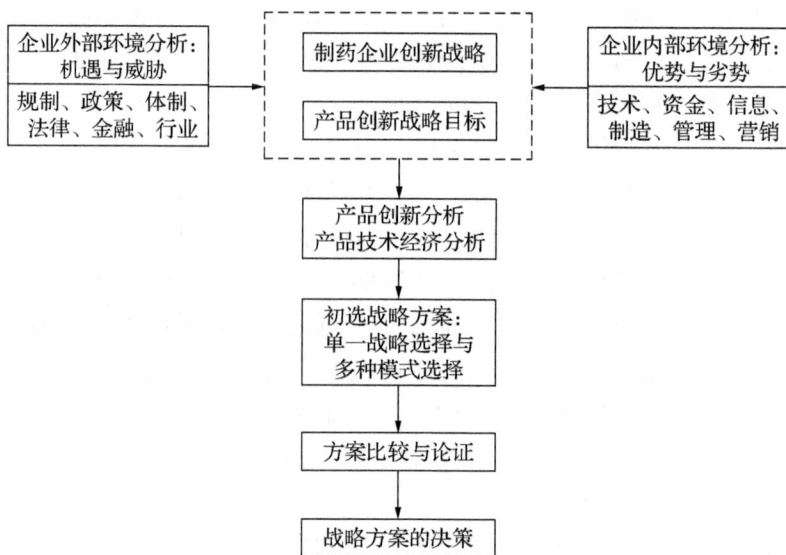

图 2-1　制药企业的创新战略决策过程

确定创新战略目标之后，制药企业的创新战略的选择决策内容包括：确定创新的程度，选择创新的组织模式，决策创新投入的大小，分析可能的创新绩效及分配问题，另外，创新风险或危机的评估与分析通常是企业重大创新投入时考虑的决策问题。这些都是本书模型研究中的重点。

二、制药业产学研联盟的合作创新研究述评

知名的国际制药企业大多是以产品创新为导向的企业，创新研发投入巨大，这些企业的研发强度为 13%～15%（Ganuza 等，2009）。国外制药业的创新主体一般为大型企业，这些企业有充足的资金、顶尖的研发人员及设备保障。各国政府对新药审批的严格规范、新药产品上市周期的拉长、研发成本的大幅上升，加之新药研发技术和市场不确定性的增加，都使得单个企业新药开发的难度越来越大，合作研发模式逐渐成为制药业主流的研发模式（王龙和康灿华，2005；Bhaskaran 和 Krishnan，2009）。很多大型的跨国制药企业的创新研发采取全球资源配置的方式来进行，通过合作研发组织（CRO）等联合开发新药。这些合作研发组织包括：生物制药公司、学研机构及拥有专利技术的小型医药公司。制药企业、专业技术公司或研发机构合作的联合开发模式，有利于降低制药企业的研发成本，控制研发风险，提高研发的速度和成功率。

产学研合作创新的研究主要集中在产学研联盟的形成、合作模式、联盟成员间利润分配等方面。产学研联盟利益分配的研究主要基于合作博弈理论，如纳什议价博弈和联盟博弈等，探讨不同合作模式下成员间的利润分配问题（任培民和赵树然，2008；詹美求和潘杰义，2008；黄波 等，2011；李柏洲和罗小芳，2013）。制药产业领域产学研联盟合作创新的研究相当活跃，但研究范式以实证和案例研究居多。Croft（2005）的实证研究指出，政府主导的公私合作研发平台，有助于将基础研究和临床研究结合起来，促使制药企业进行新药创新研发。Nwaka（2005）研究指出，政府和慈善机构可作为产业界和学术界之间的纽带，促进制药企业创制某些特殊药品，如治疗罕见病的孤儿药等。赵远亮等（2008）通过两个新药创制案例剖析了药品创新中政府、科研机构、高校和企业等要素的联动关系。研究得出，当且仅当创新要素完备且充分联动时，创新系统才能够发挥较好的功能，并获得较高的创新绩效；否则，创新系统难以发挥功能，且不能获得较高的创新绩效。杨易成等（2009）分析当前我国医药产业研发国际化存在的问题，通过与邻国印度制药业发展模式的对比分析，为我国制药企业的研发国际化提出了对策和可行模式。郑晓南和黄文龙（2010）以抗疟药风险联盟 MMV 为例，针对发展中国家罕见病新药研发，剖析世界卫生组织倡导的公私合作伙伴关系（PPP）导入的可行性、组织模式、研发模式及管理模式等，指出PPP 模式与运行机制对我国医药产业的启示。赵正国和肖广岭（2012）对2001—2010 年中国知网（CNKI）收录的 15 种药学类核心期刊上的产学合著论文进行了统计研究，发现此期间产学合著论文不断增长，但合作网络密度严重偏低且呈明显下降趋势，国际化程度偏低，部分一流研究型大学和重点医药集团的主导作用十分显著。研究结果说明，中国制药企业创新能力需要提高，与学研机构的合作力度尚待增强。史洪昊等（2012）的研究指出，中国制药产业需要寻求企业之间更多的合作，提出中国制药企业间的成功合作需要注意的事项，并建议制药企业合作遵循风险优于收益的规律。赖云锋和胡豪（2012）认为，中国制药企业要打破组织边界，通过合作创新提升企业竞争力。通过文献分析和对制药企业的案例研究，发现企业的商业战略和技术能力对企业网络关系能力的影响十分显著。蔡理铖和孙养学（2013）采用 DEA 和 SFA 方法分别对 2006—2010 年中国 20 家上市生物制药公司的技术效率进行测算。研究表明，技术知识存量的增加有利于提高企业主营业务收入；提高新药和专利数、扩大国有股权比例、提高科研机构合作水平和拓宽融资渠道对提高企业的创新效率正相关。王玉芬（2014）的研究以江苏新医药产业为例，从创新网络的节点和创新资源两个方面分析了新医药产业协同创新的结构，提出通过构建产业协同创新的结构来优化创新系统效率的对策。王勇（2014）在对当前医药行业中的研发效率危机进行梳理和成因分析的基础上，通过对传统研发流程和环节进行解构，利用开放式创新理论，对各研发阶段和研发环节的特征进行分析，确定各研发环节适用的开放式创新模式的类型，据此提出医药研发组织创新与重塑的 3 种组织模式及适用情境，为我国医药研发组织模式的创新和重构提供了理论借鉴。

目前，国内外就制药企业产学研合作创新的研究多以文献研究、案例研究和实证研究方式为主，且大多数文献关注单个企业与学研机构的产学研合作问题。实际上，制药企业之间展开了专利研发竞赛，竞争因素对产学研联盟的形成、合作模式及利润分配产生了重要影响。Guan 和 Zhao（2013）研究了纳米生物医药产业集群中，产学研合作网络对创新的影响问题，研究了各成员知识创造与专利价值。Wu（2014）研究了技术能力和产学研联盟对相互竞争的企业间合作及产品创新的调节作用。但上述文献均未涉及竞争企业与学研机构间的议价及企业的议价能力对产学研联盟的影响等问题。

鉴于企业创新资源有限、研发能力不足，以及新药研发的高风险性、高科技特性，制药企业经常与知名学研机构进行合作开发，以提高新药研发的成功率。但我国有实力的学研机构多集中在中科院、清华大学、北京大学等有限几个科研院所，很多制药企业可能会与同一家学研机构如中科院药物所合作开发新药。因此，在产学研联盟的合作创新中存在着制药企业之间的竞争，进而影响产学研联盟形成过程及未来利润的分配。同类型制药企业均进行产品创新时，创新竞争加剧了企业竞争，可能会降低创新回报。现有文献对于盲目创新的风险与危机尚缺乏系统的研究。针对以往研究的不足，本书侧重于竞争环境下制药企业与学研机构合作创新的动机及其影响因素，分析产学研合作创新对制药企业市场份额、药品价格和社会福利的影响，进而探讨盲目跟风创新对企业的潜在风险等问题。

第 2 节　政府规制与制药企业创新研究述评

一、政府规制概念及相关理论

政府规制（Government Regulation，也称政府管制）是由法律授权的政府部门（规制机构）为实现政策目标对所限制的对象（消费者、企业和资源配置机制）所采取的管制行为（史普博，1999）。规制的英文"Regulation"一词在不同的学科领域有不同的含义和侧重。例如，在行政管理领域，"Regulation"一般被翻译成"监管"，强调政府管理部门的监督和管理；在经济学领域，"Regulation"一般被称为"管制"，指行政法规对市场的约束和影响；在法律界和法经济学界，"Regulation"常常被译为"规制"，强调政府对市场提供了一些附加法规，对交易的范围或约束或鼓励，强调法律作为规制的合法性和正当性。由于政府规制涉及经济、法律和政治等方面的内容，是一个典型的跨学科领域，经济学、法学及政治学等各学科都对政府规制进行了深入的研究。在文献综述及模型研究中，笔者不再刻意区分，并按照目前主流研究的称谓习惯，确定为"价格管制""集中采购规制"。下面笔者从经济学、政治学、法学 3 个学科视角，对政府规制的研究主题和内容进行梳理，厘清政府规制研究的进展，阐明政府规制理论的基本知识体系。

（一）经济学视角的政府规制理论

规制（管制）在经济学领域的研究是基础性的，该方面主要是关于政府干预市场的研究，是指政府干预市场配置机制和改变市场供需决策，进而控制企业的产品价格、销售和生产决策而采取的各种行为。在 1970 年以前，规制的经济学理论主要关注公共产品的定价问题，讨论如何选择保证公共事业的特定投资回报率的价格及其最优激励问题（史普博，1999；西达克和史普博，2012）。卡恩教授的《规制经济学》是这方面的经典著作。20 世纪

70 年代后，规制经济学开始向环境质量、产品安全及健康保护等方向转移，大量关于环境管制和政策的文献相继问世，政府规制的研究中包含了大量的福利经济学、公共经济学和新制度经济学的内容。这些研究厘清了规制理论的基本理论问题，包括政府规制的原因（科斯，1994）、政府规制的领域（佰吉斯，2003；维斯库斯，2004）、规制的成本与收益 3 个方面（Stigler，1971；植草益，1992）。

20 世纪 80 年代以来，随着博弈论、委托代理理论、机制设计理论等的引入，规制经济学理论不断完善，产生了新规制经济学（New Regulatory Economics）。梯若尔与拉丰合著的《政府采购与规制中的激励理论》阐述了激励性规制理论，被视为该领域的经典著作。新规制经济学理论与传统规制理论的区别在于，传统规制理论将规制机制视为外生的，寻求规制产生的根源，更强调管制或者监管职能；新规制经济学则考虑了信息不对称因素，设计最优规制方案是研究重点，更多运用机制设计理论设计激励相容的机制来实现资源的有效配置（李宝良和郭其友，2014），从而对政府规制政策的制定和执行提供理论指导。

新规制经济学的理论进展主要包括成本补偿和定价问题、特许合约的拍卖机制、对规制关系中动态问题的探讨、对传统规制理论问题的重新解释、产业规制的实践 5 个方面（汪秋明，2005；周慧和许长新，2006）。

（二）政治学视角的政府规制理论

规制政策的需求与供给、规制的成本与收益及政府规制政策的制定及其实施一直都是规制经济学研究的基本内容。规制理论的政治学方面的研究则是在经济学基础之上的研究。规制机构、规制政策的制定和执行都关乎政治。因此，规制的政治学研究包括了政治学、公共行政、政策科学等方面的内容。Mitnick（1980）认为规制"是针对私人行为的公共行政政策，它是从公共利益出发而制定的规则"。Meier（1985）认为规制是"政府控制市民、公司或准政府组织行为的任何企图，是政治家寻求政治目的有关的政治过程，政府官员、国会议员及利益集团组成了规制子系统"。规制的政治学研究揭示了政府规制需求存在的原因和规制政策的制定与执行的内在动因，并解释了规制失灵的原因，成果相当丰富，主要理论有公共利益理论、部门利益理论、放松规制理论。

（1）公共利益理论

该理论的出发点是市场失灵，市场失灵会降低经济运行效率和社会福利的公平分配。政府被视为公共利益的代表，应采取措施矫正市场经济中的低效率和不公平，保护公众的利益，提高社会整体的福利水平（Guasch 和 Hahn，1999）。市场失灵的原因来自信息不对称、进入壁垒、外部性和自然垄断等因素（史普博，1999；韩中华和付金方，2010）。但现实中很多规制政策的制定与执行结果却偏离了公共利益，不仅没有提升社会整体福利，反而使规制机构和相关利益者获得了丰厚的收益。实际上，规制的产生并不完全因为市场失灵，而利益集团在规制过程中的寻租行为导致了规制的无效率。

（2）部门利益理论

与公共利益理论相反，该理论认为政治家和公务员也是"经济人"。利益集团可能会说服政府运用所掌握的权力资源为其集团的利益服务。利益集团（被规制者）通过各种努力，通过或借助规制机构来建立或寻求规制来增进自身利益，获得高额垄断利润。部门利益理论认为政府规制主要依据产业利益集团的需要设计和运作，两者的合谋行为是一种常态，否定了规制者的良好动机。部门利益理论的直接派生理论是规制俘虏理论。该理论认为，政府规制是产业利益集团寻租的结果，规制的供给在早期源自某产业对规制的需求，立法者被利益集团俘虏，随着时间的推移，规制者被产业俘虏。因此，政府规制的目的不是为了公共利益，规制俘虏的结果必然导致规制失灵。

（3）放松规制理论

该理论主要分为政府失灵（规制失败）理论和可竞争市场理论。二十世纪六七十年代，经济学界就围绕关于放松规制的必要性及其可能后果进行过激烈的争论。施蒂格勒、布坎南等对放松规制持肯定态度的学者认为，规制不利于发挥市场机制，放松规制会促进竞争，推动经济增长。布坎南提出了政府失灵理论，认为由政治家和公务员组成政府，同样具有"经纪人"属性，即政府会以自身利益最大化为目标进行决策，从而导致规制失灵。可竞争市场理论认为政府规制的主要任务是使受规制行业保持潜在的竞争压力，形成可竞争市场，依靠完全竞争的市场力量就可以实现社会资源的最优配置和经济效率的优化。要做到这一点，就必须消除人为的行业进入和退出壁垒，通过科技的不断进步与发展来消除沉没成本，在自然垄断行业形成可竞争市场。对放松规制持否定态度的学者则认为，规制可以弥补"市场失灵"，放松或取消规制，会导致社会不公、收入差距扩大等问题，不利于宏观经济的稳定。政府对市场不同程度的规制，在不同国家都取得了一定程度的成功。相反，规制不足或规制过度都可能导致"市场失灵"及"政府失灵"的情况发生。

（三）法学视角的政府规制理论

20世纪80年代以来，规制成为行政法学最为活跃的研究领域。法学视角下，政府规制被定义"是对众多私人经济力量的法律控制形式中的一种""是管制者的判断对商业或市场判断的决然取代"（Gellhom 和 Pierce，1982）。规制的法学方面的研究主要是规制者规制、规制立法博弈、规制实施的法律规范等。政府规制与法律密切相关，因为政府规制的基本依据必须来自法律规定，规制机构必须通过法律授权，才能合法行使其行政权力和职责。政府对市场的规制提供了一些附加性的常常是补充性的法规，从而对交易的范围或约束或鼓励。对于受规制市场的研究必须从市场规制的研究入手，这是法学和经济学的接壤之处（史普博，1999）。目前，法学界对于规制讨论的焦点在于：一是对规制制度是否有必要的估价，考虑是否涉及可替代的法律制度，这就需要分清市场规则中，哪些需要执行一般规则，哪些需要特殊限制，是通过公法还是私法来执行；二是对行政程序及规制机构行为的司法控制。规制政策作为消费者集团和产业集团立法博弈的产物，必须重视其合理性和有效性。因此，无论是规制机构的建立，还是规制政策的制定与执行，都必须建立在法律基础之上。为了防范规制俘虏，必须建立行政法典规制规制者，将公共利益置于政府规制的优先地位，必须通过立法过程建立健全行政法典，为规制权力的行使提供一个统一的准则（黄新华，2013）。

二、政府规制与制药产业创新

（一）我国制药产业的政府规制

依据经典的规制理论，按照规制内容，规制可以分为经济性规制和社会性规制（史普博，1999），Heffron（1983）又将其分为社会性规制、经济性规制和辅助性规制，植草益（1992）将其划分为经济性规制、社会性规制和反垄断规制3种类型。我国制药业受到政府相关机构，如国家发展和改革委员会、国家食品药品监督管理总局（CFDA）、卫生部、国家中医药管理局、省市县各级卫生局等多个政府部门的严格规制。按照规制内容，政府对制药业及其上下游产业实行的规制可以分为经济性规制和社会性规制两大类。其中，价格管制、市场准入规制、药品集中采购规制属于经济性规制，环境与安全规制属于社会性规制。经济性规制对药品市场形成了干预，直接对制药企业的创新研发、生产决策、产品供给产生了影响，其目的主要是引导企业合理地配置资源、降低居民的药费支出和缓解"看病贵"等社会问题。社会性规制是为了保护患者健康和用药安全、自然环境和社会公众利益而采取的规制措施，对制药企业社会责任产生影响，从而影响企业创新投入的方式和途径。从规制的性质上来看，经济性规制和社会性规制大多属于约束性（限制性）规制，如果要刺激制药企业的创新动机和行为，必须设计激励性的规制政策，才能激发企业的创新活力。表 2-1 列出了制药产业中几类重要的规制政策。

表 2-1　制药产业的经济性、社会性规制政策

经济性规制	规制手段	社会性规制	规制手段
价格管制	《药品管理法》、国家发改委价格司的价格法规、《基本医疗保险药品目录》、国家医疗保险支付制度等	健康方面	《药品生产质量管理规范》《药品非临床研究质量管理规范》《药品经营质量管理规范》等
市场准入规制	《药品管理法》《药品生产质量管理规范》《药品注册管理办法》等	环境方面	《制药工业水污染物排放标准》、药品广告制度等
集中采购规制	《医疗机构药品集中采购工作规范》《招标法》《合同法》等	安全方面	药品标准制度、药品质量规范制度、药品不良反应监测制度

（二）政府规制与制药企业创新激励关系的研究现状与评述

目前，学术界就政府规制与制药企业创新激励关系的研究，基本形成两派观点。一部分学者认为，政府规制，特别是激励性规制，对制药企业的技术创新起到积极推动作用。Grabowski 和 Vernon（1981）的研究认为政府注册、专利保护、补偿政策等对制药企业创新有着明显的激励作用。McCutchen（1993）研究表明，研发费用税前抵扣政策对制药企业的新药研发有激励作用，刺激企业加大研发投入。Grabowski 和 Vernon（2000）研究了药品注册、药品专利保护及补偿政策对制药企业创新研发的促进作用。吴红雁

（2008）认为，完善创新药物审批程序、缩短新药审批时间、完善专利药定价机制等政策环境，可以有效激励研发机构和制药企业的新药创制。杨莉等（2012）认为美国的新药优先审评凭单制度对该国制药企业具有正向激励作用，值得我国政府有条件地借鉴。刘素坤（2013）研究了新药规制和专利保护对中国制药业技术创新的激励作用，认为可以从药品专利制度、药品的注册审批、药品定价制度及新药规制和专利制度协调的角度，激励企业增加技术创新投入。

另一部分学者认为政府规制对制药企业的技术创新存在明显的消极影响。Wiggins（1981）的研究发现，20 世纪 70 年代的美国政府规制使得制药企业减少了新药的创新投入，导致新药数量下降。Thomas（1990）研究发现，规制对大型制药企业更有利，而不利于小型制药企业的创新研发。政府规制可能导致效率损失，例如，严格市场规制延长了新药的审批过程，影响新药的上市速度和效益，对制药企业的技术创新产生消极影响（Peltzman，1974）。新药注册审批规制和药品价格管制造成中国制药企业进行"伪新药"技术创新，导致药品市场的"创新失灵"（朱恒鹏，2007）。医疗服务规制价格太低及"以药养医"制度，共同改变了药品的需求结构，扭曲了上游制药企业的创新行为（寇宗来，2010）。张庆霖（2011）认为，政府规制是制药企业创新扭曲的原因，促进中国制药产业技术创新的当务之急在于加紧市场秩序重塑和进一步深化医疗卫生体制改革，削弱医疗服务机构的垄断势力和进行政府规制重构，放松规制或引入政府规制影响评价可以引导制药企业创新走上良性轨道。

药品市场不同于一般的消费品市场，具有一定的特殊性。这些特殊性主要表现在如下几个方面：一是在患者和制药企业、医疗机构及药品经营企业之间存在着严重的信息不对称性；二是新药创制需要巨大的研发投入，制药企业依赖新药上市之后的丰厚利润回报得以生存和发展，而知识产权保护制度是保障制药企业获得合理的创新回报、激励制药企业创新的基础制度；三是药品的准公共产品性质，其消费受到医疗保险支付的影响，在消费者、医疗保险机构和医疗机构之间存在着严重的信息不对称性，可能造成逆向选择和道德风险等。鉴于此，药品市场常常出现失灵的现象，如药品价格虚高、创新药供给不足等。由于药品市场失灵的存在，医药市场的政府规制是非常必要的。通过政府规制能够起到保证药品供给与质量安全、控制医疗费用过度支出和浪费的作用。但是实践证明，政府规制也会失灵（张庆霖和苏启林，2009）。2012 年发生的"铬超标胶囊"事件表明，我国的药品安全面临着社会、市场和政府的"三重失灵"（薛澜和胡颖廉，2012）。

以往国内外关于规制对制药企业技术创新影响的研究结果表明，政府规制影响制药企业的技术创新动机与创新绩效，规制效果与制药企业的创新战略及其运营密切相关。必须指出的是，在新版《药品注册管理办法》（2005）颁发以来，我国政府对新药的审批和注册监管力度加大，制药企业的技术创新出现了很大的转变，以往意义上的"伪创新"，如改换包装重新申报新药、添加无效成分变身新药等现象大大减少。在现有规制政策中，大多是约束性规制政策，对于制药企业创新激励性政策的设计和研究是比较匮乏的。在本研究中，笔者将政府规制政策划分为激励性规制和约束性规制。在设计和完善规制政策时，注重规制政策与制药企业创新之间的互动效应，以便考察规制政策的有效性。一项规制政策究竟是好是坏，实际效果究竟如何，需要站在一个科学客观的立场上，评价该项规制政策是不是有利于激励制药企业创新动机，帮助企业加大创新投入，取得良好的创新效果，同时造福患者，杜绝或减少浪费和社会不公平，促进社会福利的稳步提高及社会各类资源的合理有效配置。

随着社会进步及可持续发展需要，公众对环境要求的日益提高，健康安全环境方面的社会性规制正在逐渐强化。通过实施技术规制、环境规制政策，改变市场资源配置，从而引导企业战略的变革，进行创新方向、创新投入的调整。企业创新行为形成了产业内新的竞争态势，改变了制药产业的市场结构、市场行为，改进了制药产业的产出效率和效能。此时，社会规制的起因和标准也会随之改变，规制本身在新的环境下发生改变，经济性规制对制药产业的作用关系也是如此，通过价格、采购等规制措施对产业的影响作用是直接和迅速的。经济性规制和社会性规制一起形成了与制药企业创新行为的互动作用机制，如图 2-2 所示。

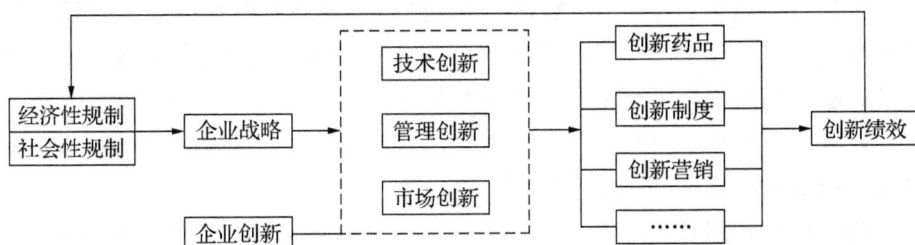

图 2-2　制药企业创新与政府规制之间的交互作用机制

综上所述，我国制药产业存在着市场失灵、规制失灵的现象，严重影响了制药产业的健康发展及社会福利水平的提高。在创新驱动发展的现实背景下，如何提高制药企业创新意愿、加强创新投入、提高创新绩效，对于消费者、政府和社会都具有非常重要的现实意义。因此，本研究着重探讨政府规制政策与制药企业创新战略决策的互动关系，试图以提高制药企业创新绩效为目标，研究政府规制政策与制药企业创新战略相匹配的机制关系，提出政府规制的合理政策及制药企业的创新战略与运营策略。

本书主要分析经济性规制中最为重要的价格管制及集中采购规制（进入规制）对制药企业技术创新的影响，并分析规制政策的客观效果及影响。以下对这两部分的研究现状进行分析和述评。

第3节　价格管制与制药企业创新研究述评

一、药品价格管制的历史与现状

目前，世界各国通行的药品价格管制方式有两种：一是价格上限规制，又称限价政策；二是参考价格管制。药品价格上限规制，顾名思义，就是政府对药品价格制定上限，旨在降低虚高的药价、缩减药品费用支出和缓解居民"看病贵"等问题，这是我国政府最普遍采用的价格管制方法。参考价格管制是从医疗保险偿付水平进行的规制，根据一定的标准对药品进行归类，对每一类药品规定固定的可由政府或保险公司报销的价格。如果患者所用药品价格高于同类药品的参考价格，其差额由患者负担；如低于参考价格，则按实际价格报销。参考价格管制可以控制第三方付费者（政府或保险公司）的药费支出，力图通过减少对高价药的需求（需方角度）和刺激药品生产者主动降价（供方角度）两个方面来降低参考价格管制所涉及的药品价格（何秋艳，2007）。相对而言，价格上限规制较之参考价格管制更为简单，易于操作和实行，药品管制价格的设定却存在着规制失效、规制俘虏的难题，药品价格虚高的现实状况并没有得到有效改变。参考价格管制虽然比较复杂，但在全世界范围内，有逐渐代替价格上限规制的趋势。目前，德国、挪威等国已经采取参考价格管制制度。

药品价格管制是我国医药市场中重要的规制手段，在不同的历史时期，管理的方式和范围有所不同，可以划分为三个阶段：第一个阶段是计划经济时期，政府确定药品出厂价格和各个环节加扣率，各环节的价格由政府严格控制；第二个阶段是 20 世纪 80 年代至 90 年代中期，药品价格全面放开，由市场调节，此阶段药品价格管制比较宽松；第三阶段是 20 世纪 90 年代中期以后，为应对药价虚高等问题，我国政府逐步加强了对药品的价格管制。

我国当前的药品价格管制是在 2005 年确立的，实行的是政府定价和市场调节价相结合的方式。2005 年，国家发改委对政府定价范围进行了规范，国家和省（区、市）两级政府进行药品定价。政府定价分两种：一是政府定价，即制定出厂价（或口岸价）；二是政府指导价，规定药品的最高零售价格。市场调节价由经营者自主定价。根据《价格法》《药品管理法》及《药品管理法实施条例》，我国药品的 3 种定价形式是：基本医疗保险目录内的药品及少数具有垄断性的药品，实行政府定价或政府指导价，其中，由财政购买免费向特定人群发放的药品，实行政府定价，目前约有 100 种，占已批准上市药品数量的 0.8%；其他药品实行政府指导价，实行最高零售限价，2600 余种，约占 22%；没有列入国家发改委和地方价格主管部门定价范围的药品，实行市场调节价，由企业自主定价，约占 77%。目前，属于国家基本药物及国家医疗保险目录中的处方药，垄断生产经营的药品，由国家发改委定价，约 1900 种；属于国家医疗保险目录中的非处方药及地方医疗保险增补的药品，由各省（区、市）价格主管部门定价，约 800 种（王蔚佳，2014）。

我国药品价格管制制度仍然在不断演化。2014 年 11 月，国家发改委向 8 个行业协会下发了《推进药品价格改革方案（征求意见稿）》，旨在取消药品政府定价，通过医疗保险控费和招标采购，由市场竞争形成药品实际交易价格。根据征求意见，国家发改委继续保留低价药物和麻精药物的定价权，其他全部放开。其中，医疗保险基金支付的药品由医疗保险部门主导；专利药、独家药品等价格由多方参与谈判形成；医疗保险目录外的血液制品、国家统一采购的预防免疫药品和避孕药具，则通过招标采购或谈判形成市场交易价格。

近十年来，国家发改委曾对药品进行了 30 多次降价，但药价虚高的问题一直未得到解决（刘亚力和夏姗姗，2014）。医疗机构的双向垄断地位及"以药养医"和"顺加作价"等加成率管制政策扭曲了药品价格形成机制，制药企业药品价格无序竞争、药品流通环节过多和各环节不合理加价，共同导致了药价虚高（吴晶，2007）。虽然国家通过药品降价、限价规制和药品集中采购规制，较大幅降低了药品的零售价格，但规制政策也产生了负面影响。药品降价的压力使制药企业利润受到挤压，加上高昂的药品营销费用，使得企业研发创新难以为继，加剧了低水平的同质化竞争。药品价格管制是一个很复杂的过程，药品价格的形成与药品需求特点、医药产业结构、市场竞争程度、药品价格政策及医疗保险支付政策都密切相关。单一的价格管制政策难以达到理想效果。一方面，合理控制药价关系到医疗消费的公平性和可及性，另一方面也需要保护制药企业的生存发展空间。在进行药品价格政策设计的时候，必须考虑价格管制对制药企业创新战略、创新投入的影响。

二、药品价格管制与制药企业创新关系的研究现状与述评

虽然制药企业每年投入大量的资金进行创新研发活动，但为了提高药品的销售利润，扩大市场份额，许多制药企业将大量资源从研发环节转移到营销环节，依靠加大营销投入来获取高额利润（Henry 和 Lexchin，2002；Amaldoss 和 He，2009）。企业资源是有限的，增加营销投入的同时势必影响创新研发的投入。广告营销费用的增长必将导致市场终端药品零售价格的上涨，加重患者的医疗负担，也增加了政府控制药品价格的难度。政府在进行药品价格管制的时候，需要兼顾制药企业的利益和患者的利益：一方面需要激励制药企业的创新动机，提高其研发积极性，另一方面，又要平抑药价，保证医疗资源分配的合理性、普及性和公平性。因此，药品价格管制与制药企业创新投入的关系，是各国学者研究的热点问题，已有较多的研究成果。

Troyer 和 Krasnikov（2002）的研究发现，美国限价规制限制了药品的销售，导致新药申请数量下降，降低了制药企业的技术创新积极性。Vernon（2005）对药品价格管制与制药企业研发投入的关系进行了实证研究，指出若对药品实施限价政策，美国制药企业的研发投入将下降 23.4% ~ 32.7%。Danzon 等（2005）研究了药品价格管制与新药商业化之间的关系，表明药品期望价格越低或新药市场规模越小，新药投放的滞后期就越长。Lichtenberg（2006）实证研究发现，若药品价格下降 10%，将导致药品创新减少 5% ~ 6%。Civan 和 Maloney（2009）的计量经济学研究结果表明，现有治疗药品价格与制药企业的药品开发动机有密切关系，售价越高的药品，在新药创新研究中开发数量越多，如果该类药品价格下降，则开发此类新药的数量会减少。

Bardey 等（2010）首次研究了药品价格管制对药品创新、健康及医疗保险支出的关系。研究表明，参考价格管制对企业的创新强度有负向影响，改变了企业的创新类型，阻碍了企业的小型创新行为。唐艳和徐怀伏（2008）在 Vernon（2005）研究的基础上，从药品研发的生产函数及静态和动态效率权衡的角度，研究了药品价格管制对社会福利的影响，指出价格管制对创新能力较强的企业的负面影响高于创新能力较弱的企业。陈宪（2008）研究了我国药品定价对新药研发的影响，认为从长远看，过低的药品定价最终将减少制药企业的研发投入。韩锋（2009）通过实证分析得出，药品的价格与制药企业研发投入显著正相关，适当提高部分低价高效药价格对我国制药企业的发展是有利的。唐圣春（2009）研究了我国药价虚高的原因，提出了药品价格管制的基本原则，即"成本—竞争—期望"理论，建立了我国药品价格管制数量模型和规制政策运行模型，并实证研究了我国药品价格管制政策的实际运行效果。刘小鲁（2010）研究了药品价格管制对制药企业产品多样化、质量和绩效的影响，指出对基本药物实施价格管制会导致社会福利的损失，而对高价药实施价格管制在一定范围内可以提高社会福利。蒋建华（2011）基于利益集团政治的委托—代理模型，分析了信息不对称下，中央政府、规制机构、医药企业和医疗机构在药品价格管制博弈中的行为选择，指出现有条件下，医药行政管理部门和利益集团之间的合谋是药品价格管制失灵的根本原因，并提出了解决药品价格管制失灵的政策建议。张庆霖（2013）的研究指出，医疗服务机构利用其市场势力通过垄断议价，将顺向的价格形成机制扭曲为逆向的价格形成机制，迫使制药企业与其合谋，造成药品价格虚高，而推行医药分业，对医疗服务机构进行反垄断规制，是限制药品价格虚高的重要手段。曹剑涛等（2013）基于博弈理论，证明了在政府有能力对药品定价的前提下，存在政府定价与药品研发投入的均衡，并通过数值分析给出了近似均衡解。应用限价策略，不仅能为政府审查药品价格时提供参考，为政府对新药限价提供依据，而且有助于保证制药企业研发投入的合理水平。周斌和吴晓明（2014）分析了我国现行药品价格管理政策在创新激励方面的不足，并对我国药品价格管理政策的改革和完善提出了一些建议。

在上述研究中尚未考虑医疗保险支付政策的影响。笔者可以将医疗保险支付政策视为对需求方采取的一种支付限制规制，医疗保险支付政策会影响患者的购买意愿和购买能力，从而影响患者对药品的需求。Ganuza 等

（2009）认为，医疗保险支付比例的高低会直接影响患者的药品需求，进而影响药品销售、定价，最终影响制药企业的创新回报，从根本上影响制药企业的创新动机。Camejo 等（2011）分析了存在医疗保险条件下，基于成本的药品定价方式对制药企业创新研发的影响。研究结果表明，医疗保险中基于成本效益分析的药品定价会阻碍制药企业创新投入。Grossmann（2013）研究表明，在共同支付政策下，如果降低医疗保险的支付比例，即提高个人支付比例，将影响患者对创新药的需求，阻碍创新药品的销售，从而对制药企业的创新激励产生负面影响。

综上所述，药品价格管制及医疗保险支付政策都会对制药企业的创新投入和创新动机产生影响，而以往对这两方面影响的研究多是分开进行的，缺乏系统的研究。欧美医药市场的结构和管理模式与中国医药市场存在巨大差异（杜创，2013），上述研究成果对中国制药企业创新激励管理实践的借鉴意义十分有限（张新鑫 等，2015）。针对上述研究不足，本书立足于中国药品市场，综合考虑药品价格管制和现行的医疗保险支付政策，构建制药企业创新投入和药品定价的协同决策模型，分析制药企业和患者的决策行为，研究药品价格管制与医疗保险支付政策对制药企业创新投入和药品定价的交互作用机制，并在此基础上提出相应的政策建议。

第4节　集中采购规制与制药企业创新研究述评

一、我国药品集中采购规制的发展与现状

我国的药品流通采购经过了从医疗机构分散自主采购到以政府为主导的省级机构集中采购的演进历程。药品集中采购制度是我国药品流通体制改革的重要措施，目的是规范医疗机构药品采购行为、控制药品价格和整顿医药市场秩序（王微和王列军，2009）。该制度下，由相关行政职能部门组成药品集中采购机构，组织实施药品集中采购活动，卫生、监察等相关部门则对实施采购机构进行监管。药品集中采购政策自 2000 年实行以来，经过两次比较大的政策调整，2009 年 1 月正式颁布《关于进一步规范医疗机构药品集中采购工作的意见》。2010 年，国务院职能部门相续发布《医疗机构药品集中采购工作规范》《建立和规范政府办基层医疗卫生机构基本药物采购机

制的指导意见》（国办发〔2010〕56 号），标志着以政府为主导、以省（区、市）为单位的网上药品集中采购开始在全国范围内全面实行。

集中采购规制在纠正医药购销中的不正之风和规范药品价格方面起到了一定的积极作用，但对制药企业的创新和生产运作产生了重要影响，出现了企业规避招标严重、药厂自主定价偏高、企业招标过程负担过重及新药研发和推广乏力等问题（何芬华和力晓蓉，2011）。如何进一步完善和改进集中采购规制设计，充分发挥规制对制药企业创新的引导和推动作用非常必要。平台采购是公立医疗机构基本药物的主要采购模式，是基于电子商务环境的 B2B 采购管理。从制药企业的视角来看，比较医疗机构直接交易和医药 B2B 平台交易，到底哪一个更有利？哪些因素会影响制药企业的平台采纳决策？B2B 平台采购能否降低药品价格并提高药品供应链的绩效，都是笔者在模型阶段研究的重要内容。

二、集中采购规制与制药企业创新激励的关系研究

随着集中采购模式在药品采购中的广泛应用，药品集中采购问题引起了国内外研究学者的广泛关注。但国内外学者对该问题的关注点略有差别。国外的研究主要聚焦在集中采购组织（GPOs）的结构与功能及 GPOs 在降低药品价格和药品供应链整合等方面的作用与价值，关注药品集中采购对于药品价格的影响。Burns（2002）和 Schneller（2005）研究了美国药品 GPOs 的结构和功能及其在药品采购供应链中的作用。Burns 和 Lee（2008）通过对加入美国药品 GPOs 的医疗机构大规模调查，探讨 GPOs 在降低药品采购价格和医疗机构采购成本方面的价值。Hu 和 Schwarz（2011）通过构建药品 GPOs 和制药企业的博弈模型，分析 GPOs 和制药企业的决策行为，以及 GPOs 在药品供应链的作用。国内的研究则主要集中在集中采购规制的制度性缺陷、产生的问题、政策完善和改进建议（张晓兰，2007；安彬和昌庆化，2007；刘西国 等，2012；常峰 等，2013），以及该规制对药品价格形成与药品质量的影响（陈波，2007；王强和毛华，2011）等方面。

关于集中采购是否真正降低了药品采购成本及价格，研究与实践表明，药品集中采购规制在规范药品流通、药品价格方面起到了一定的积极作用（贡森，2009），但仍然存在一些问题，甚至出现了"要求国家考虑取消药品集中采购规制"的呼声（高军 等，2014）。因此，完善和改进集中采购规制设计对于降低药品价格的作用值得进一步研究。

企业的创新激励历来是产业经济学领域重要的研究课题，研究成果较为丰富。Delbono 和 Denicolo（1990）及 Bester 和 Petrakis（1993）分别比较了不同竞争范式（数量和价格竞争）和不同产品结构（同质产品和差异化产品）下，企业创新投入的决策问题，探讨市场程度和产品差异化程度对企业创新激励的影响。Bonanno 和 Haworth（1998）将上述研究扩展到纵向差异化的情形，研究纵向一体化对企业创新行为的影响。在 Bonanno 和 Haworth 的研究基础上，秦勇等（2012）考虑上游垄断和下游双寡头的市场结构，其中，下游企业存在产品纵向差异并进行古诺竞争，分析了纵向分离与纵向一体化结构对下游企业产品质量创新激励的影响。唐丁祥和蒋传海（2010）从企业定价模式和差异化程度两个维度来度量市场竞争程度，考察了两种不同度量方式下企业的创新激励问题。但是上述文献均未考虑集中采购规制对企业创新激励的影响。孙晓华和郑辉（2013）研究了买方势力对上游企业工艺创新和产品创新的异质性影响，发现买方势力对上游企业创新投入的作用依赖于买方势力的条件效应。但该研究未涉及药品的集中采购规制和平台的收费模式。Hu 和 Schwarz（2011）研究了医疗机构通过 GPOs 进行药品采购对制药企业创新激励的影响，但该研究只考虑了美国 GPOs 的收费机制（佣金制）下制药企业的定价与创新激励。鉴于美国医药市场的结构、管理模式与中国医药市场存在巨大差异（杜创，2013），上述成果对中国制药企业创新管理实践的借鉴意义十分有限。

最后必须指出，药品集中采购一般是基于电子商务平台的采购，因此本书的研究还与医药电子商务有关。医药电子商务是医药行业与电子商务融合发展的产物，它以医药制造企业、医药公司、医疗机构、医药信息提供商、银行及保险公司为网络成员，通过 Internet 网络平台，完成集网上采购、销售、结算及其他服务为一体的新兴医药商业模式。国外医药电子商务正在逐步发展成熟，我国医药电子商务的发展才刚刚起步。国外学者相继对电子商务平台引入医药行业的必要性、可行性和应用价值进行了深入探讨（Holmes 和 Miller，2003；Smith 和 Correa，2005），还研究了药品供应链有效结合电子商务的关键影响因素等问题（Andrea 和 Margaret，2009），研究范式多以理论框架研究和案例研究为主。这些研究为医药企业采纳电子商务模式提供了理论依据与解释，但是对中国医药市场的特殊性关注不够。国内研究主要从国外医药电子商务发展对我国的启示出发，分析我国医药电子商务发展现状及存在的问题，对加速医药电子商务健康快速发展给出政策建议

（宋华，2006；王广平，2004；孟令全 等，2006）。然而，纵览国内外的文献，相关研究大多缺乏严密的理论论证和数理分析，仅有少量此类的数理模型研究（张新鑫 等，2017a，2017b）。基于中国医药市场特定情境（如药品网上集中采购），将药品供应链和医药电子商务结合的定量研究还鲜有涉及，这些正是本书研究的着力点。

第 5 节　创新研发激励政策研究述评

一、技术创新激励理论

国内外学者对技术创新激励进行了广泛研究，这些理论研究可以分为经济学和管理学两大视角。经济学方面分两条线索研究该问题。一条线索是希克斯的诱致性创新假说，该学说认为国家的资源禀赋和技术变迁方向决定了创新激励，厂商创新研发新技术以更廉价的要素取代昂贵的要素。另一条线索是熊彼特的市场结构—技术创新理论，该学说认为垄断与创新有密切关系，激励创新可能会造成垄断的局面。20 世纪 70 年代，卡曼和施瓦茨修正了熊彼特的论点，认为介于完全竞争和垄断之间的"中等程度的竞争"有利于创新（梁雪峰，1998；何爱和曾楚宏，2010）。Dasgupta 和 Maskin（1986）建立了专利竞赛模型，以博弈论来研究技术创新激励机制。企业进行创新的激励因素有两个：一个是营利性激励，企业投入资源研发成功后，会增加企业利润，这是企业自身决策面临的激励（Katz 和 Shapiro，1987）。另一个是 Cohen 和 Levinthal（1990）研究指出，在创新动机背后有两种推动力量：一是营利性激励，即企业创新研发成功之后会增加企业利润，这是进行创新的"利润激励"；二是先占性激励。企业发现竞争对手进行研发，在位企业为维护市场地位，投入资源进行研发，这种从事研发的激励因素归结为竞争威胁，也可以称之为替代效应（Arrow，1962；Cohen 和 Levinthal，1990；孙冰，2010）。技术创新与国家一系列的制度安排息息相关，涉及企业制度与行为、知识产权专利制度、科研体制、政府政策和金融市场等方面。构造适切的社会制度以提高市场资源的配置效率，给理性人（厂商）创新提供适当的激励、鼓励，是创新激励研究的内容和目标。

管理学理论则认为激励是企业管理的核心职能之一。早期的激励理论是对于"需要"的研究，回答了以什么为基础，或根据什么来激发员工工作积极性的问题。主要学说包括马斯洛的需求层次理论、赫茨伯格的双因素理论、弗隆的期望理论、亚当斯的公平理论及麦克利兰的需要理论等。激励是指组织通过设计适当的外部奖酬形式和工作环境，以一定的行为规范和惩罚性措施，借助信息沟通来激发、引导、保持和归化组织成员的行为，以有效地实现组织及其成员个人目标的系统性活动（罗宾斯，1997）。企业技术创新激励体系是通过特定的激励制度和措施激发企业员工的创新精神和动力，引导员工从事研究开发及创新活动，以提升企业竞争力（吴海燕 等，2010）。按照 Bottazzi 和 Peri（2003）的理论，技术创新激励体系是由激励主体（企业所有人和管理者）和激励客体（技术人员）通过激励措施相互作用的方式。按照激励的内容，企业创新激励可以分为精神激励和物质激励两种（Acs 等，2002）。按照激励的来源，企业创新激励可以划分为两个方面：一个来自企业外部层面，国家和市场是激励的主体，企业是客体，是被激励的对象；另一个来自企业内部层面，激励主体是企业，激励客体是企业员工。企业内部的创新激励体系主要包括企业文化、企业产权、组织制度及管理制度4个方面的激励。大量研究表明，积极向上的企业文化对企业的技术创新能够产生一定的正向作用（张根明和温秋兴，2010）。对科研人员给予股票期权、技术入股的技术要素激励，对管理者和科研人员的人力资本入股都能从产权层面提高企业科研人员、管理者的主动性和积极性（廖中举和程华，2014）。鼓励科研人员创新，并委以重任，赋予其更多的职责权利，发挥其聪明才智，参与企业决策管理，完善组织结构，优化人力资源配置，都促进了企业的创新活动。通过对管理制度的完善，管理过程的有效计划和控制，可以有效配置技术、人力、资金等资源，发挥企业创新资源潜力。组织与管理制度的激励是密切相关的，在创新型企业中，特别注重人才的薪酬、培训、职业生涯的管理及合理的岗位安排。

二、创新与研发激励政策的研究现状与述评

创新与研发政策对企业创新的激励作用是一个存在争议的问题，现有研究存在两方观点：一种观点是激励效应，政府研发补贴增加，企业获得更多资源，从而增加创新投入，有利于提高创新绩效（Romano，1989；Neary，2002；Hewitt 和 Roper，2010；Pere，2013）。另一种观点是挤出效应，认为政府增加创新研发投资会导致企业过多依赖政府投入，而减少自身创新投入（Aspremont 和 Jacquemin，1988；David 等，2000）。近年来，国内学者开始

关注国家研发激励政策对企业创新的作用。例如，陈林和朱卫平（2008）的研究认为，出口退税和创新补贴政策对于发展中国家的创新激励产出发挥重要作用。安同良等（2009）的研究表明，企业与研发补贴政策制定者之间存在信息不对称，当用于原始创新的专用性人力资本价格过于低廉时，原始创新补贴将产生"逆向"激励作用，作者提供了甄别企业真实创新类型的方法及提高政府研发补贴效率的政策建议。解维敏等（2009）以中国证券市场 2003—2005 年的上市公司为样本，对政府研发资助与上市公司研发支出之间的关系进行了实证研究，发现政府研发资助刺激了企业研发支出。高宏伟（2011）应用博弈论论证了政府补贴对大型国有企业研发投入的两重挤出效应，得出政府减少产品补贴的政策能提高制造型、服务型国企的研发投入，但对研发型国企的效果并不明显的结论。吴晓园和丛林（2012）的研究指出，企业是否进行技术创新，不仅与企业自主创新所获得的收益有关，还取决于企业自身的创新能力和竞争对手的创新策略，政府的研发补贴对企业技术创新的激励作用具有不确定性。吴剑峰和杨震宁（2014）结合资源基础理论和委托代理理论提出了一个权变的观点，即认为政府补贴能否有效地促进企业的技术创新，在很大程度上取决于企业能否处理好两个层面的委托代理关系。总之，国内研究主要是基于企业、产业两个层面来研究政府研发补贴的双重效应，并试图设计出有效的研发激励政策，很多研究逐渐关注国家扶持的战略性新兴产业的研发补贴与创新激励问题（肖兴志和王伊攀，2014；汪秋明 等，2014；谢申祥和王孝松，2012，2013；陆国庆 等，2014）。

国内外学者对制药企业的研发激励政策与创新投入之间关系的研究尚不多见。McCutchen（1993）分析了美国的研发税收抵免对制药企业创新投资的影响，发现该政策能够激励制药企业的竞争性研发投资。Yin（2008，2009）研究了美国的孤儿药法案（ODA）对 OD 药生产企业研发投入的影响，指出 ODA 政策能够在一定程度上激励企业的研发，但由于潜在的创新回报较低，因而激励程度有限。Nicola（2012）的研究指出，在制药企业仅仅重视生产效率的情况下，有必要采取研发激励措施鼓励企业加大对罕见病药物的研发投入。Choi 等（2014）的研究发现，政府政策可以通过改变市场绩效回报来阻止大型制药企业缩减神经系统药物研发投入的行为，该研究认为，神经系统科学学会可以推动和倡导此类政策的实行，以促进创新研发投入。Rovira（2015）运用卫生评估技术探讨了促进医疗技术进步的因素，认为政策、制度和激励机制能促进制药企业技术进步，实现高效、公平解决社会公共健康等问题。此外，Grabowski 等（2015）认为专利、研发激励在新药创新投入中起重要作用。

国内的研究则侧重于中外创新药物研发现状和激励政策的对比分析（杨莉 等，2007；丁锦希和赵敏，2009；丁锦希 等，2011a，2012；易八贤 等，2014）及创新药物研发激励政策实施效果的评价（丁锦希 等，2011b），进而提出进一步完善我国新药研发激励政策的建议。例如，丁锦希等（2011a）分析和总结日本创新政策对该国创新药物研发作用的经验和实例，认为我国应积极调整创新药物研发激励政策，并给出了具体的政策建议。丁锦希等（2011b）构建了创新药物研发激励政策框架，在此基础上，通过政策激励机制结构方程模型量化评价政策实施效果，提出了完善我国创新药物研发激励的政策建议。张新鑫等（2017c）就政府战略性创新激励政策、价格管制政策和医疗保险支付政策对制药企业创新激励和创新药物市场绩效的综合作用机制进行了研究。研究认为：价格管制并非总是降低制药企业的创新激励，在一定条件下，价格管制能够引导企业的创新投入，实现社会最优配置；价格管制政策和医疗保险支付政策合理匹配，可实现制药企业、医疗机构、患者、医疗保险机构和政府的"多赢"；政府的战略性创新激励政策能够对制药企业的创新投入进行双向调节，引导其实现社会最优配置；当管制价格高于社会最优配置的管制价格时，提高医疗保险福利水平和降低管制价格均会削弱战略性创新激励政策的实施效果。

综上，国内外对于创新研发激励与制药企业创新投入之间关系的研究较为薄弱。由于我国制药企业研发资源、实力和国外企业的差距，以及国内外社会医疗保险制度、制药产业规制政策等方面的巨大差异，国外研究成果对我国制药企业创新激励政策的借鉴意义有限，需要对此问题进行深入细致的分析与研究（申成霖 等，2017）。

三、制药企业的创新激励体系及创新绩效

（一）制药企业的创新激励体系

鉴于制药企业容易受政策影响的特点，本书关注企业外部激励体系的研究，不对企业内部的创新激励问题进行过多探讨。企业外部环境的影响包括国家层面：国家各类（规制、激励）政策和科研体制、专利（知识产权）制度和证券金融的资金融通体制。还包括市场层面：消费者和竞争厂商对创

新激励的影响。其中，重点分析政策规制政策、市场竞争与绩效对创新激励的作用和影响。同时，由于很长一段时间以来，我国的创新资源集中在科研院所，制药企业的创新资源和能力薄弱，当前实践中药品研发更多地采用了产学研联盟的方式，本书将其视为科研体制方面的问题进行了分析和探讨。制药企业的创新激励体系如图 2-3 所示，图中阴影部分是本书模型研究中的重点。

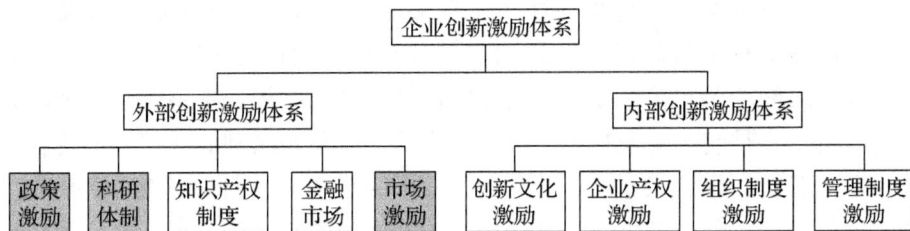

图 2-3   企业创新激励体系

（二）制药企业的创新绩效

创新绩效是对企业创新效果和效率的综合评价，一直以来是经济学和管理学等领域重要的研究内容。尽管国内外对于创新绩效概念的界定不尽相同，但一般基于投入产出理论来评价创新绩效，即创新成果所带来的经济效益（效果）和创新投入转化为成果的效率。不同创新主体的创新绩效概念不同。宏观层面的创新绩效指创新投入带来的国民经济的增长和全民福利的提高；中观层面的创新绩效指创新投入带来的区域经济的增长；微观层面的创新绩效一般指企业创新产出的增加和创新效率的提高。创新绩效是一个范围宽泛的概念，表征企业创新绩效的指标比较广泛，可以很好地说明企业的创新效果。在对创新绩效的评价研究中，越来越多地将创新业绩和创新过程结合进行评价，更客观地反映企业创新的整体效果。在实证研究中，测量企业创新绩效的方法主要分为 3 种（朱晓琴，2011）：①对创新具体内容的主观评估；②以创新业绩（专利数量和新产品数量等）衡量创新绩效；③以创新成功的结果表征创新绩效。

影响制药企业创新绩效的因素极为复杂，受到制药企业内部制度、技术和管理过程的综合作用，更受到政府规制政策、激励政策和市场的重要影响；反过来，良好的创新绩效又会影响企业的技术、管理和市场活动，企业创新研发改变了产业竞争情况和格局，提高了社会劳动生产效率，对规制政策的出发点和目标又产生了反馈作用。本书主要是基于博弈论的数理模型研究，在该范式下，企业创新绩效通常是以市场绩效来表征。如果采取类似实证研究方式，作为因变量的绩效变量不宜过多，否则模型方程的建立和求解都有极大的难度。但对问题进行适当抽象后，采用博弈论可以更清楚地分析变量自建的因果关系。由于药品的准公共产品特性，政府规制涉及消费者、医疗服务机构、医疗保险机构、制药企业和政府等多方利益关系。政府的价格管制和集中采购规制与激励性产业政策之间常常存在着矛盾和冲突。例如，政府加大对制药企业创新研发投入与减少药品消费、降低药价及促进创新可及性之间的矛盾等。在研究药品的市场绩效的时候，本书基于三个研究视角分析：一是制药企业视角，即制药企业的创新药品利润；二是消费者视角，即消费者剩余；三是社会总福利，等于制药企业利润和消费者剩余的总和。最后，分析创新激励与产品创新绩效之间的相互作用关系，提出创新激励与创新营销定价的协同策略。

第6节　本章小结

本章围绕政府规制下制药企业的创新激励与市场绩效的研究问题，首先回顾了制药企业创新及产学研联盟创新的文献与理论，从制药企业的产品创新和制药企业产学研联盟的合作创新等方面对相关文献和理论进行了梳理；然后从经济学、政治学和法学3个视角回顾了政府规制与制药企业创新之间关系的研究文献，重点对与本书最为相关的价格管制与制药企业创新的相互关系，集中采购规制与制药企业创新的关系及相关理论进行了梳理和评述，指出了当前研究的局限与研究空间。最后，对创新研发激励政策的相关文献与理论进行了评述，从技术创新激励理论、创新与研发激励政策和制药企业的创新激励体系与创新绩效3个方面进行了梳理、总结与述评。

通过对相关理论和文献的梳理和综述，进一步明确了本书的研究重点、研究特色和创新之处。

第3章 制药企业产学研联盟创新决策、创新危机与利润分配

随着研发成本的大幅攀升、技术复杂性和市场不确定性的增加及新药开发难度的不断加大,制药企业开始与专业技术公司或研发机构合作,联合开发新药,以降低研发成本、控制研发风险。拥有专利技术的小型医药公司或研发机构也愿意与大型制药企业合作,以加快科研成果产业化的步伐(Grover,1998;Kim和Netessine,2013)。由于体制和机制等原因,我国制药业创新的关键资源大多集中在学研机构,制药企业则主要负责药品的生产。然而,学研机构由于资金短缺和市场运作能力不足,极大地限制了科研成果的产业化;相对而言,制药企业则资金充裕,所以,彼此的合作研发便成为可能。因此,企业主导的产学研合作新药创制模式,逐渐成为中国制药业产品创新的主流模式。

本章主要对中国制药业主流的产品创新模式——产学研合作创新进行较为深入的研究,深入探讨竞争环境下制药企业产学研联盟的形成、联盟成员的利润分配及产学研合作创新可能产生的创新风险等重要问题,为制药企业创新战略选择提供决策依据。本章的研究结论对于促进医药行业的产学研合作,提高产学研合作的有效性具有重要的现实意义。

第1节 研究问题的提出

在研发强度排名全球前15位企业中,制药企业占据7席,著名的礼来、辉瑞、默克等企业均榜上有名(Barry等,2013)。制药行业的研发投入为企业销售额的13%~15%,高于软件业和IT硬件业(Ganuza等,2009)。自1963年以来,美国FDA批准的全新化学实体药物(NCE)中,有38%是通过企业间或企业与科研机构间的合作而开发成功的(王龙和康灿华,2005)。由于计划经济体制的历史背景、创新能力资源有限等原因,我国医药产业技术创新关键资源相对集中在学研机构,药品的生产则由制药企业负

责。制药企业产学研联盟的运作方式克服了学研机构资金少、市场运作能力不足的缺点，发挥了制药企业资金相对充裕的优点，极大促进了科研成果的产业化。国内许多知名制药企业已经开始与学研机构结成研发战略联盟，采用产学研联盟模式进行新药研发，实现资源共享与能力互补。例如，天士力集团已经与北京大学医学部、天津中医药大学、浙江大学等多所高校开展产学研合作，在促进人才、技术、资金和项目的高效互动方面取得很好的效果（新华网，2011）。

伴随着产学研合作的广泛开展，关于产学研合作创新的文献大量涌现，这些研究主要集中在产学研联盟的形成、合作模式、联盟稳定性及成员间利润分配等方面。例如，Brockhoff（1992）、Hazlett（1998）、Santoro（2001）、雷永和徐飞（2009）及于春海等（2008）分别从交易费用理论、组织学习理论、资源依赖理论和博弈论几个角度探讨了产学研联盟形成的动因和机制问题。Rustum（1972）、苏敬勤（1999）、张米尔和武春友（2001）、谢科范和刘海林（2006）等从不同角度探讨了产学研联盟形成中的合作模式选择及其对联盟稳定性的影响。由于利益分配是产学研合作中关键而又矛盾最突出的一个问题，对合作关系的持续稳定发展起决定性作用（鲁若愚等，2003），产学研联盟中的利益分配问题自然成为研究的热点。嵇忆虹等（1999）较早地总结出产学研合作中的利润分配方式包括总额支付、提成支付及混合支付 3 种，比较了不同支付方式的利与弊，提出应大力推进按销售额提成的利润分配方式。目前对于产学研联盟的利益分配问题的定量研究主要是基于合作博弈理论框架，如纳什议价博弈和联盟博弈等，探讨不同产学研合作模式下成员间的利润分配问题（任培民和赵树然，2008；黄波等，2011；李柏洲和罗小芳，2013；詹美求和潘杰义，2008）。

然而，已有文献大多只关注单个企业与学研机构的产学研合作问题，较少考虑竞争因素对产学研联盟形成与联盟成员利润分配的影响。Guan 和 Zhao（2013）研究了纳米生物医药产业集群中，产学研合作网络对创新的影响问题，研究了各成员知识创造与专利价值。Wu（2014）研究了技术能力和产学研联盟对相互竞争的企业间合作及产品创新的调节作用。但上述文献均未涉及竞争企业与学研机构间的议价及企业的议价能力对产学研联盟的影响等问题。由于新药研发的高度专业性和高风险性，制药企业往往倾向于与知名学研机构进行合作开发，以提高新药开发的成功率，如国内的许多制药企业与中科院药物所合作开发新药。因此，考虑竞争因素对产学研联盟形成及利润分配的影响将更具现实意义。当众多同类型企业均选择产品创新时，创新可能加剧企业间的竞争，降低创新的回报，甚至可能带来"双输"的结果。然而，现有文献对于盲目创新给企业带来的可能风险缺乏系统的研究。

针对上述研究不足，本章拟通过构建两个相互竞争的制药企业和同一个学研机构的双边议价博弈模型，研究制药企业与学研机构合作创新的动机及其影响因素，分析产学研合作创新对制药企业市场份额、药品价格和社会福利的影响。在此基础上，进一步探讨当竞争与议价并存时，制药企业是否总能从产品创新中获利，探讨盲目跟风创新对企业潜在的危险。本章的特色与创新之处在于：第一，研究了两个相互竞争的制药企业选择与学研机构合作创新的条件及其影响因素；第二，分析了企业的议价能力对产学研联盟形成、稳定性及创新利润在联盟成员间分配的影响；第三，探讨了竞争环境下制药企业产学研合作创新给制药企业带来的可能风险。

第 2 节　模型描述与假设

考虑市场中两家相互竞争的制药企业，分别记作企业 1 和企业 2，向市场中的消费者销售治疗同一类疾病的药品，如治疗普通感冒的常用药康泰克和泰诺。类似于 Hu 和 Schwarz（2011）的研究，通过线性 Hotelling 模型，确定两家企业的市场份额。不失一般性，设企业 1 位于单位 Hotelling 线段的 0 端，企业 2 位于 1 端，消费者均匀分布在两企业之间。假设消费者对两家企业的初始购买意愿相同，均为 V，单位旅行成本为 t，企业 1 和企业 2 的市场份额分别为 $m_1 = (2t + p_2 - p_1)/2t$ 和 $m_2 = (2t - p_2 + p_1)/2t$。设两家企业可通过技术创新提高各自药品的疗效或降低毒副作用，以提高消费者的购买意愿，增加竞争优势。在我国，大多数制药企业的研发能力较为薄弱，制药企业通常和学研机构合作，即结成产学研联盟进行合作创新。若企业 $i(i = 1,2)$ 与学研机构进行合作创新，消费者对药品 i 的购买意愿可增加 $\theta_i(\theta_i > 0)$，θ_i 反映了创新为企业带来的价值（以下简称企业的创新价值）。一般而言，创新联盟的创新投入越多，θ_i 越大，即 θ_i 与创新投入为一一对应的映射关系。此外，创新投入将产生成本，由于创新投入规模收益递减，故创新成本是创新投入的单调递增凸函数，又由于创新投入与 θ_i 为一一对应的映射，故创新成本为 θ_i 的单调递增凸函数，可设为 $I\theta_i^2$，I 为投资系数[3]。

在本模型中，药品的创新为质量的提升，并非单位生产成本的降低，故设创新前后药品单位生产成本 c_i 不变。为简便起见，可将 c_i 标准化为 0（张新鑫等，2015，2016a，2016b，2017b）。

实践中，产学研联盟利润的分配有 3 种主要模式（嵇忆虹 等，1999）：①总额支付，即企业方一次性向学研方支付研发费用；②提成支付，即企业方和学研方按照固定的分配比例分享产品的销售利润；③混合方式，即前两种分配方式的结合。事实上，无论哪种利润分配模式，企业方和学研方的最终利润份额均取决于谈判双方的议价能力。本章采用合作博弈中的纳什议价博弈框架分析产学研联盟创新中的利润分享问题。在纳什议价博弈下，谈判双方最优的利润份额不受具体合同形式的影响（Feng 和 Lu，2010）。

针对我国制药企业产学研合作创新的现实背景，本章考虑两家相互竞争的制药企业与同一家学研机构就是否合作进行议价的情形[①]。在纳什议价博弈框架下，存在两个议价单元 i 和 j。在每个议价单元中，企业 i 和企业 j 与学研机构进行单独议价。因此，可将企业 i 与学研机构利润分配的可行集定义如下：

$$\Xi_i(p_i, p_j, \Pi_j) = \{(\Pi_i, \pi): \Pi_i \geqslant D_i, \pi \geqslant d_i, \Pi_i + \pi \leqslant T_i + T_j - \Pi_j\}$$

$$(3-1)$$

式中：Π_i 和 Π_j 分别为企业 i 和企业 j 的利润份额；$\pi\left(\pi = \sum_{i=1}^{2} \pi_i, i = 1,2\right)$ 为学研机构的利润份额，π_i 为学研机构从企业 i 获得的利润份额；T_i 和 T_j 分别为企业 i 和企业 j 与学研机构结成创新联盟的联盟利润；D_i 为企业 i 的谈判破裂点，即企业 i 不与学研机构合作时的利润；d_i 为学研机构的谈判破裂点，即学研机构不与企业 i 合作时的利润。由于两家制药企业间存在价格竞争，故 D_i 和 d_i 具体取值依赖于竞争对手是否与学研机构合作。

当企业 i 与学研机构结成创新联盟时，企业 i 与学研机构的纳什议价解为

$$\underset{\Pi_i, \pi}{\arg\max}\{(\Pi_i - D_i)^{\alpha_i}(\pi - d_i)^{1-\alpha_i}\}\, s.t.\, (\Pi_i, \pi) \in \Xi_i(p_i, p_j, \Pi_j) \quad (3-2)$$

式中：α_i 为企业 i 的议价能力，$1 - \alpha_i$ 为学研机构的议价能力。

模型的博弈时序如图 3-1 所示。

---

① 由于制药企业倾向于与知名学研机构进行合作，以提高新药研发的成功率。在我国，知名的药品研发机构或学研机构数量十分有限，因此通常有多家制药企业与同一家学研机构进行合作创新。

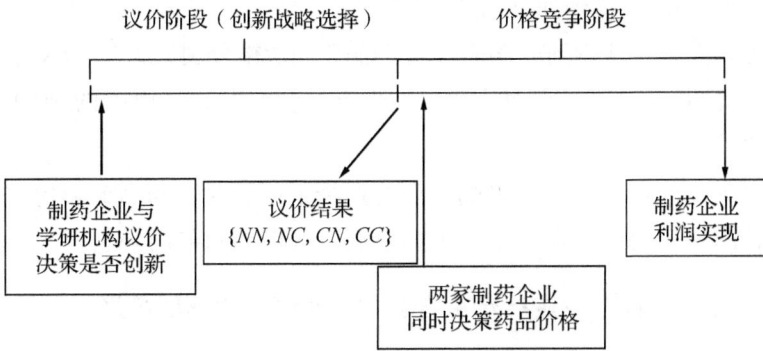

图 3-1　模型的博弈时序

第一阶段（议价阶段），两家制药企业与学研机构进行单独议价，决策是否进行合作创新；第二阶段（价格竞争阶段），根据第一阶段的议价结果，两家企业同时决策药品的价格，展开市场竞争。

第 3 节　均衡分析

依据两家制药企业与学研机构的议价结果，存在以下 4 种可能的均衡：①两家企业均不进行产品创新；②和③只有一家企业进行产品创新；④两家企业均进行产品创新。为方便表述，分别用 NN、NC、CN 和 CC 表示上述 4 种情形，采用 Π_i^X 和 π_i^X（$i = 1,2$）表示上述 4 种情形下制药企业 i 和学研机构的利润，其中 $X \in \{NN, NC, CN, CC\}$。

一、两家企业均不进行产品创新（NN 情形）

根据问题描述，NN 情形下，企业 i（$i = 1,2$）的决策问题为

$$\max_{p_i} \Pi_i^{NN}(p_i, p_j) = \frac{p_i A(2t + p_j - p_i)}{2t} \tag{3-3}$$

式中：A 为市场中潜在消费者的数量。用 Am_i 代表药品 i 的市场需求量/销售量。

由式（3-3），可求得企业 1 和企业 2 的反应函数如下：

$$p_1^R(p_2) = (t + p_2)/2$$
$$p_2^R(p_1) = (t + p_1)/2 \tag{3-4}$$

由式（3-4），得到如下命题。

命题 3-1 NN 均衡中，药品 1 和药品 2 的价格分别为 $p_1^{NN} = t$ 和 $p_2^{NN} = t$，企业 1 和企业 2 的市场份额分别为 $m_1 = m_2 = 1/2$，相应的利润分别为 $\Pi_1^{NN} = \Pi_2^{NN} = At/2$。

命题 3-1 表明，当两家制药企业均选择不创新时，药品 1 和药品 2 的价格相同，两家企业各占据一半的市场份额，获得相同的销售利润。

二、仅有一家企业进行产品创新（CN 情形和 NC 情形）

当仅有一家制药企业进行产品创新时，又可分为以下两种情况：企业 1 创新、企业 2 不创新（即 CN 情形）和企业 1 不创新、企业 2 创新（即 NC 情形）。

根据问题描述，CN 情形下，企业 1 和企业 2 的决策问题分别为

$$\max_{p_1} T_1(p_1, p_2) = \frac{p_1 A(t + p_2 - p_1 + \theta_1)}{2t} - I\theta_1^2 \qquad (3-5)$$

$$\max_{p_2} \Pi_2(p_1, p_2) = \frac{p_2 A(t - p_2 + p_1 - \theta_1)}{2t} \qquad (3-6)$$

优化求解式（3-5）和（3-6）可得，得到 CN 均衡下，药品 1 和药品 2 的价格分别为 $p_1^{CN} = t + \dfrac{\theta_1}{3}$ 和 $p_2^{CN} = t - \dfrac{\theta_1}{3}$，企业 1 和企业 2 的市场份额分别为 $m_1 = \dfrac{3t + \theta_1}{6t}$ 和 $m_2 = \dfrac{3t - \theta_1}{6t}$，创新联盟利润为 $T_1^{CN} = \dfrac{A(3t + \theta_1)^2}{18t} - I\theta_1^2$，企业 2 的利润为 $\Pi_2^{CN} = \dfrac{A(3t - \theta_1)^2}{18t}$。

当仅有一家制药企业（不妨设为企业 i）进行产品创新时，企业 i 和学研机构的谈判破裂点分别为 $D_i = \Pi_i^{NN}$，$d_i = 0$。由式（3-2）可知，企业 i 和学研机构的利润分别为

$$\begin{cases} \Pi_i = \alpha_i(T_i - D_i - d_i) + D_i = \alpha_i T_i + (1 - \alpha_i) D_i \\ \pi_i = (1 - \alpha_i)(T_i - D_i - d_i) + d_i = (1 - \alpha_i)(T_i - D_i) \end{cases} \qquad (3-7)$$

由式（3-7）可知，当只有一家企业与学研机构结成创新联盟时，联盟成员将依据各自议价能力获得相应的利润份额。随着企业方议价能力的提高，其利润份额增加，学研机构的利润份额减少。将 T_1^{CN} 和 D_1 代入式（3-8），可得 CN 均衡下企业 1 和学研机构的利润分别为

$$\Pi_1^{CN} = \frac{At}{2} + \alpha_1\left(\frac{A(6t + \theta_1)}{18t} - I\theta_1\right)\theta_1$$

$$\pi = (1 - \alpha_1)\left[\frac{A(6t + \theta_1)}{18t} - I\theta_1\right]\theta_1 \tag{3-8}$$

为保证企业 1 能够与学研机构合作，必须满足 $\Pi_1^{CN} \geqslant D_1 \Rightarrow I \leqslant \frac{A(6t + \theta_1)}{18t\theta_1}$。

类似地，NC 情形下，企业 1 和企业 2 的决策问题分别为

$$\max_{p_1}\Pi_1(p_1, p_2) = p_1 A(2t + p_2 - p_1 - \theta_2)/2t \tag{3-9}$$

$$\max_{p_2}T_1(p_1, p_2) = p_2 A(2t - p_2 + p_1 + \theta_2)/2t - I\theta_2^2 \tag{3-10}$$

优化求解式（3-9）和（3-10），得到 NC 均衡下，药品 1 和药品 2 的价格分别为 $p_1^{NC} = t - \frac{\theta_2}{3}$ 和 $p_2^{NC} = t + \frac{\theta_2}{3}$，企业 1 和企业 2 的市场份额分别为 $m_1 = \frac{3t - \theta_2}{6t}$ 和 $m_2 = \frac{3t + \theta_2}{6t}$，企业 1 的利润为 $\Pi_1^{NC} = \frac{A(3t - \theta_2)^2}{18t}$，创新联盟利润为 $T_2^{NC} = \frac{A(3t + \theta_2)^2}{18t} - I\theta_2^2$。

将 T_2^{CN} 和 D_2 代入式（3-7），可得 NC 均衡下企业 2 和学研机构的利润分别为

$$\Pi_2^{NC} = \frac{At}{2} + \alpha_2\left(\frac{A(6t + \theta_2)}{18t} - I\theta_2\right)\theta_2$$

$$\pi = (1 - \alpha_2)\left[\frac{A(6t + \theta_2)}{18t} - I\theta_2\right]\theta_2 \tag{3-11}$$

为保证企业 2 能够与学研机构合作，必须满足 $\Pi_2^{NC} \geqslant D_2 \Rightarrow I \leqslant \frac{A(6t + \theta_2)}{18t\theta_2}$。

综合 CN 和 NC 情形的均衡结果，得到如下命题。

命题 3-2　①CN 均衡下，药品 1 和药品 2 的价格分别为 $p_1^{CN} = t + \frac{\theta_1}{3}$ 和 $p_2^{CN} = t - \frac{\theta_1}{3}$；企业 1 和企业 2 的市场份额分别为 $m_1 = \frac{3t + \theta_1}{6t}$ 和 $m_2 = \frac{3t - \theta_1}{6t}$；企业 1、企业 2 和学研机构的利润分别为 $\Pi_1^{CN} = \frac{At}{2} +$

$\alpha_1 \left[\dfrac{A(6t + \theta_1)}{18t} - I\theta_1 \right] \theta_1$，$\Pi_2^{CN} = \dfrac{A(3t - \theta_1)^2}{18t}$ 和 $\pi = (1 - \alpha_1) \left[\dfrac{A(6t + \theta_1)}{18t} - \right.$

$\left. I\theta_1 \right] \theta_1$；②NC 均衡下，药品 1 和药品 2 的价格分别为 $p_1^{NC} = t - \dfrac{\theta_2}{3}$ 和 $p_2^{NC} =$

$t + \dfrac{\theta_2}{3}$；企业 1 和 2 的市场份额分别为 $m_1 = \dfrac{3t - \theta_2}{6t}$ 和 $m_2 = \dfrac{3t + \theta_2}{6t}$；企业 1、

企业 2 和学研机构的利润分别为 $\Pi_1^{NC} = \dfrac{A(3t - \theta_2)^2}{18t}$，$\Pi_2^{NC} = \dfrac{At}{2} +$

$\alpha_2 \left[\dfrac{A(6t + \theta_2)}{18t} - I\theta_2 \right] \theta_2$ 和 $\pi = (1 - \alpha_2) \left[\dfrac{A(6t + \theta_2)}{18t} - I\theta_2 \right] \theta_2$。

此外，为保证制药企业能够与学研机构结成创新联盟，投资系数 I 必须

满足 $I \leqslant \min \left\{ \dfrac{A(6t + \theta_2)}{18t\theta_2}, \dfrac{A(6t + \theta_1)}{18t\theta_1} \right\}$。

命题 3-2 表明，当仅有一家制药企业（以下简称创新企业）与学研机构结成创新联盟时，创新企业的药品价格、市场份额和利润均高于竞争对手。创新企业和学研机构的最终利润份额受到其议价能力 α_i 和创新价值 θ_i 共同影响。随着 α_i 的增强，创新企业获得的利润增加，学研机构获得的利润减少。θ_i 对企业和学研机构的利润具有双向影响：一方面，θ_i 越大，消费者对创新药的购买意愿越强（即品牌效应）；另一方面，θ_i 越大，联盟的创新成本越高（即成本效应）。当品牌效应的影响力高于成本效应时，合作双方的利润均随 θ_i 的增加而增加，反之随 θ_i 的增加而减少。此外，创新联盟的创新投入不能过大，否则创新是不经济的。

三、两企业均进行产品创新（CC 情形）

根据问题描述，CC 情形下，企业 i 的决策问题为

$$\max_{p_i} T_i(p_i, p_j) = \frac{p_i A(t + p_j - p_i + \theta_i - \theta_j)}{2t} - I(\theta_i^2 + \theta_j^2) \qquad (3\text{-}12)$$

优化求解式（3-12），即可得到 CC 均衡下药品 i 的价格和企业 i 的市场份额分别为

$$\begin{aligned} p_i^{CC} &= t + \frac{\theta_i - \theta_j}{3} \\ m_i^{CC} &= \frac{3t + \theta_i - \theta_j}{6t} \end{aligned} \qquad (3\text{-}13)$$

式中: $i,j = 1,2;i \neq j$。

CC 情形中，联盟 i（企业 i 与学研机构组成的产学研联盟）的期望利润为

$$T_i^{CC} = \frac{A(3t + \theta_i - \theta_j)^2}{18t} - I(\theta_i^2 + \theta_j^2) \tag{3-14}$$

式中: $i,j = 1,2;i \neq j$。

以下考虑 CC 情形下创新联盟的议价问题。易知，企业 1、企业 2 和学研机构的谈判破裂点分别为 $D_1 = \Pi_1^{NC}, D_2 = \Pi_2^{CN}, d_1 = \pi^{NC}, d_2 = \pi^{CN}$。谈判各方将依据其议价能力分配议价单元 i 的交易剩余 $\Pi_i + \pi - D_i - d_i$。由此，企业 i 和学研机构的利润份额分别为

$$\begin{cases} \Pi_i = \alpha_i(\Pi_i + \pi - D_i - d_i) + D_i = \alpha_i(T_i + T_j - \Pi_j - D_i - d_i) + D_i \\ \pi = (1 - \alpha_i)(\Pi_i + \pi - D_i - d_i) + d_i = (1 - \alpha_i)(T_i + T_j - \Pi_j - D_i - d_i) + d_i \end{cases} \tag{3-15}$$

将 $\pi = \pi_i + \pi_j$ 和 $T_i = \pi_i + \Pi_i$ 带入上式，得到

$$\begin{cases} \Pi_i^{CC} = \dfrac{1}{1 - \alpha_i\alpha_j}\{\alpha_i[(1 - \alpha_j)T_i^{CC} - d_i] + (1 - \alpha_i)D_i + \alpha_iE_j\} \\ \pi^{CC} = \displaystyle\sum_{i=1}^{2}\left\{\dfrac{1}{1 - \alpha_i\alpha_j}[(1 - \alpha_i)(T_i^{CC} - D_i) + \alpha_id_i - \alpha_iE_j]\right\} \end{cases} \tag{3-16}$$

式中: $E_j = (1 - \alpha_j)(T_j^{CC} - D_j) + \alpha_jd_j, i \neq j$。

对比式（3-16）和式（3-7）可知，CC 均衡下，学研机构的谈判地位提升（谈判破裂点由 0 提高到 $d_i > 0$），这对企业是不利的；两个创新联盟间存在议价外部性 $E_j > 0$，使得企业的交易剩余增加，学研机构的交易剩余下降，这对企业有利而对学研机构不利。

命题 3-3　CC 均衡下，药品 i（$i,j = 1,2;i \neq j$）的价格为 $p_i^{CC} = t + \dfrac{\theta_i - \theta_j}{3}$，企业 i 的市场份额为 $m_i^{CC} = \dfrac{(3t + \theta_i - \theta_j)}{6t}$，企业 i 和学研机构的利润分别为

$$\begin{aligned} \Pi_i^{CC} = \frac{1}{1 - \alpha_i\alpha_j}\Big\{ &\frac{A}{18t}[\alpha_i(1 - \alpha_j)(9t^2 + 6t\theta_i - 6t\theta_j - 4\theta_i\theta_j + \theta_i^2 + \theta_j^2) + \\ &(1 - \alpha_i)((3t - \theta_i)2 + \alpha_i\alpha_j(6t + \theta_i)\theta_i)] - \alpha_i(2 - \alpha_j - \alpha_i\alpha_j)I\theta_i^2 - \\ &\alpha_i(1 - \alpha_j)I\theta_j^2 \Big\} \end{aligned} \tag{3-17}$$

$$\pi^{CC} = \frac{A[4\theta_i\theta_j + (1 - \alpha_i)(6t + \theta_i)\theta_i + (1 - \alpha_j)(6t + \theta_j)\theta_j]}{18t} +$$

$$\frac{[(2 - 2\alpha_i\alpha_j - \alpha_j + \alpha_i^2\alpha_j)\theta_i^2 + (2 - 2\alpha_i\alpha_j - \alpha_i + \alpha_i\alpha_j^2)\theta_j^2]I}{(1 - \alpha_i\alpha_j)}$$

$$(3-18)$$

为保证企业与学研机构合作，I 必须满足 $I \leqslant \min\{I_1, I_2, I_3\}$ 。其中，

$$I_1 = \frac{A[(1 - \alpha_2)(12t\theta_1 - 6t\theta_2 - 4\theta_1\theta_2 + \theta_2^2) + (1 - \alpha_1)\alpha_2(6t + \theta_1)\theta_1}{18t[(2 - \alpha_2 - \alpha_1\alpha_2)\theta_1^2 + (1 - \alpha_2)\theta_2^2]}$$

$$I_2 = \frac{A[(1 - \alpha_1)(12t\theta_2 - 6t\theta_1 - 4\theta_1\theta_2 + \theta_1^2) + (1 - \alpha_2)\alpha_1(6t + \theta_2)\theta_2}{18t[(2 - \alpha_1 - \alpha_1\alpha_2)\theta_2^2 + (1 - \alpha_1)\theta_1^2]t}$$

$$I_3 = \frac{A(1 - \alpha_1\alpha_2)[4\theta_1\theta_2 + (1 - \alpha_1)(6t + \theta_1)\theta_2 + (1 - \alpha_2)(6t + \theta_2)\theta_2]}{18t[(2 - 2\alpha_1\alpha_2 - \alpha_2 + \alpha_1^2\alpha_2)\theta_1^2 + (2 - 2\alpha_1\alpha_2 - \alpha_1 + \alpha_1\alpha_2^2)\theta_2^2]}$$

证明：将 T_i^{CC}，$D_1 = \Pi_1^{NC}$，$D_2 = \Pi_2^{CN}$，$d_1 = \pi^{NC}$，$d_2 = \pi^{CN}$ 代入式（3-17），即可求得 Π_i^{CC} 和 π^{CC}。令 $\Pi_i^{CC} = D_i$，$\pi^{CC} = d_i$，即可求出 I_1、I_2 和 I_3。证毕。

命题 3-3 表明，当两家制药企业均选择产品创新时，药品的价格和市场份额与创新为企业带来的价值正相关，与创新为竞争对手带来的价值负相关。企业和学研机构的最终利润受到它们的议价能力、创新价值和创新投入的共同影响。由于存在议价外部性，在 CC 情形下，谈判各方议价能力的增强，不一定总能使它们的利润增加。

第4节　结果分析与管理启示

本节将对第 3 节中 4 种可能的均衡结果进行对比分析，重点分析产学研合作创新对药品价格、制药企业的市场份额和社会总福利的影响及制药企业的创新战略选择问题，即制药企业何时选择产品创新，以期获得一些管理启示。将 NN、NC、CN、CC 均衡下，药品价格 p_i^*、企业的市场份额 m_i^*、企业的利润 Π_i^*、学研机构的利润 π^* 和社会福利水平 TS^* 归纳为表 3-1。

由上节的有关结果和表 3-1，可以得到以下推论。

推论 3-1　①当 $\theta_i = \theta_j = \theta$ 时，$p_i^{NC} < p_i^{CC} = p_i^{NN} < p_i^{CN}$，$m_i^{NC} < m_i^{CC} = m_i^{NN} < m_i^{CN}$；②当 $\theta_i > \theta_j$ 时，$p_i^{NC} < p_i^{NN} < p_i^{CC} < p_i^{CN}$，$m_i^{NC} < m_i^{NN} < m_i^{CC} < m_i^{CN}$；③当 $\theta_i < \theta_j$ 时，$p_i^{NC} < p_i^{CC} < p_i^{NN} < p_i^{CN}$，$m_i^{NC} < m_i^{CC} < m_i^{NN} < m_i^{CN}$。

推论 3-2　$TS^{NN*} < TS^{CN*}(TS^{NC*}) < TS^{CC*}$。

表 3-1　NN、NC、CN、CC 均衡下结果比较

	NN	CN	NC	CC
p_i^*	t t	$t+\dfrac{\theta_1}{3}$ $t-\dfrac{\theta_1}{3}$	$t-\dfrac{\theta_2}{3}$ $t+\dfrac{\theta_2}{3}$	$t+\dfrac{\theta_1-\theta_2}{3}$ $t+\dfrac{\theta_2-\theta_1}{3}$
m_i^*	$1/2$ $1/2$	$\dfrac{3t+\theta_1}{6t}$ $\dfrac{3t-\theta_1}{6t}$	$\dfrac{3t-\theta_2}{6t}$ $\dfrac{3t+\theta_2}{6t}$	$\dfrac{3t+\theta_1-\theta_2}{6t}$ $\dfrac{3t+\theta_2-\theta_1}{6t}$
Π_i^*	$\dfrac{At}{2}$ $\dfrac{At}{2}$	$\dfrac{A(9t^2+\alpha_1(6t+\theta_1)\theta_1)}{18t}$ $-I\alpha_1\theta_1{}^2$ $\dfrac{A(3t-\theta_1)^2}{18t}$	$\dfrac{A(3t-\theta_2)^2}{18t}$ $\dfrac{A(9t^2+\alpha_2(6t+\theta_2)\theta_2)}{18t}$ $-I\alpha_2\theta_2{}^2$	$\dfrac{1}{1-\alpha_i\alpha_j}\left\{\dfrac{A}{18t}\big[\alpha_i(1-\alpha_j)(9t^2+6t\theta_i-6t\theta_j-4\theta_i\theta_j+\theta_i{}^2+\theta_j{}^2)+(1-\alpha_i)\big((3t-\theta_i)^2+\alpha_i\alpha_j(6t+\theta_i)\theta_i\big)\big]-\alpha_i(2-\alpha_j-\alpha_i\alpha_j)I\theta_i{}^2-\alpha_i(1-\alpha_j)I\theta_j{}^2\right\}$
π^*	0	$(1-\alpha_1)\left[\dfrac{A(6t+\theta_1)\theta_1}{18t}-I\theta_1{}^2\right]$	$(1-\alpha_2)\left[\dfrac{A(6t+\theta_2)\theta_2}{18t}-I\theta_2{}^2\right]$	$\dfrac{A\big[4\theta_i\theta_j+(1-\alpha_i)(6t+\theta_i)\theta_i+(1-\alpha_j)(6t+\theta_j)\theta_j\big]}{18t}+\dfrac{\big[(2-2\alpha_i\alpha_j-\alpha_i+\alpha_i{}^2\alpha_j)\theta_i{}^2+(2-2\alpha_i\alpha_j-\alpha_j+\alpha_i\alpha_j{}^2)\theta_j{}^2\big]I}{1-\alpha_i\alpha_j}$
TS^*	$(V-t/4)A$	$A\left(V-\dfrac{t}{4}\right)+A\theta_1-I\theta_1{}^2$	$A\left(V-\dfrac{t}{4}\right)+A\theta_2-I\theta_2{}^2$	$A(V-t/4+\theta_1+\theta_2)-I(\theta_1{}^2+\theta_2{}^2)$

注：第 1 行是企业 1 的均衡结果；第 2 行是企业 2 的均衡结果。

推论 3-1 和 3-2 表明，创新不一定会提高药品价格，也不一定会提高创新企业的市场份额和利润（绩效），但却能够提高社会总福利。

推论 3-3 ①若 $\theta_i = \theta_j = \theta$ 且 $\alpha_i = \alpha_j = \alpha$，则 $\Pi_i^{CC} = \Pi_j^{CC} = \Pi^{CC}$。此外，$\Pi^{CC}$ 随 α 的增加而增加，π^{CC} 随 α 的增加而减少。②若 $\theta_i \neq \theta_j$，则 Π_i^{CC} 是关于 α_i 的凸函数，关于 α_j 的单调递减函数；π^{CC} 为关于 α_i 的凹函数，关于 α_j 的单调递减函数。

证明：①将 $\theta_i = \theta_j = \theta$ 和 $\alpha_i = \alpha_j = \alpha$ 代入式（3-17）和（3-18），分别求 Π^{CC} 和 π^{CC} 关于 α 的一阶条件式，得到 $\dfrac{\partial \Pi^{CC}}{\partial \alpha} \geqslant \dfrac{At}{3(1+\alpha)^2} > 0$，$\dfrac{\partial \pi^{CC}}{\partial \alpha} \leqslant$
$-\dfrac{A}{9t}(6t+\theta)\theta \leqslant 0$；②当 $\theta_i \neq \theta_j$ 时，由于 $I \leqslant \min\{I_1, I_2, I_3\}$，易知

$$\frac{\partial^2 \Pi_i^{CC}}{\partial \alpha_i^2} = \frac{\alpha_j(1-\alpha_j)}{(1-\alpha_i\alpha_j)^3}\left[\frac{A}{18t}(12t\theta_i - 6t\theta_j + 4\theta_i\theta_j + \theta_j^2) - I\theta_i^2 - I\theta_j^2\right] \geqslant 0$$

$$\frac{\partial \Pi_i^{CC}}{\partial \alpha_j} = -\frac{\alpha_i(1-\alpha_i)}{(1-\alpha_i\alpha_j)^2}\left[\frac{A}{18t}(12t\theta_i - 6t\theta_j + 4\theta_i\theta_j + \theta_j^2) - I\theta_i^2 - I\theta_j^2\right] \leqslant 0$$

$$\frac{\partial^2 \pi^{CC}}{\partial \alpha_i^2} = -\frac{(1-\alpha_j^2)\alpha_j}{(1-\alpha_i\alpha_j)^3}(I\theta_i^2 + I\theta_j^2) \leqslant 0$$

$$\frac{\partial \pi^{CC}}{\partial \alpha_j} = -\frac{A}{18t}(6t+\theta_j)\theta_j - \frac{(1-\alpha_i^2)}{(1-\alpha_i\alpha_j)^2}(I\theta_i^2 + I\theta_j^2) \leqslant 0$$

证毕。

推论 3-3 表明，若两家制药企业均与学研机构结成产学研联盟，当两家制药企业的市场地位相当时，企业的议价能力越强，其获得的利润份额越大，学研机构获得的利润份额越小；反之，当两家制药企业的市场地位存在差异时，企业的议价能力表现出"双刃剑"特性：当企业 i 议价能力低于阈值时，提高议价能力有助于提高利润，但是当议价能力高于阈值时，再提高议价能力反而会降低利润。其原因是，若某个企业的议价能力过强，会促使学研机构与竞争对手达成合作协议，从而削弱该企业的谈判优势。此外，竞争对手的议价能力越强，企业的利润份额越高，而学研机构的利润份额越低。

推论 3-4 ①若 $\theta_1 = \theta_2 = \theta$，CC 为唯一均衡；②若 $\theta_1 \neq \theta_2$，存在阈值 $\tilde{\theta}_1$ 和 $\tilde{\theta}_2$，当 $\theta_1 > \tilde{\theta}_1, \theta_2 > \tilde{\theta}_2$ 时，CC 为唯一均衡；否则，当 $\theta_1 < \tilde{\theta}_1(\theta_2 < \tilde{\theta}_2)$ 时，NC（CN）为唯一均衡。

证明：①若 $\theta_i = \theta_j = \theta$，由表 3-1：

$$\Pi_1^{CC} - \Pi_1^{NC} \geqslant \frac{A(1-\alpha_2)\alpha_1\alpha_2(6t+\theta)\theta}{18(1-\alpha_1\alpha_2)t} \geqslant 0$$

$$\Pi_2^{CC} - \Pi_2^{CN} \geqslant \frac{A(1-\alpha_1)\alpha_1\alpha_2(6t+\theta)\theta}{18(1-\alpha_1\alpha_2)t} \geqslant 0$$

$$\Pi_1^{CN} - \Pi_1^{NN} = \alpha_1[A(6t+\theta)/18t - I\theta]\theta \geqslant \alpha_1[A(6t+\theta)/18t - A(6t+\theta)/18t]\theta \geqslant 0$$

$$\Pi_2^{NC} - \Pi_2^{NN} = \alpha_2[A(6t+\theta)/18t - I\theta]\theta \geqslant \alpha_2[A(6t+\theta)/18t - A(6t+\theta)/18t]\theta \geqslant 0$$

②若 $\theta_i \neq \theta_j$，不妨令 $I = \min\{I_1, I_2, I_3\}$，则有

$$\Pi_1^{CC} - \Pi_1^{NC} = \frac{A}{18(1-\alpha_1\alpha_2)t}[(1-\alpha_1\alpha_2)(6t+\theta_1)\theta_1 - (1-\alpha_2)(\theta_1-\theta_2)^2]$$

$$\Pi_2^{CC} - \Pi_2^{CN} = \frac{A}{18(1-\alpha_1\alpha_2)t}[(1-\alpha_1\alpha_2)(6t+\theta_2)\theta_2 - (1-\alpha_1)(\theta_2-\theta_1)^2]$$

$$\Pi_1^{CN} - \Pi_1^{NN} = \alpha_1[A(6t+\theta_1)/18t - I\theta_1]\theta_1 \geqslant \alpha_1[A(6t+\theta_1)/18t - \min\{A(6t+\theta_1)/18t\theta_1, A(6t+\theta_2)/18t\theta_2\}\theta_1]\theta_1 \geqslant 0$$

$$\Pi_2^{NC} - \Pi_2^{NN} = \alpha_2[A(6t+\theta_2)/18t - I\theta_2]\theta_2 \geqslant \alpha_2[A(6t+\theta_2)/18t - \min\{A(6t+\theta_1)/18t\theta_1, A(6t+\theta_2)/18t\theta_2\}\theta_2]\theta_2 \geqslant 0$$

易知，当 $\theta_1 > \dfrac{(1-\alpha_2)(\theta_1-\theta_2)^2}{(1-\alpha_1\alpha_2)(6t+\theta_1)}$，且 $\theta_2 > \dfrac{(1-\alpha_1)(\theta_2-\theta_1)^2}{(1-\alpha_1\alpha_2)(6t+\theta_2)}$ 时，

$\Pi_1^{CC} > \Pi_1^{NC}$ 且 $\Pi_2^{CC} > \Pi_2^{CN}$；反之，当 $\theta_1 < \dfrac{(1-\alpha_2)(4\theta_1\theta_2 - \theta_1^2 + \theta_2^2)}{(1-\alpha_1\alpha_2)(6t+\theta_1)}$ 时，

$\Pi_1^{CC} < \Pi_1^{NC}$；当 $\theta_2 < \dfrac{(1-\alpha_1)(4\theta_1\theta_2 - \theta_2^2 + \theta_1^2)}{(1-\alpha_1\alpha_2)(6t+\theta_2)}$ 时，$\Pi_2^{CC} < \Pi_2^{CN}$。证毕。

推论 3-4 表明，当创新为两家企业带来的价值相当（即 $\theta_1 = \theta_2$）时，选择产品创新对两家企业而言均是最优策略。反之，若 $\theta_1 \neq \theta_2$，当且仅当创新为企业带来的价值均较大（高于阈值）时，选择产品创新是两家企业的最优选择，否则对创新价值大的企业而言，创新是最优策略，而对于创新价值小的企业，不创新是最优策略。这是因为，创新需要付出一定的成本，因此，只有创新回报足够高，能够完全抵消创新成本时，企业才有创新动机。

推论 3-5　①当 $\theta_1 = \theta_2 = \theta$ 时，$\Pi_i^{CC} < \Pi_i^{NN}$。②当 $\theta_i < \theta_j$，则 $\Pi_i^{CC} < \Pi_i^{NN}$；当 $\theta_i > \theta_j$，存在阈值 $\bar{\theta}_i$，当 $\theta_i < (>)\bar{\theta}_i$ 时，$\Pi_i^{CC} < (>)\Pi_i^{NN}$。

证明：比较 Π_1^{CC} 和 Π_1^{NN}，得：

① 当 $\theta_i = \theta_j = \theta$，$\alpha_i = \alpha_j = \alpha$ 时，$\Theta(\alpha,\theta) = \Pi_1^{CC} - \Pi_1^{NN} = -\dfrac{(6t+\theta)\theta A}{18t}\alpha^2 + \left(\dfrac{A\theta}{3} - 3I\theta^2\right)\alpha - 3I\theta^2$。$\dfrac{\partial^2 \Theta(\alpha,\theta)}{\partial \theta} = -\dfrac{(6t+\theta)\theta A}{9t} < 0$，即 $\Theta(\alpha,\theta)$ 为关于 α 的凹函数，又 $\alpha = 0$ 和 1，$\Theta(\alpha,\theta) < 0$，故 $\Theta(\alpha,\theta)$ 恒 < 0。

同理，可证当 $\theta_i = \theta_j = \theta$ 时，$\Theta(\alpha,\theta)$ 恒 < 0。

② 当 $\theta_i \neq \theta_j$ 时，若 $\theta_i < \theta_j$，$\Pi_i^{NN} - T_i^{CC} = At/2 - A(3t + \theta_i - \theta_j)^2/18t - I(\theta_i^2 + \theta_j^2) \geqslant I(\theta_i^2 + \theta_j^2) > 0$，又 $\Pi_i^{CC} \leqslant T_i^{CC}$，故 $\Pi_i^{NN} > \Pi_i^{CC}$；若 $\theta_i > \theta_j$，由表 3-1 的结果，可得

$$\Theta(\alpha_i,\alpha_j,\theta_i,\theta_j) = \Pi_i^{CC} - \Pi_i^{NN} = \frac{1}{1 - \alpha_i\alpha_j}\left\{\frac{A}{18t}\left[\alpha_i(1-\alpha_j)(6t\theta_i - 6t\theta_j - \right.\right.$$

$$4\theta_i\theta_j + \theta_i^2 + \theta_j^2) - (1-\alpha_i)((6t - \theta_i)\theta_i -$$

$$\left.\alpha_i\alpha_j(6t+\theta_i)\theta_i)\right] - \alpha_i(2 - \alpha_j - \alpha_i\alpha_j)I\theta_i^2 - \alpha_i(1-\alpha_j)I\theta_j^2\right\}$$

又 $\partial^2\Theta/\partial\theta_j^2 \leqslant \dfrac{2(1-\alpha_j)\alpha_i}{1-\alpha_i\alpha_j}(6t\theta_i - 6t\theta_j - 4\theta_i\theta_j) < 0$，即 $\Theta(\alpha_i,\alpha_j,\theta_i,\theta_j)$ 为关于 θ_j 的凹二次函数。又 $\Theta(\alpha_i,\alpha_j,\theta_i,0) = \Pi_i^{CC} - \Pi_i^{NN} \geqslant \dfrac{A(6t - \theta_i)\theta_i}{18t} > 0$。

$\dfrac{\partial\Theta(\alpha_i,\alpha_j,\theta_i,0)}{\partial\theta_i} = -\dfrac{\alpha_i}{18t} < 0$，即 $\Theta(\alpha_i,\alpha_j,\theta_i,0)$ 为关于 θ_i 的凹二次函数。因此，存在阈值 $\bar{\theta}_i$，当 $\theta_i < (>) \bar{\theta}_i$ 时，$\Theta < (>) 0$。证毕。

推论 3-5 表明，当创新为两家企业带来的价值相当（即 $\theta_1 = \theta_2$）时，尽管创新能够提高消费者的购买意愿，但是加剧了两家企业的竞争，导致企业利润下降，即两家企业均选择产品创新是一个囚徒困境的选择。当 $\theta_1 \neq \theta_2$ 时，两家企业均选择创新，将导致创新价值较低的企业的利润下降；对于创新价值高的企业而言，若其创新价值足够大，能够完全弥补"价格战"导致的利润损失时，创新将提高企业的利润，否则，创新非但不能提高企业的利润，反而会损害企业的利润。换言之，创新是有风险的，企业盲目跟风创新，可能招致利润的损失。

第 5 节　本章小结

由于新药开发的高成本、高风险和工艺较为复杂等特性，制药企业通常

与学研机构合作进行新药开发（产品创新），利用学研机构的技术优势和企业的资金优势，提高新药开发的成功率。正是基于上述现实背景，本章提出一个两家相互竞争的制药企业与同一家学研机构的双边纳什议价博弈模型，研究制药企业的创新战略选择、产学研联盟形成的影响因素及创新对药品价格、制药企业的市场份额和社会福利的影响等问题。通过模型分析，得到以下研究结论和管理启示：①创新不一定能提高药品的价格，也不一定会提高创新企业的市场份额和利润，两家制药企业均选择合作创新甚至可能导致"双输"的结果；②尽管创新不一定会提高制药企业的绩效（利润），但是却能够提高社会福利；③当两家企业的议价能力存着差异时，企业的议价能力呈现"双刃剑"特性，当议价能力较弱（低于阈值）时，提高议价能力有助于提高企业的利润，然而，当议价能力较强（高于阈值）时，再提高议价能力反而会降低利润；④制药企业应当充分收集同行企业的信息资料，结合自身经营状况，合理使用谈判议价能力，理性进行创新决策，避免盲目跟风创新所导致的利润损失。

　　本章对制药企业产学研联盟的形成及利润分配机制进行了研究，但仍有一些问题值得深入探讨，如只考虑了完全信息下两家相互竞争的制药企业与一家学研机构的合作创新问题，在未来的研究中可以扩展到不对称信息下，产学研联盟创新问题，探讨合作双方的机会主义行为对联盟形成、利润分配的影响。此外，本章的研究基于合作双方风险中性的假设，现实中制药企业常常是风险规避或损失规避的，因此，合作双方风险态度对联盟成员利润分配的影响也是很有意义的研究方向。

第4章 价格管制与医疗保险支付政策下的制药企业创新激励

第3章主要研究了在中国制药业的主流创新模式——产学研合作研发模式下，制药企业的创新战略选择、制药企业与学研机构的利润分配及可能的创新风险等问题，上述问题本质上属于制药企业战略层面的决策问题。接续第3章的研究内容，本章引入中国药品市场最突出的政府规制——价格管制，探讨市场完全竞争下，价格管制和医疗保险支付政策对制药企业[①]创新投入和创新药定价的协调决策的影响问题，并在此基础上，阐明价格管制和医疗保险支付政策与制药企业创新激励的交互作用关系，并依据模型结果提出相关政策建议。

第1节 研究问题的提出

由于新药研发的高风险性，近年来越来越多的制药企业将大量的资金和人力投入到对已有药品的改进（小创新）上，而非全新分子实体（NMEs）的研制上，以规避风险、提高收益。据统计，1993—2004年，美国FDA批准的新药申请中，全新分子实体的品种仅占12%，60%以上是对已有药品的改进[②]。2012年，中国SFDA批准生产的境内药品注册申请中，新药（包括中药和化学药）的比例不足25%，创新水平最高的1.1类NMEs新药的比例不足1%[③]。另外，为迅速扩大市场份额，许多制药企业将核心能力从

---

① 由于中国制药业的产学研合作研发多是以企业为主导的，企业将研发工作外包给学研机构或直接向学研机构购买研发专利（事实上，在国外制药企业间或制药企业与学研机构间的合作也是采取类似的模式，Bhaskaran 和 Krishnan，2009），因此，学研机构的创新投入可以视为制药企业的创新投入。为叙述方便，在以后的各章中，我们以制药企业的创新投入代表产学研联盟的创新投入。

② United States Government Accountability Office. New drug development: Science, business, regulatory and intellectual property issues cited as hampering drug development efforts [RE/OL]. http://www. gao. gov. /new. Items/do749. pdf.

③ 国家食品药品监督管理总局. 2012 年药品注册审批年度报告 [RE/OL]. [2012 – 09 – 29]. http://www. cde. org. cn.

新药研发环节转移到营销环节，依靠加大营销投入来获取高额利润（Henry 和 Lexchin，2002）。由于营销和研发在制药企业盈利方面具有替代作用（Ganuza 等，2009），长此以往，营销投入的高涨必将导致研发投入的不足和药品价格的日益上涨。这不仅将加重患者的负担，还将增加政府控制药价的难度。因此，如何激励制药企业创新，提高研发积极性，已成为各国医药监管部门广泛关注和亟须解决的重点问题，而弄清楚制药企业创新激励的影响因素和影响机制是解决该问题的关键。

为控制药费支出、保护公众对获得药品的公平可及性，世界上绝大多数国家都对药品价格实行广泛的干预和监管，即价格管制或限价政策（陈文，2008）。为此，价格管制对制药企业研发（创新）行为和社会福利的影响，历来是学术界关注的热点问题，已有不少研究成果。目前，学术界对价格管制与制药企业创新的关系，已形成两派观点。一种观点认为，价格管制对制药企业的创新和社会福利具有显著的负面效应，而且还会导致企业创新结构的扭曲（Vernon，2005；唐艳和徐怀伏，2008；Bardey 等，2010；张庆霖和郭嘉仪，2013）。另一种观点则认为，价格管制并非总是对制药企业的创新激励产生消极影响，在某些条件下甚至会促进企业创新，如 Besanko 等（1988）及 Armstrong 和 Vickers（1991）研究表明，若管制价格略微低于创新水平最高的药品垄断定价时，会提高其他类型药品的实际创新水平，且能够从总体上增进社会福利。刘小鲁（2010）也指出对高价药实施价格管制，在一定范围内可以提高社会福利。然而，上述研究均未考虑医疗保险支付政策的影响。Ganuza 等（2009）认为，医疗保险支付比例的变动会影响投保患者对药品的需求，进而影响药品的定价和企业的投资回报率，最终影响制药企业的创新激励。Grossmann（2013）研究指出，在共同支付机制下，降低医疗保险的支付比例（提高患者的个人支付比例），将对制药企业的创新投入产生负向影响。

综上所述，以往的文献要么仅考虑价格管制的影响，要么仅考虑医疗保险支付政策的影响，缺乏价格管制和医疗保险支付政策对制药企业创新激励的综合作用机制系统的研究。此外，现有关于医疗保险支付政策对制药企业创新激励的影响的研究，主要针对欧美的医药市场。由于欧美医药市场的结构和管理模式与中国医药市场存在巨大差异（杜创，2013），上述研究成果对中国制药企业创新激励的管理和实践的借鉴意义十分有限。

针对上述研究不足，本章立足于中国医药市场，综合考虑价格管制和我国现行的医疗保险支付政策，研究制药企业的创新投入和定价的协同决策问题，通过分析制药企业和患者的决策行为，探讨价格管制和医疗保险支付政策对制药企业创新投入和定价机制的交互作用关系，并在此基础上给出适当的政策建议。本章的研究成果对于合理限制药品价格、保障患者利益、设计提高制药企业研发积极性的激励机制等具有一定的参考价值。

第 2 节　模型描述与相关假设

考虑完全竞争市场中，有若干制药企业生产同类药品[①]，其中，某个企业（以下简称制药企业）通过创新（研发）投入来提升产品的质量，如提高有效率或降低毒副作用等。不失一般性，设制药企业创新投入为 e 时，其药品的质量可提升为 q。为方便分析，将创新前药品的质量标准化为 0，故 q 可视为药品的创新水平。一般而言，企业创新投入 e 越大，药品的创新水平 q 越高。但是由于技术等的不确定性，e 对 q 的影响也是不确定的，故为随机变量。不失一般性，可将 q 标准化为分布在 $[0，1]$ 上的随机变量，并令其分布函数和密度函数分别为 $F(q,e)$ 和 $f(q,e)$。易知，$\dfrac{\partial F(\cdot,e)}{\partial e} <$ 0，即药品的创新水平随企业的创新投入随机递增。对于制药企业而言，生产成本远远小于研发成本，故可假设创新药的边际生产成本 c 为 0。此外，为方便求解，假设企业投入的创新成本为 e[②]。

假设市场中有固定数量的潜在消费者，不失一般性，可将其数量标准化为 1，且每位消费者至多购买 1 单位药品。依照是否参与医疗保险，将消费者分为两类：一类为被医疗保险覆盖的消费者（简称 I 型消费者），另一类为医疗保险未能覆盖的消费者（简称 NI 型消费者）[③]。不失一般性，假设 I 型消费者在整个消费者中的比例为 β，则 NI 型消费者的比例为 $1-\beta$。为此，当创新药的价格为 p 时，NI 型消费者购买创新药获得的净效用为 $U_{NI}(q) =$

---

① 在我国，医疗保险目录中同一类的基本药物大多由多家制药企业生产。

② 通过重新定义密度函数，无论创新成本的具体形式如何，只要创新成本随创新投入单调递增，均可获得相同的结果。

③ 随着基本医疗保险覆盖范围的扩大，在我国没有被医疗保险覆盖的人群越来越少。但是，由于我国医疗保险具有起付标准和支付上限，没有达到起付标准或超过支付上限的消费者均需要支付全额医药费，故该类消费者可视为未被医疗保险覆盖的消费者。

$q - p$，其中，q 为药品的实际创新水平，衡量消费者的最大支付意愿。类似地，I 型消费者购买创新药获得的净效用为 $U_1(q) = q - \alpha p$，其中，$\alpha \in (0，1]$，为该类消费者的个人支付比例，$1 - \alpha$ 为医疗保险的支付比例。

模型的决策时序如图 4-1 所示：第一阶段，制药企业以两阶段总利润最大化为目标，决策最优的创新投入 e；第二阶段，药品的创新水平 q 实现，制药企业依据 q 和对市场需求的预期，以销售利润最大化为目标，决策创新药的价格 p。随后，消费者根据 p 和支付意愿选择是否购买产品，市场需求实现，企业获得创新报酬。

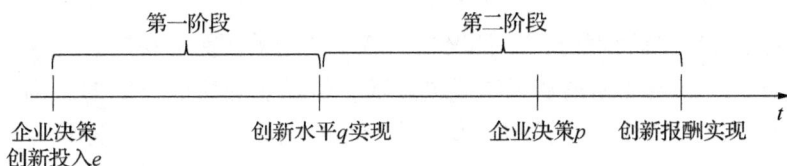

图 4-1　模型的决策时序

第 3 节　模型分析

一、社会福利最优的情形

以社会福利最优时制药企业的最优创新投入为基准，对放开价格管制和价格上限管制两种情形下，制药企业的创新投入和定价行为展开具体研究，并对相关均衡结果进行深入分析与探讨。

由于药品边际生产成本为 0，药品创新带来的社会价值即药品创新的社会价值为

$$S(q) = \int_0^1 q f(q, e) \, dq = q \qquad (4-1)$$

相应地，社会福利为

$$\Omega(q, e) = S(q) - e = \int_0^1 q f(q, e) \, dq - e \qquad (4-2)$$

因此，社会福利最优时，制药企业的最优创新投入满足

$$q'(e^S) - 1 = 0 \qquad (4-3)$$

二、放开价格管制的情形

根据模型的事件顺序，采用逆向归纳法，先分析企业第二阶段的决策问题，随后进一步逆推企业第一阶段的决策问题。

在第二阶段，药品的创新水平 q 已实现，制药企业的决策问题为选择最优的药品价格 p^*，实现销售利润的最大化。由于创新药的定价受到市场需求的影响，而消费者的购买行为直接影响到药品的市场需求，因此，通过对两类消费者的购买行为分析，构建创新药的市场需求函数，逆推制药企业的最优定价策略。

根据消费者效用理论，当且仅当消费者的净效用为非负时，才会购买产品。由此，为诱导 I 型消费者购买创新药，制药企业所能设定的最高价格为 $p_I^* = \min\ (q/\alpha,\ 1)$，为诱导 NI 型消费者购买创新药，企业所能设定的最高价格为 $p_{NI}^* = q$。由于 $\alpha \in (0,\ 1]$，故 $p_{NI}^* \leqslant p_I^*$。综上，当创新药的价格为 p_I^* 时，只有 I 型消费者购买创新药，当创新药的价格为 $p_{NI}^* = q$ 时，I 型和 NI 型消费者均会购买创新药。因此，均衡中，制药企业有两种定价机制可供选择，一种为只针对 I 型消费者的高价机制，另一种为针对两类消费者的低价机制。高价机制和低价机制下，企业的销售利润分别为 $\Pi^H = \min(q/\alpha,\ 1)\beta$ 和 $\Pi^L = q$。

命题 4-1 放开价格管制下，①若 $\alpha < \beta$，当 $q < \beta$ 时，创新选择高价机制，否则选择低价机制；②若 $\alpha \geqslant \beta$，制药企业始终选择低价机制；③低价机制下，创新药的均衡价格为 $p^L = q$，高价机制下，创新药的均衡价格为

$$p^H = \begin{cases} 1, q > \alpha \\ q/\alpha, q \leqslant \alpha \end{cases}。$$

证明：对于给定的创新水平 q，当 $\Pi^H > \Pi^L \Rightarrow \min(q/\alpha,1)\beta \geqslant q$ 时，企业选择高价机制，否则选择低价机制。因此，可分为下述两种情况讨论：①当时 $\alpha \geqslant \beta$，易证 $\Pi^H \leqslant \Pi^L$ 恒成立，故企业始终选择低价机制。②当 $\alpha < \beta$ 时，又可分为下述两种情形：a. $q \geqslant \beta$，由于 $\alpha \in (0,\ 1]$，$q/\alpha \geqslant q \geqslant \beta$，$\Pi^H = \beta, \Pi^L = q$，故 $\Pi^H \leqslant \Pi^L$。b. $q < \beta$，$\Pi^H > \Pi^L$，当 $q > \alpha$ 时，有 $q/\alpha > 1$，故 $p^* = 1$；反之，当 $q \leqslant \alpha$ 时，有 $q/\alpha \leqslant 1$，故 $p^* = q/\alpha$。证毕。

命题 4-1 表明，当医疗保险支付比例较高（$\alpha < \beta$）时，创新药的价格不能完全反映药物创新水平，即创新水平高的药品价格不一定高，而创新水平低的药品价格不一定低。当药品创新水平较低（$q < \beta$）时，企业选择高

价机制，将药品卖给 I 型消费者细分市场，以高价赢得高利润；而创新水平较高（$q \geq \beta$）时，企业选择低价机制，覆盖整个市场，以高市场占有率赢得高利润。反之，当医疗保险支付比例较低（$\alpha \geq \beta$）时，由于个人支付比例较大，I 型消费者的价格弹性增加，制药企业始终选择低价机制，覆盖整个市场，以高市场占有率赢得高利润。

由命题 4-1，可得放开价格管制下创新药的均衡销售利润为

$$\Pi^*(q) = \begin{cases} q, \ \alpha \geq \beta \\ \int_0^\alpha \dfrac{\beta q}{\alpha} f(q,e)\,\mathrm{d}q + \int_\alpha^\beta \beta f(q,e)\,\mathrm{d}q + \int_\beta^1 q f(q,e)\,\mathrm{d}q, \ \alpha < \beta \end{cases}$$

$$(4-4)$$

以下分析制药企业第一阶段的决策问题。根据博弈时序，在第一阶段，企业决策最优的创新投入为 $e^{N*}(\beta,\alpha)$，实现创新报酬最大化。由命题 4-1、式（4-3）和式（4-4），可得制药企业最优的创新投入为

$$e^{N*}(\alpha,\beta) = \begin{cases} e^S, \ \alpha \geq \beta \\ e^N(\alpha,\beta), \ \alpha < \beta \end{cases} \qquad (4-5)$$

其中，$q'(e^N(\alpha,\beta)) - \dfrac{\beta}{\alpha} F(\alpha,e^N) + F(\beta,e^N) = 0$。

对比式（4-3）和式（4-5），得到命题 4-2。

命题 4-2　放开价格管制下，当 $\alpha \geq \beta$ 时，制药企业最优的创新投入与社会福利最优时的最优创新投入一致，即 $e^{N*} = e^S$；当 $\alpha < \beta$ 时，制药企业最优的创新投入低于社会福利最优时的最优创新投入，即 $e^{N*}(\alpha,\beta) \leq e^S$。

证明：①当 $\alpha \geq \beta$ 时，对比式（4-5）和式（4-3），即得 $e^{N*} = e^S$；②当 $\alpha < \beta$ 时，由式（4-4）和式（4-1），即得 $\Delta\pi = \Pi(\beta,\alpha,q) - S(q) = \int_0^\alpha \dfrac{(q-\alpha)\beta}{\alpha} f(q,e)\,\mathrm{d}q + \int_0^\beta (\beta-q) f(q,e)\,\mathrm{d}q$，求 $\Delta\pi$ 关于 β 和 e 交叉偏导数，得 $\dfrac{\partial^2 \Delta\pi}{\partial\beta\partial e} = \dfrac{(\alpha-q)}{\alpha} \int_0^\alpha \dfrac{\partial F(q,e)}{\partial e}\,\mathrm{d}q + \dfrac{\partial F(\beta,e)}{\partial e}$。由于 $\dfrac{\partial F(\cdot,e)}{\partial e} < 0$，故 $\dfrac{\partial^2 \Delta\pi}{\partial\beta\partial e} \leq 0$，即 $\Delta\pi$ 为关于 e 和 β 的递减差分，由差分定理（Milgrom 和 Shannon，1994）可以得到，$e^{N*}(\beta,\alpha) \leq e^{N*}(0,\alpha)$，又 $\alpha \leq \beta \Rightarrow \alpha = 0$，故 $e^{N*}(\beta,\alpha) \leq e^{N*}(0,0) = e^S$。证毕。

命题 4-2 表明，制药企业的创新投入受到医疗保险支付政策的影响。具体来说，当医疗保险支付比例较高（$\alpha < \beta$）时，制药企业出现创新投入不足。这是因为，医疗保险支付比例较高时，I 型消费者细分市场的价格

弹性较小，企业只需进行较小的创新投入，进行小创新，将创新水平较低的药品以高价格销售给 I 型消费者细分市场，即可获得足够的创新报酬。当医疗保险支付比例较低（ $\alpha \geqslant \beta$ ）时，制药企业创新投入不足得到完全纠正。原因是，医疗保险支付比例低意味着消费者个人支付比例提高，I 型消费者细分市场的价格弹性增加，纠正了低弹性市场引发的企业创新投入配置的扭曲，故企业需要加大创新投入，使之与社会福利最优时的创新投入相等。

接下来，分析医疗保险支付比例的变动对制药企业创新投入的影响。为获得更为直观的分析效果，采用具体的数值分析。参数赋值如下： $\beta = 0.7$ ， $\alpha = 0.4, \alpha' = 0.3, q$ 的变动范围为 $0 \sim 1$ 。数值结果图 4-2 中，分别以粗实线和细实线表示医疗保险支付比例为 $1 - \alpha$ 和 $1 - \alpha'$ 时制药企业的销售利润，虚线（对角线）表示创新药的社会价值。

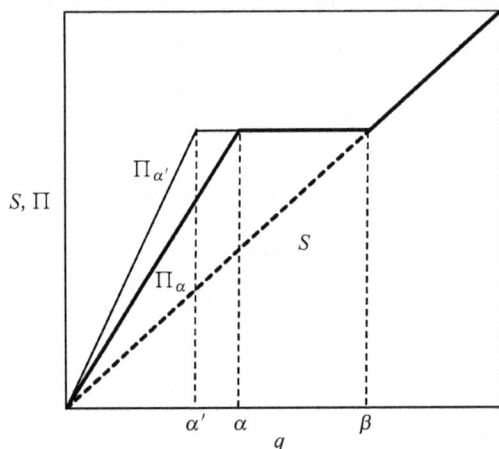

图 4-2　创新药的销售利润与社会价值

由图 4-2 可见，①当医疗保险支付比例较高（ $\alpha < \beta$ ）时，药品实际创新水平较低（ $q < \beta$ ）时， $\Pi > S$ ，即创新药的销售收入高于创新药的社会价值，而药品实际创新水平较高（ $q \geqslant \beta$ ）时， $\Pi = S$ 。显然，制药企业将降低创新投入，进行小创新。由此可见，医疗保险支付比例过高将导致制药企业创新投入的不足。②当医疗保险支付比例由 $1 - \alpha$ 提高到 $1 - \alpha'$ 时，若药品实际的创新水平为 $q \in (0, \alpha']$ ，制药企业的边际创新报酬增加（ $\Pi_{\alpha'}$ 的斜率大于 Π_{α} 的斜率），表明企业加大创新投入；若 $q \in [\alpha', \alpha]$ ，企业的边际创新报酬降低，表明企业降低创新投入；若 $q \geqslant \beta$ ，企业的边际创新报酬不变，表明医疗保险支付比例的变动不影响企业的创新投入。

易知，当创新投入确定时，药品的创新水平与制药企业的创新能力是一一对应的映射关系，即药品的创新水平在一定程度上反映了制药企业的创新能力。因此，由图 4-2 结果可见，当医疗保险支付比例较高时，提高医疗保险支付比例将会激发创新能力较低的企业增加创新投入，但是却会使得创新能力中等的企业减少创新投入，对于创新能力较强的企业，医疗保险支付比例的变动不影响其创新投入。

由命题 4-2 和图 4-2 得到如下管理启示：价格弹性较低的细分市场（被医疗保险覆盖的市场）是制药企业降低创新投入的重要驱动因素。我国现行的医疗保险支付政策促进了终端消费市场的分化，造成了消费者需求弹性的差异。具体来说，对于 I 型消费者而言，医疗保险支付比例越大，消费者的价格弹性越小。当医疗保险支付比例足够大时，I 型消费者构成了低价格弹性市场。鉴于医疗保险支付比例会对制药企业创新投入产生重要影响，确定合理的医疗保险支付政策，不仅能够更好地控制国家的医疗支出和减轻消费者的医疗负担，还能够有效地激励制药企业的创新激励，防止其在创新活动中的机会主义行为。

三、存在价格管制的情形

本小节重点分析价格管制对制药企业创新投入的影响。实践中，制药企业在进行创新决策时，已经知晓同类药品管制价格 $\hat{p}$，因此，价格管制下制药企业的决策问题依然是一个两阶段决策问题。

与上一小节类似，采用逆向归纳法，首先分析制药企业第二阶段的决策问题。在第二阶段，药品创新水平 q 和管制价格 $\hat{p}$ 均已实现。此外，假设管制价格 $\hat{p} < 1$，否则，若 $\hat{p} \geq 1$，模型退化为放开价格管制的情形。根据消费者效用函数，为诱导 I 型消费者购买创新药，制药企业所能设定的最高药品价格为 $\hat{p}_I = \min(q/\alpha, \hat{p})$；为诱导 NI 型消费者购买创新药，企业所能设定的最高价格为 $p_{NI}^* = \min(q, \hat{p})$。易知，若 $q \geq \hat{p}$，$p_I^* = p_{NI}^* = \hat{p}$，此时 I 型和 NI 型消费者均购买创新药，企业的创新报酬为 $\Pi^* = \hat{p}$。若 $q < \hat{p}$，$p_{NI}^* = q$，进一步，当 $q < \hat{p} \leq q/\alpha$ 时，$p_I^* = \hat{p}$；当 $\hat{p} > q/\alpha$ 时，$p_I^* = q/\alpha$。因此，当 $q > \hat{p}$ 时，价格管制下，制药企业既可以选择只针对 I 型消费者的高价机制，又可以选择针对两类消费者的低价机制。低价机制和高价机制下，创新药的均衡利润分别为 $\Pi^L = \begin{cases} \hat{p}, & \hat{p} \leq q \\ q, & \hat{p} > q \end{cases}$ 和 $\Pi^H = \begin{cases} \beta\hat{p}, & q < \hat{p} \leq q/\alpha \\ q\beta/\alpha, & \hat{p} > q/\alpha \end{cases}$。

命题4-3 价格管制下，①若 $\alpha < \beta$，当且仅当 $q/\beta > \hat{p}$ 时，企业选择低

价机制，否则选择高价机制。创新药的均衡价格为 $p^* \begin{cases} \hat{p}, & q \geq \hat{p} \\ q, & \hat{p} > q > \beta\hat{p} \\ \hat{p}, & \alpha\hat{p} < q \leq \beta\hat{p} \\ q/\alpha, & q \leq \alpha\hat{p} \end{cases}$；

②若 $\alpha \geq \beta$，企业始终选择低价机制。创新药的均衡价格为 $p^* \begin{cases} \hat{p}, & q \geq \hat{p} \\ q, & \hat{p} > q > \alpha\hat{p} \\ q, & q \leq \alpha\hat{p} \end{cases}$。

命题4-3表明，当医疗保险支付比例较低时，制药企业始终选择低价机制，以低价占领整个市场，但创新药的价格受到管制价格的约束。当管制价格较低（ $\hat{p} \leq q$ ）时，创新药的价格等于管制价格；否则，企业将创新药的价格设定为 q。当医疗保险支付比例较高时，制药企业的定价机制受到管制价格的影响。当管制价格较低（ $\hat{p} < q/\beta$ ）时，选择低价机制，以低价覆盖整个市场，最大化创新报酬，否则选择高价机制，将药品销售给 I 型消费者细分市场，最大化创新报酬。

由命题4-3可得，价格管制下创新药的均衡销售利润为

$$\Pi^*(q) = \begin{cases} \int_0^{\hat{p}} \hat{p} f(q,e)\,\mathrm{d}q + \int_{\hat{p}}^1 q f(q,e)\,\mathrm{d}q, & \alpha \geq \beta \\[2mm] \int_0^{\alpha\hat{p}} \dfrac{\beta}{\alpha} q f(q,e)\,\mathrm{d}q + \int_{\alpha\hat{p}}^{\beta\hat{p}} \hat{p}\,\beta f(q,e)\,\mathrm{d}q + \int_{\beta\hat{p}}^{\hat{p}} q f(q,e)\,\mathrm{d}q + \\[2mm] \quad \int_{\hat{p}}^1 \hat{p} f(q,e)\,\mathrm{d}q, & \alpha < \beta \end{cases}$$

$$(4-6)$$

接下来，分析制药企业第一阶段的决策问题。在第一阶段，制药企业的决策问题为选择最优创新投入 e^{PC*}，实现创新报酬的最大化。由命题4-3和式（4-6），制药企业最优创新投入分别为

$$e^{PC*} = \begin{cases} e^{PC}(\hat{p}), & \alpha \geq \beta \\ e^{PC}(\alpha,\beta,\hat{p}), & \alpha < \beta \end{cases} \tag{4-7}$$

其中，$\hat{p} - \dfrac{\beta}{\alpha} F(\alpha\hat{p}, e^{PC}(\alpha,\beta,\hat{p})) + F(\hat{p}, e^{PC}(\alpha,\beta,\hat{p})) - F(\beta\hat{p}, e^{PC}(\alpha,\beta,\hat{p})) -$

$1 = 0$，$q(e^{PC}(\hat{p})) + F(\hat{p}, e^{PC}(\hat{p})) - 1 = 0$。

对比式（4-5）和式（4-7），得到命题4-4。

命题4-4 ①当 $\alpha \geqslant \beta$ 时，$e^{PC*}(\hat{p}) \leqslant e^{N*} = e^S$；②当 $\alpha < \beta$ 时，若 $q \in (\alpha\hat{p}, \beta\hat{p})$，$e^{N*}(\alpha,\beta) \leqslant e^{PC*}(\alpha,\beta,\hat{p})$，若 $q \in [0, \alpha\hat{p})$，$e^{PC*}(\alpha,\beta,\hat{p}) = e^{N*}(\alpha,\beta)$；若 $q \in (\beta\hat{p}, 1]$，$e^{PC*}(\alpha,\beta,\hat{p}) \leqslant e^{N*}(\alpha,\beta)$。

证明：①当 $\alpha \geqslant \beta$ 时，$\Delta\pi = \int_0^{\hat{p}}(q-\hat{p})f(q,e)\mathrm{d}q + \int_{\hat{p}}^1(\hat{p}-q)f(q,e)\mathrm{d}q$，又 $\frac{\partial\Delta\pi}{\partial\hat{p}\partial e} = \frac{\partial F(\hat{p},e)}{\partial e} \geqslant 0$，由差分定理，可以得到 $e^{PC*}(\beta,\alpha\hat{p}) \leqslant e^{PC*}(\beta,\alpha,1) = e^{N*}(\beta,\alpha) = e^S$，由此得到命题4-4①；

②当 $\alpha < \beta$ 时，

$$\Delta\pi = \Pi^{PC}(\alpha,\beta,\hat{p},e) - \Pi^N(\alpha,\beta,e) = \beta\int_0^{\alpha\hat{p}}\left(\frac{q}{\alpha}-\hat{p}\right)f(q,e)\mathrm{d}q +$$
$$\int_0^{\beta\hat{p}}(\hat{p}\beta - q)f(q,e)\mathrm{d}q + \int_0^{\hat{p}}(q-\hat{p})f(q,e)\mathrm{d}q + \hat{p} -$$
$$\int_0^{\alpha}\beta\frac{q}{\alpha}f(q,e)\mathrm{d}q - \int_{\alpha}^{\beta}\beta f(q,e)\mathrm{d}q - \int_{\beta}^1 qf(q,e)\mathrm{d}q，$$

又

$$\frac{\partial\Delta\pi}{\partial\hat{p}\partial e} = -\beta\frac{\partial F(\alpha\hat{p},e)}{\partial e} + \beta\frac{\partial F(\beta\hat{p},e)}{\partial e} - \frac{\partial F(\hat{p},e)}{\partial e}$$

为此，可分为以下几种情况：

a. 当 $q \in [0, \alpha\hat{p}]$ 时，$\frac{\partial\Delta\pi}{\partial\hat{p}\partial e} = -\beta\frac{\partial F(\alpha\hat{p},e)}{\partial e} \geqslant 0$，由差分定理可以得到 $e^{PC*}(\beta,\alpha,\hat{p}) \leqslant e^{PC*}(\beta,\alpha,1) = e^{N*}(\beta,\alpha)$；

b. 当 $q \in (\alpha\hat{p}, \beta\hat{p})$ 时，$\frac{\partial\Delta\pi}{\partial\hat{p}\partial e} = -\beta\frac{\partial F(\alpha\hat{p},e)}{\partial e} + \beta\frac{\partial F(\beta\hat{p},e)}{\partial e} \leqslant 0$，由差分定理可以得到 $e^{PC*}(\beta,\alpha,\hat{p}) \geqslant e^{PC*}(\beta,\alpha,1) = e^{N*}(\beta,\alpha)$；

c. 当 $q > \beta\hat{p}$ 时，$\frac{\partial\Delta\pi}{\partial\hat{p}\partial e} = -\beta\frac{\partial F(\alpha\hat{p},e)}{\partial e} + \beta\frac{\partial F(\beta\hat{p},e)}{\partial e} - \frac{\partial F(\hat{p},e)}{\partial e} \geqslant 0$，由差分定理可以得到 $e^{PC*}(\beta,\alpha,\hat{p}) \leqslant e^{PC*}(\beta,\alpha,1) = e^{N*}(\beta,\alpha)$，由此推得命题4-4②。证毕。

命题4-4表明，价格管制和医疗保险支付政策对制药企业创新投入的影响是交互的：当医疗保险支付比例较低（$\alpha \geqslant \beta$）时，价格管制将导致制药企业创新投入的不足；反之，当医疗保险支付比例较高（$\alpha < \beta$）时，

价格管制对制药企业创新投入的作用受到药品实际创新水平的影响。具体来说，当药品创新水平较低（ $q < \alpha\hat{p}$ ）时，价格管制不影响企业的创新投入；当药品创新水平中等（ $q \in [\alpha\hat{p}, \beta\hat{p}]$ ）时，价格管制能够纠正企业创新投入配置的扭曲，激励制药企业加大创新投入；当药品创新水平较高（ $q > \beta\hat{p}$ ）时，价格管制将导致企业创新投入的不足。

接下来，分析不同医疗保险支付政策下，管制价格的变动对制药企业创新投入的影响，如图4-3所示。

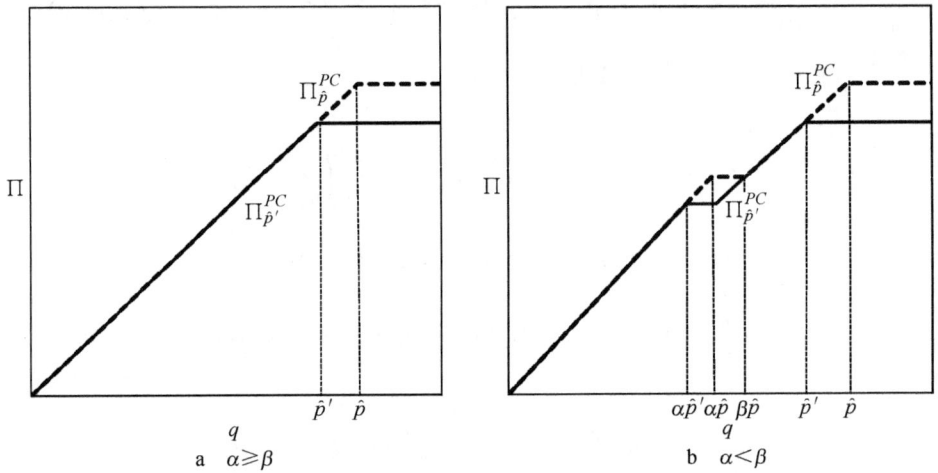

图4-3　管制价格变动对Ⅱ的影响

在图4-3中，参数赋值为： $\alpha = 0.6$ ， $\beta = 0.5, 0.7$ ， $\hat{p}' = 0.7$ ， $\hat{p} = 0.8$ ， q 的变动范围为 $0 \sim 1$ ，实线（虚线）表示管制价格为 $\hat{p}'$（ $\hat{p}$ ）时，制药企业的销售利润。

由图4-3a可见，医疗保险支付比例较低（ $\alpha \geq \beta$ ）时，当药品创新水平较低（ $q \leq \hat{p}'$ ）时，管制价格由 $\hat{p}$ 降至 $\hat{p}'$ ，制药企业的边际创新报酬不变，表明降低管制价格不影响企业的创新投入；当药品创新水平中等和较高（ $q \geq \hat{p}'$ ）时，管制价格由 $\hat{p}$ 降至 $\hat{p}'$ ，制药企业的边际创新报酬降低，故企业将降低创新投入，表明降低管制价格将导致企业创新投入的不足。

由图4-3b可见，医疗保险支付比例较高（ $\alpha < \beta$ ）时，当药品实际创新水平较低（ $q \leq \alpha\hat{p}'$ ）时，管制价格由 $\hat{p}$ 降至 $\hat{p}'$ ，企业的边际创新报酬保持不变，表明降低管制价格不影响企业的创新投入；当药品实际创新水平为中等偏下（ $q \in (\alpha\hat{p}', \alpha\hat{p}]$ ）时，管制价格由 $\hat{p}$ 降至 $\hat{p}'$ ，企业的边际创新报酬

下降，故企业降低创新投入，表明降低管制价格将引起企业创新投入的不足；当药品创新水平为中等（ $q \in (\alpha\hat{p}, \beta\hat{p}]$ ）时，管制价格由 $\hat{p}$ 降至 $\hat{p}'$ ，企业的边际创新报酬上升，故企业加大创新投入，即降低管制价格反而激励企业的创新投入；当药品实际创新水平较高（ $q > \hat{p}$ ）时，管制价格由 $\hat{p}$ 降至 $\hat{p}'$ ，企业的边际创新报酬降低，故企业降低创新投入，即降低管制价格将导致企业创新投入的不足。

第4节　模型结果的对比分析

本节通过对比创新水平相同而医疗保险支付比例不同时，价格管制与放开价格管制下企业的创新报酬，分析价格管制和医疗保险支付政策对制药企业创新投入的交互作用关系。图 4-4 中， $\alpha = 0.6$ ， $\hat{p} = 0.8$ ， q 的变动范围为 $0 \sim 1$ ，以实线和虚线分别表示价格管制下企业的创新报酬 Π^{PC} 和放开价格管制下企业的创新报酬 Π^{N} 。

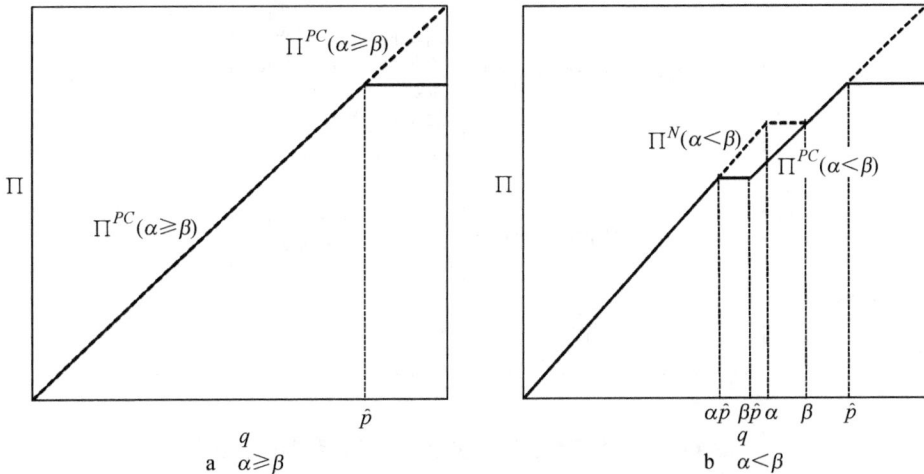

图4-4　Π^{PC} 与 Π^{N} 对比（ $\boldsymbol{\alpha \geqslant \beta}$ ）

由图 4-4a 可见，医疗保险支付比例较低时，当药品实际创新水平较低（ $q \leqslant \hat{p}$ ）时，价格管制和放开价格管制下，制药企业的销售利润相同，即 $\Pi^{PC} = \Pi^{N}$ ，表明价格管制不影响企业的创新投入；当药品实际创新水平较高（ $q > \hat{p}$ ）时，价格管制下制药企业的销售利润低于放开价格管制时制药企业的销售利润，即 $\Pi^{PC} < \Pi^N$，表明价格管制使得企业难以获得足够的创新报酬，此时，企业将降低创新投入。

由图 4-4b 可见，医疗保险支付比例较高时，价格管制对制药企业创新投入的影响较为复杂：当药品创新水平较低（$q \leqslant \alpha\hat{p}$）时，$\Pi^{PC} = \Pi^N = S$，表明价格管制不影响企业的创新投入；当药品创新水平较高（$q > \hat{p}$）时，$\Pi^{PC} < \Pi^N = S$，表明价格管制使企业难以获得足够的创新报酬，从而导致企业创新投入的不足；当药品实际创新水平中等（$q \in [\beta\hat{p}, \beta]$）时，$\Pi^{PC} = S$，表明价格管制纠正了创新投入配置的扭曲，激励了企业创新投入。

一般而言，当企业的创新投入确定后，药品的实际创新水平与制药企业的创新能力之间呈现一一对应的映射关系。由第 3 节的模型结果可知，价格管制、医疗保险支付政策、制药企业的创新能力与制药企业创新投入的关联性，价格管制、医疗保险支付政策和制药企业的创新能力（由药品的创新能力表征）创新投入的关联性，可总结为图 4-5。

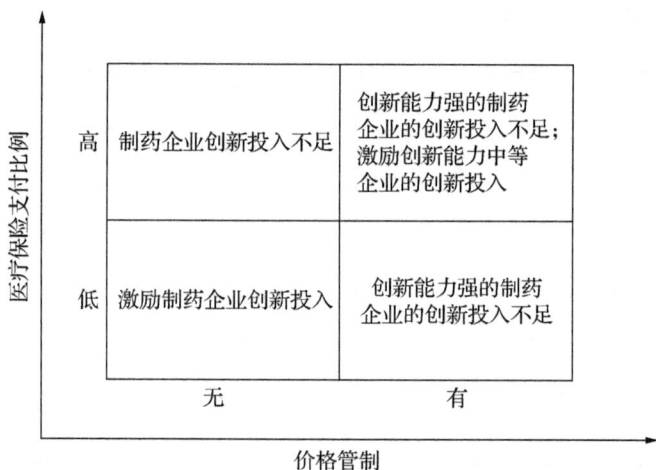

图 4-5 价格管制、医疗保险支付政策和制药企业
创新能力与制药企业创新投入的关联性

由图 4-5 可见，价格管制对制药企业创新投入的作用受到医疗保险支付政策和制药企业创新能力的双重影响。当医疗保险支付比例较低时，价格管制不影响创新能力中等和较低的企业的创新投入，但是会导致创新能力较强的企业的创新投入不足。当医疗保险支付比例较高时，价格管制能够激励创新能力中等的企业的创新投入，却导致创新能力较强的企业的创新投入不

足，但不影响创新能力较弱的企业的创新投入。然而，一般关于价格管制与企业创新的关系的文献（Vernon，2005；唐艳和徐怀伏，2008；邢素和杨悦，2009）认为，价格管制总是导致企业创新投入的不足。本章与这些文献存在较大差异的原因在于，本章同时考虑了医疗保险支付政策和价格管制的影响，而价格管制和医疗保险支付政策对制药企业创新投入的交互作用关系正是本章的研究结论与以往研究结论存在较大差异的关键所在。

鉴于价格管制对制药企业创新激励的影响与制药企业实际创新能力的关联性，我国政府可以从多方面采取措施：依据药品的创新水平设置管制价格上限，适当放松对具有自主知识产权的高水平创新药的价格管制，为具有较高创新能力的企业"松绑"，而非"一刀切"盲目放开药品价格管制。此外，还可制定激励机制（合理定价、市场准入和税收政策等），为高水平创新药制定合理的医疗保险支付比例等，鼓励和扶植高水平的药品创新。

第5节 本章小结

本章综合考虑价格管制和我国现行的医疗保险支付政策，研究制药企业创新投入和定价的协同决策问题。通过对放开价格管制和价格管制两种情形下制药企业和被医疗保险覆盖患者和未被医疗保险覆盖患者的最优决策行为的分析，探讨了制药企业创新投入配置扭曲的原因，揭示了价格管制与医疗保险支付政策对制药企业创新激励的交互作用机制。研究发现，制药企业定价机制的选择受到管制价格和医疗保险支付政策的双重影响。特别地，当医疗保险支付比例较高时，创新药的价格不能完全反映其创新水平，制药企业倾向于小创新，而低价格弹性市场是制药企业创新投入配置扭曲的重要驱动因素。适当降低医疗保险支付比例，可以纠正企业创新投入配置的扭曲，控制或减少制药企业创新中的机会主义行为。价格管制对制药企业创新投入的作用受到医疗保险支付政策和企业自身创新能力的共同影响。价格管制不一定总是降低制药企业加大创新投入，当医疗保险支付比例较高时，价格管制能够激励创新能力中等的制药企业加大创新投入。但是，无论医疗保险支付比例如何，价格管制均导致创新能力强的制药企业创新投入不足。

随着我国全民医疗保险支付政策的推进，低需求弹性细分市场不断扩大，如何优化医疗保险支付比例和设计合理的机制纠正制药企业创新投入配置的扭曲，在保证民生的基础上，激励制药企业的创新已经成为医药监管部门和医疗保险支付政策制定者最为关心的问题之一，同时也是本章下一步研究的重点。此外，本章仅考虑了完全竞争市场中，单个制药企业的创新投入和定价的联合决策问题，具有一定的局限性。在未来的研究中，可研究多个同类竞争企业同时选择产品创新时，价格管制对企业创新决策和定价的影响。此外，其他管制措施，如药品的采购管制、市场进入管制等对制药企业创新的影响，以及其他营销策略如广告策略与创新战略的交互作用机制也是很有意义的研究方向。综合而言，本章为中国情境下制药企业创新激励的影响因素的研究提供了新的视角，同时为中国制药企业创新（研发）战略决策和创新药的定价提供了理论参考。

第5章 价格管制、战略性创新激励与药品市场绩效

上一章探讨了完全竞争市场中，政府的价格管制和医疗保险支付政策对制药企业的创新投入和创新药定价的协调决策问题，并深入分析了两种政策对制药企业创新激励的交互影响机制。本章将上一章的研究扩展到寡头竞争的情形，基于大多数国家对制药企业普遍实施创新（研发）激励和价格管制的现实背景，构建政府、制药企业和消费者间的三阶段博弈模型，深入探讨政府的战略性创新激励政策、价格管制政策和医疗保险支付政策对制药企业创新激励、药品市场绩效和社会总福利的综合影响，并据此提出相应的政策建议。

第1节 研究背景和研究问题的提出

一、研究背景

新药研发过程充满不确定性，"高投入、高风险、长周期和高技术复杂性"是其突出特点。为规避风险、提高研发产出率和企业收益，许多制药企业已将新药研发的目标定位在对已有药品的改进（即小创新）而非风险较高的突破性创新上（Golec 等，2010）。随着新药获批难度的逐年增加，以及全球新药研发投入产出比的持续下降和专利到期潮的来临，一些大型制药企业已经开始大幅减少研发投资①，全球范围内新药上市的速度明显放缓（张磊和王艳霞，2014）。新药研发难度的增加和投资回报率的下降，还使得许多制药企业逐渐将核心竞争力从新药研发环节转移到营销环节，依靠加大营销投入来迅速扩大市场份额和获取高额利润（Henry 和 Lexchin，2002；

---

① 据权威杂志《Nature》报道，2011 年全球最大的制药公司——辉瑞制药，削减十多亿美元的研发经费，并裁减研究人员数千名，以应对新药创制的严冬期。

Amaldoss 和 He，2009）。尽管近年来全球的新药研发面临前所未有的困境，但从疾病治疗的需求看，仍需要制药企业不断创新。因此，如何激励制药企业的创新，提高企业研发的积极性，已经成为各国医药监管部门广泛关注和亟须解决的重点问题，同时也成为学术界研究的热点问题。

由于创新具有溢出效应，单靠市场激励，企业创新投入难以达到社会最优配置。为提高制药企业的创新能力和研发积极性，各国政府不断从国家战略层面提出创新计划和政策，如美国的"生物医药产业激励政策"、欧盟的"医药自主创新计划"、英国的"下一代药物发现创新计划"、法国"生物医药 2010 计划"和我国的"重大新药创制计划"等，旨在通过各种公共政策，如提供创新补贴、税收优惠、知识产权保护和金融支持等多种手段，激发制药企业增加创新投入，并保证企业获得合理的创新回报（曹阳，2002；周斌和吴晓明，2014）。另外，为控制药费支出、保护公众利益和维持消费者对药品的可及性，世界上绝大多数国家都对药品价格实行广泛的干预和监管（Scherer，2000）。目前，世界上通用的药品价格管制形式主要有两种：一种是直接的价格管制，又称价格上限管制或最高限价管制；另一种是实行政府指导价格，又称参考定价。鉴于价格上限管制简便易行，包括我国在内的许多国家，如法国、意大利、西班牙和日本等均采用这一价格管制形式。

基于上述分析可知，对制药企业而言，政府的战略性创新激励政策和价格管制政策往往是并存的，且在短时间内难以改变。事实上，两种政策并存的现象在中国药品市场表现得尤为突出：我国政府一方面投入大量的创新资金和研发补贴，用以鼓励拥有自主知识产权的新药的研制[①]；另一方面又实施严格的价格管制，以达到抑制药品价格上涨，降低民众药费支出的目的。药品具有准公共品性质，药品的价格管制牵扯到制药企业、消费者、医疗机构、医疗保险机构和政府的多方利益。价格管制和政府的战略性创新激励政策之间存在着诸多矛盾的目标，如加大创新激励和降低药品费用及创新药可及性之间的矛盾等。本质上，价格管制政策的约束性和创新政策的激励性应当予以平衡，最优价格管制应在追求创新研发效率和效果（经济效益）的同时，实现社会资源的有效合理配置，提高消费者的健康福利和社会总福利，促进社会发展的可持续性和社会公平（陈文，2008）。

---

① 据报道，"十一五"期间，我国投入超过 200 亿元用于重大新药创制。

二、研究问题的提出

正是基于上述现实背景，综合考虑政府的战略性创新激励政策、价格管制政策和医疗保险支付政策，在一个三阶段动态博弈模型的框架下，考察不同政策组合下，双寡头竞争企业的创新投入和定价的联合决策，以及政府的最优创新激励政策的设计问题，并在此基础上，探讨政府的战略性创新激励政策、价格管制政策和医疗保险支付政策对药品市场绩效的交互作用机制。具体而言，本章将主要分析以下问题：第一，不同激励政策下，价格管制是否总是对制药企业的创新激励和社会总福利产生负面效应？第二，不同价格政策下，影响制药企业创新激励的主要因素有哪些，这些因素的变动将对企业的创新激励与利润、消费者的福利和社会总福利产生怎样的影响？第三，不同价格政策下，政府的战略性创新激励政策能否引导制药企业进行合理的创新投入，实现创新投入的社会最优配置，其内生机制是什么？第四，政府的战略性创新激励政策、价格管制政策和医疗保险支付政策对药品市场绩效的交互作用机制是什么，这种交互作用机制具有怎样的政策含义？

本研究与两类文献密切相关，一类是价格管制政策对制药企业创新行为的影响，另一类是政府的创新激励政策对制药企业创新激励和社会福利的作用与价值。目前，国内外学者就药品价格管制对制药企业创新的影响问题，基本形成以下两种观点：一部分学者认为，药品价格管制对制药企业的创新具有明显的负向作用，如价格管制降低制药企业的创新投入与产出、改变企业的创新结构且对创新能力较强的制药企业的负面影响高于创新能力较弱的企业（Vernon，2005；唐艳和徐怀伏，2008；Bardey 等，2010；张庆霖和郭嘉仪，2013）；另一部分学者则认为，药品价格管制并非总是对制药企业的创新激励产生消极影响，在某些条件下甚至会促进制药企业的创新，如 Besanko 等（1988）、Armstrong 和 Vickers（1991）分析指出，垄断市场下，若管制价格仅略微低于创新水平最高的产品的垄断定价时，会提高其他类型产品的实际创新水平，且能够从总体上增进社会福利；Ganuza 等（2009）研究表明，药品价格上限管制对制药企业的创新激励具有双向影响，在一定条件下，有利于激励制药企业进行中等程度的创新。在政府的研发激励政策对制药企业创新投入的影响研究中，McCutchen（1993）分析了美国的研发税收抵免对制药企业创新投资的影响，发现该政策能够激励制药企业的竞争性研发投资。Yin（2008，2009）研究了美国的孤儿药法案（ODA）对 OD 药生产企业研发投入的影响，指出 ODA 政策能够在一定程度上激励企业的研发，但由于潜在的创新回报较低，因而激励程度有限。国内学者杨莉等（2007）和丁锦溪等（2009，2011）对比分析中美两国的新药创新激励政策，提出改进中国新药创新激励政策的建议，并采用结构方程模型量化评价了新药创新激励政策实施效果。然而，上述文献均未考察价格管制、医疗保险支付政策对政府创新激励政策实施效果的影响。

综上所述，现有研究罕有对制药企业创新激励和市场绩效的交互作用机制方面的探讨。众所周知，新药创制不仅是制药企业生存与发展的基础，更是关系到人类生命健康的福祉，必要的价格管控有利于保护公众利益。不言而喻，药品市场必然是一个管制与激励并存的市场，缺乏价格约束和创新激励都将造成制药产业的低效率（陈文，2008）。药品市场的另一个重要特征为部分（甚至全部）消费者购买了医疗保险，在购买药品和获得医疗服务的过程中享受医疗保险的共同支付，医疗保险支付机制影响了患者对创新药的购买意愿，进而影响了制药企业的创新报酬（Grossmann，2013）。就该意义而言，厘清创新激励政策、价格管制政策和医疗保险支付政策对制药企业创新激励和创新药市场绩效的综合影响关系，对于设计合理的医药产业政策，实现制药企业、患者、医疗保险机构和政府的"多赢"具有深远的意义。

针对以往研究的不足，本章综合考虑政府的战略性创新激励政策、价格管制政策和医疗保险支付政策，构建多阶段动态博弈模型，研究制药企业和政府的决策行为，分析政府的战略性创新激励政策在激励制药企业创新和提高社会福利方面的作用与价值，以及价格管制政策和医疗保险支付政策对战略性创新激励政策实施效果的交互影响，并据此提出相应的政策建议。

本章的特色和创新之处在于：第一，综合考虑政府的战略性创新激励政策、价格管制政策和医疗保险支付政策，研究不同政策组合下，制药企业的创新激励与定价协调决策及政府最优的政策设计；第二，分析了不同价格政策下，政府的战略性创新激励政策对制药企业创新激励的双向调节效应及其对药品定价的影响；第三，通过不同政策组合下均衡结果的对比分析，阐明了政府的战略性创新激励政策、价格管制政策和医疗保险支付政策对制药企业利润、患者福利及社会总福利的交互影响关系。总之，本章不仅是对现有文献的一个重要拓展，同时为制药产业的健康发展和药品的公平可及提供了新的研究视角和理论解释。

第 2 节　模型描述与假设

考虑由两家相互竞争药品生产商（记作制药企业 A 和制药企业 B）组成的药品市场，两家企业分别位于长度为 1 的 Hotelling 线性城市的两端（假定 A 位于最左端，B 位于最右端），生产和销售两类不同品牌且不能完全替代的药品，如针对同类或类似疾病的不同品牌的药品。其中，制药企业 i 生产和销售 i 类药品，$i \in \{A, B\}$。考虑到所有药品需要按照 GMP 标准生产，两家制药企业的边际生产成本相对固定且相差不大，不失一般性，可将制药企业的边际生产成本标准化为 0。为提高市场竞争力，两家制药企业可通过创新（研发）投资提高药品的疗效（由质量表征）①，如提高有效性和降低毒副作用。不失一般性，将创新前药品的基准疗效标准化为 0，为使药品 i 的疗效达到 q_i，制药企业 i 需投入 $I = k(q_i)^2/2$ 的创新资金，$k > 0$ 表示制药企业的创新投资系数，衡量了创新研发的效率。易知，给定投资 I，k 越小，企业的投资回报率越高。

依据消费者是否购买医疗保险②，将市场中的消费者分为两大类：拥有医疗保险的患者（简称医保患者）和不享受医疗保险支付的自费患者（简称自费患者），两类消费者在市场中的比例分别为 β 和 $1 - \beta$。医疗保险机构可为医保患者支付一定比例的药费，但自费患者不能享受医疗保险支付，需要自行支付全部的药费。为简化分析，假设所有的医保患者享受相同的医疗保险支付比例 $\alpha \in (0,1)$，即医疗保险机构可为医保患者支付 α 比例的药费③。易知，α 和 β 的大小分别反映了医疗保险的公平性和可及性，两者的乘积 $\alpha\beta$ 反映了医疗保险的福利水平。进一步假设，所有的消费者均匀地分布在线性城市之间，并将其总量标准化为 1。每位消费者最多购买 1 单位药

---

① 在本文中，药品的质量是指药品的有效性，如通过创新（研发）投入提高药品有效成分的纯度和生物利用度等。就这个意义而言，药品的疗效可由药品的质量水平来表征，同时药品的质量改进水平反映了药品的创新水平。

② 随着全民医疗保险体系的建立，我国享受医疗保险支付的患者比例达到 95% 以上，但是由于我国的医疗保险支付具有起付线和封顶线，在起付线以下和封顶线以上的患者不能享受医疗保险支付，可视为非医疗保险支付的自费患者。

③ 在我国，普通门诊医疗费的医疗保险报销比例通常低于特殊慢性病门诊医疗费的医疗保险报销比例，两者的起付线和封顶线也不同。但假设所有拥有医疗保险的患者享受相同的医疗保险报销比例，不影响模型的定性分析结果。

品，且对药品的最大支付意愿为 v。假设 v 足够大，以至于整个市场被完全覆盖，即每位消费者均可以从企业 A 和企业 B 购买到所需药品。消费者购买任何企业的药品都要付出旅行成本，旅行成本与该消费者与企业间的距离成正比，定义 $t > 0$ 为单位旅行成本，其大小反映了两种药品的横向差异化程度（简称差异化程度）。由于生产和销售针对同类或类似疾病的药品，两家企业面临创新（疗效）和价格双重竞争，令 q_i 和 p_i 分别为制药企业 i（$i \in \{A, B\}$）创新水平和药品价格。

本节的分析从描述消费者的效用函数开始，随后通过消费者效用函数构建制药企业的市场需求函数。基于前述分析可知，医保患者购买药品 i 可获得效用 $u_i^I = v + q_i - (1 - \alpha)p_i$，而自费患者购买药品 i 可获得效用 $u_i^{NI} = v + q_i - p_i$。进一步，位于 x 的医保患者购买药品 A 可获得净效用 $u_A^I - tx$，购买药品 B 可获得净效用 $u_B^I - t(1 - x)$。由 $u_A^I - t\bar{x} = u_B^I - t(1 - \bar{x})$ 可得，边际医保患者的位置为 $\bar{x} = \dfrac{1}{2} + \dfrac{u_A^I - u_B^I}{2t} = \dfrac{1}{2} + \dfrac{q_A - q_B - (1 - \alpha)(p_A - p_B)}{2t}$。同理，位于 y 的自费患者购买药品 A 可获得净效用 $u_A^{NI} - ty$，购买药品 B 可获得净效用 $u_B^{NI} - t(1 - y)$。由 $u_A^{NI} - t\bar{y} = u_B^{NI} - t(1 - \bar{y})$ 可得，边际自费患者的位置为 $\bar{y} = \dfrac{1}{2} + \dfrac{u_A^{NI} - u_B^{NI}}{2t} = \dfrac{1}{2} + \dfrac{q_A - q_B - (p_A - p_B)}{2t}$。综上可知，在消费空间中，所有 $x \leqslant \bar{x}$ 的医保患者和 $y \leqslant \bar{y}$ 的自费患者选择购买药品 A，其他的消费者选择购买药品 B。由此可得，制药企业 A 的市场份额为

$$D_A = \frac{1}{2} + \frac{q_A - q_B}{2t} + \frac{(1 - \alpha\beta)(p_B - p_A)}{2t} \tag{5-1}$$

由于市场被完全覆盖，可得制药企业 B 的市场份额为

$$D_B = \frac{1}{2} + \frac{q_B - q_A}{2t} + \frac{(1 - \alpha\beta)(p_A - p_B)}{2t} \tag{5-2}$$

假设不存在企业退出市场的情形，即制药企业 A 和制药企业 B 均可获得正的市场份额。由式（5-1）和式（5-2）可知，当且仅当 $-t + (1 - \alpha\beta)(p_A - p_B) < q_A - q_B < t + (1 - \alpha\beta)(p_A - p_B)$，即两家企业的药品创新水平的差异较小时，制药企业 A 和制药企业 B 构成双寡头竞争市场；否则，创新水平较低的企业将被逐出市场。因此，制药企业 A 和制药企业 B 均有较强的动力进行创新投入，提高药品的创新水平，以巩固它们在当前市场中的地位。

由式（5-1）和式（5-2）可得，不存在市场退出时，制药企业 A 和制药企业 B 的利润函数分别为

$$\pi_A(q_A,p_A,q_B,p_B) = p_A\Big(\frac{1}{2} + \frac{q_A - q_B}{2t} + \frac{(1-\alpha\beta)(p_B - p_A)}{2t}\Big) - \frac{1}{2}k(q_A)^2$$

$$(5-3)$$

$$\pi_B(q_B,p_B,q_A,p_A) = p_B\Big(\frac{1}{2} + \frac{q_B - q_A}{2t} - \frac{(1-\alpha\beta)(p_B - p_A)}{2t}\Big) - \frac{1}{2}k(q_B)^2$$

$$(5-4)$$

为引导和支持制药企业的研发创新，各国政府通常会从国家战略层面提出对制药企业的创新激励计划，如提供创新补贴、税收优惠等，激励制药企业的创新投资，并保证其创新投入能获得合理的收益。不同于常规的创新补贴和税收优惠，本章考虑一种新型的创新激励模式，即战略性创新激励政策。在战略性创新激励政策框架下，政府通过政策扶持，如对创新药进行专利保护等，引导制药企业的决策目标由单纯的企业利润最大化转变为企业利润和产品创新水平综合效益的最大化。参照 Veldman 等（2014），采用如下线性关系表示战略性创新激励下制药企业 i 的决策目标函数：

$$\max_{p_i,q_i}\Omega_i = \pi_i + \lambda_i q_i \qquad (5-5)$$

式中：$\lambda_i \in R$ 为政府对制药企业 i 创新的激励强度。当 $\lambda_i > 0$ 时，表示政府对制药企业的创新行为实施正向激励，如给予创新补贴或提供税收优惠等；当 $\lambda_i < 0$ 时，表示政府对制药企业的创新行为实施负向激励，如对创新行为进行征税等；当 $\lambda_i = 0$ 时，表示政府对制药企业的创新行为采取不干预政策。

战略性创新激励下，制药企业和政府间市场行为可抽象为如下三阶段动态博弈：第一阶段，政府作为 Stackelberg 博弈领导者，以社会福利最大化为目标向制药企业提供最优的战略性创新激励政策，即对企业创新行为进行正向激励、负向激励还是采取不干预政策；第二阶段，根据政府的激励政策，两家制药企业作为跟从者，同时决策药品的创新水平；第三阶段，根据观测到的自身和竞争对手的创新水平，两家制药企业同时决策创新药的价格，展开市场竞争。随后，不同细分市场的消费者综合考虑药品的创新程度和创新药的价格进行购买决策，市场出清，制药企业获得创新利润。

最后，为降低药费支出、缓解患者医疗负担，我国对药品市场实施较为严格的价格上限管制。为考察价格管制政策和战略性创新激励政策对制药企

业创新激励的交互作用机制，本章将考虑以下 5 种情形：社会最优的情形、存在价格管制但无战略性创新激励的情形、不存在价格管制且无战略性创新激励的情形、存在价格管制和战略性创新激励的情形和不存在价格管制但存在战略性创新激励的情形。通过上述 5 种不同情形下均衡结果的对比分析，重点探讨价格管制和战略性创新激励对制药企业创新激励及药品市场绩效的交互影响关系。为方便分析，分别采用上标 FB、PN、NN、PI 和 NI 表示上述 5 种情形。

第 3 节　模型与分析

一、基准模型：社会最优的情形

本节考虑社会最优（即集中式决策）的情形，旨在为后文提供一个比较的基准。假定存在一个理性的公共政策制定者（如政府部门），能够直接控制企业的产出和创新投资，并以社会福利最大化为目标进行决策。由于在社会最优下，药品的价格只是充当了一种福利转移工具，因此政府决策的目标函数为

$$\max_{x,y,q_A,q_B} SW = \beta\left(\int_0^x (v + q_A - ts)\,ds + \int_x^1 (v + q_B - t(1-s))\,ds\right) + (1-\beta)$$
$$\left(\int_0^y (v + q_A - ts)\,ds + \int_y^1 (v + q_B - t(1-s))\,ds\right) -$$
$$\frac{1}{2}kq_A^2 - \frac{1}{2}kq_B^2$$

$$(5-6)$$

由一阶条件式 $\partial SW/\partial x = \partial SW/\partial y = \partial SW/\partial q_A = \partial SW/\partial q_B = 0$，可以得到如下反应函数：

$$q_A^{FB} = \frac{\beta x^{FB} + (1-\beta)y^{BF}}{k}$$
$$q_B^{FB} = \frac{\beta(1 - x^{FB}) + (1-\beta)(1 - y^{BF})}{k}$$

$$(5-7)$$

$$x^{FB} = y^{FB} = \frac{1}{2} + \frac{q_A - q_B}{2t}$$

由式(5-7)，可以得到如下引理：

引理 5-1　社会最优时,制药企业 A 和制药企业 B 药品的创新水平分别为 $q_A^{FB} = q_B^{FB} = q^{FB} = \dfrac{1}{2k}$,相应的市场份额分别为 $D_A^{FB} = D_B^{FB} = 1/2$。

从引理 5-1 可以看出,社会最优时,在均衡情况下,药品创新水平仅与制药企业的创新投资系数 k 负相关,与制药企业的产品差异化程度和医疗保险支付政策(如医保患者的比例和医疗保险的报销比例)无关。

二、无战略性创新激励的情形

首先考虑不存在战略性创新激励的情形,为后文中战略性创新激励政策对制药企业决策行为和市场绩效的影响等研究提供一个可供比较的基准。若政府不对制药企业实施战略性创新激励,制药企业的决策目标为实现利润的最大化。为考察价格管制政策①对制药企业创新激励和创新药定价的影响,将分价格管制和允许自由定价(放开价格管制)两种情形进行讨论。

(一)存在价格上限管制的情形

一般而言,药品的管制价格 $\hat{p}$ 由政府部门外生给定。价格管制下,药品 A 和药品 B 的价格分别为 $p_A = p_B = \hat{p}$。制药企业 i($i = A, B$)的决策为:根据管制价格 $\hat{p}$ 同时决策各自的产品创新水平,以实现自身利润的最大化,即

$$\pi_i(q_i, q_{-i}) = \hat{p}\left(\frac{1}{2} + \frac{q_i - q_{-i}}{2t}\right) - \frac{1}{2}k(q_i)^2 \qquad (5-8)$$

由最优性条件 $\partial \pi_i(q_i, q_{-i})/\partial q_i = 0$,可以得到如下引理。

引理 5-2　无战略性创新激励下,当 $k \geqslant \dfrac{\hat{p}}{4t^2}$ 时,制药企业间的竞争博弈存在唯一的纳什均衡。在均衡中,制药企业的药品创新水平分别为 $q_A^{PN*} = q_B^{PN*} = q^{PN*} = \dfrac{\hat{p}}{2kt}$,市场份额分别为 $D_A^{PN*} = D_B^{PN*} = 1/2$,相应的创新利润分别为 $\pi_A^{PN*} = \pi_B^{PN*} = \dfrac{\hat{p}(4kt^2 - \hat{p})}{8kt^2}$。

证明:由 $\pi_i(q_i, q_{-i})$ 关于 q_i 的二阶条件式 $\dfrac{\partial^2 \pi_i(q_i, q_{-i})}{\partial q_i^2} = -k < 0$ 可知,

---

① 鉴于我国的公立医疗机构和零售药店的绝大多数药品销售均面临严格的价格上限管制,即最高限价管制,本文主要考察价格上限管制对制药企业创新激励和药品定价的影响。在后文中,若不特别指明,价格管制均指价格上限管制。

式（5-8）存在唯一最优解。由一阶条件式 $\dfrac{\partial \pi_i(q_i, q_{-i})}{\partial q_i} = \dfrac{\hat{p}}{2t} - kq_i = 0$，可

得 $q_i^{PN*} = \dfrac{\hat{p}}{2kt}$。将 q_i^{PN*} 带入式（5-1）至式（5-4）可得，$D_A^* = D_B^* = 1/2$

和 $\pi_A^* = \pi_B^* = \dfrac{\hat{p}(4kt^2 - \hat{p})}{8kt^2}$。为保证制药企业获得非负利润，即 $\pi_A^* \geq 0$，

$\pi_B^* \geq 0$，可得 $k \geq \dfrac{\hat{p}}{4t^2}$。证毕。

引理 5-2 表明，无战略性创新激励下，价格管制政策和制药企业的产品差异化战略是影响制药企业创新激励的两个重要因素。具体地，当其他参数给定时，随着管制价格的提高，药品的创新水平提高，而随着药品横向差异化程度的提高，药品的创新水平下降，意味着放开价格管制将有助于激励制药企业的创新，而制药企业的产品差异化战略会降低它们的创新激励。该结论比较直观，这是因为两个药品的差异化程度越高，每个企业的垄断势力越大，企业从消费者那里攫取的消费者剩余也就越多，相应地，企业因创新而获得的得益就越低，即企业的产品差异化战略和产品创新战略存在替代效应。

对比引理 5-1 和引理 5-2 的研究结论，可以得到如下命题。

命题 5-1 无战略性创新激励下，①当 $\hat{p} = \hat{p}^{FB} = t$ 时，药品的创新水平可达到社会最优时的创新水平，即 $q^{PN*} = q^{FB} = \dfrac{1}{2k}$；②当 $\hat{p} > (<)\hat{p}^{FB}$ 时，药品的创新水平高（低）于社会最优时的创新水平。其中，$\hat{p}^{FB}$ 为政府部门可设定的最优管制价格，即社会最优时的管制价格。

命题 5-1 表明，无战略性创新激励下，价格上限管制并非总是导致制药企业创新投入配置的扭曲，当管制价格设定在最优管制价格（即 $\hat{p} = \hat{p}^{FB}$）时，制药企业的创新投入能够实现社会最优的创新投入配置，意味着合理的价格管制政策能够激励制药企业的创新。然而，当管制价格偏离最优管制价格（即 $\hat{p} > \hat{p}^{FB}$ 或 $\hat{p} < \hat{p}^{FB}$）时，制药企业的创新投入将向上或向下偏离社会最优时的创新投入水平（即 $q^{PN*} > q^{FB}$ 或 $q^{PN*} < q^{FB}$），意味着管制价格设置过高或过低均会导致制药企业创新投入配置的扭曲，造成企业过度创新或创新不足。

（二）放开价格管制的情形

本部分考虑允许制药企业自由定价即放开价格管制的情形。此时，制药

企业间的博弈可抽象为如下两阶段动态博弈：第一阶段，两家制药企业以各自利润最大化为目标，同时决策药品的创新水平；第二阶段，根据观测到的药品创新水平，两家企业同时决策药品价格。随后，综合考虑药品的创新水平和价格，不同细分市场的消费者进行购买决策，市场出清，制药企业获得创新利润。

采用逆向归纳法求解和分析上述两阶段动态博弈的子博弈完美纳什均衡（SPNE）。先分析第二阶段的定价决策。第二阶段，药品的创新水平已经实现。根据制药企业 i（$i = A,B$）的利润函数，由一阶条件式 $\partial \pi_i / \partial p_i = 0$，可以得到企业 i 关于企业 j 价格的反应函数如下：

$$p_i^R(p_j) = \frac{t}{2(1 - \alpha\beta)} + \frac{q_i - q_j}{2(1 - \alpha\beta)} + \frac{p_j}{2} \tag{5-9}$$

由式（5-9）所示的反应函数，可得制药企业 i（$i = A,B$）的最优定价为

$$p_i^{NN*}(q_i,q_j) = \frac{3t + q_i - q_j}{3(1 - \alpha\beta)} \tag{5-10}$$

接下来分析第一阶段制药企业的创新水平决策。将上式分别带入式（5-3）和式（5-4），可以得到

$$\pi_i(q_i,q_j) = \frac{3t + q_i - q_j}{3(1 - \alpha\beta)}\left(\frac{1}{2} + \frac{q_i - q_j}{6t}\right) - \frac{1}{2}k(q_i)^2 \tag{5-11}$$

由一阶条件式 $\partial \pi_i / \partial q_i = 0$，可得企业 i（$i = A,B, j \neq i$）的最优创新水平为

$$q_i^{NN*} = \frac{1}{3k(1 - \alpha\beta)} \tag{5-12}$$

为保证最优解 q_i^* 的存在性，二阶条件式须满足 $\partial^2 \pi_i / \partial q_i^2 < 0$，由此可得 $k > \frac{1}{9(1 - \alpha\beta)t}$。将式（5-12）带入式（5-10），可得制药企业 i 的最优定价为

$$p_i^{NN*} = \frac{t}{(1 - \alpha\beta)} \tag{5-13}$$

综上，可以得到以下引理。

引理 5-3　若政府不对制药企业实施战略性创新激励，同时放开对药品的价格上限管制，当 $k > \frac{1}{9(1 - \alpha\beta)t}$ 时，制药企业间的两阶段动态博弈存

在唯一的 SPNE。在均衡中，制药企业的创新水平为 $q_1^{NN*} = q_2^{NN*} = q^{NN*} = \dfrac{1}{3k(1-\alpha\beta)}$，药品的价格为 $p_1^{NN*} = p_2^{NN*} = p^{NN*} = \dfrac{t}{1-\alpha\beta}$。相应地，制药企业 A 和制药企业 B 的市场份额和创新利润分别为 $D_A^{NN*} = D_B^{NN*} = \dfrac{1}{2}$ 和 $\pi_A^{NN*} =$

$$\pi_B^{NN*} = \frac{9kt(1-\alpha\beta)-1}{18k(1-\alpha\beta)^2}。$$

由引理 5-3 可知，无战略性创新激励下，若放开药品价格上限管制，医疗保险支付政策成为影响制药企业创新激励的重要因素。医疗保险福利水平（即 $\alpha\beta$）的提高，将激励制药企业的创新，同时也将推高药品的销售价格，意味着合理的医疗保险支付政策能够缓解制药企业的创新竞争和市场竞争，提高企业的创新报酬。此外，药品的定价还受到企业产品差异化战略的影响，随着药品横向差异化程度的提高，药品的销售价格也随之提高，但药品的创新水平不受药品差异化程度的影响。

引理 5-3 的研究结果与 Bester 和 Petrakis（1993）及唐丁祥和蒋传海（2010）的研究存在十分显著的差异。上述研究表明，产品的横向差异化程度与企业的创新激励呈现相关关系，而本章研究得出，企业的创新激励与产品横向差异化程度无关。这种研究结果的差异，主要是因为上述文献的研究对象为减少边际成本的流程创新，而本章关注提升消费者购买意愿的产品创新。两类创新对于制药企业的产品定价、创新绩效和消费者购买行为的影响程度存在较大的差异性，而研究对象的差异及其对制药企业创新绩效和消费者购买行为的异质性影响，正是本章与上述文献的结论存在较大差异性的重要原因。

由引理 5-1 至引理 5-3 和命题 5-1 的结论，可以直接得到如下命题。

命题 5-2 无战略性创新激励下，在均衡中，①若放开价格上限管制，药品的市场价格高于社会最优时的管制价格，即 $p_i^{NN*} > \hat{p}^{FB}$；②有效价格管制（即 $\hat{p} \leq p^{NN*}$）[①] 下，当 $0 < \alpha\beta \leq 1 - \dfrac{2t}{3\hat{p}}$ 时，有 $q_i^{NP*} \geq q_i^{NN*}$；③若放开价格上限管制，当 $\alpha\beta = 1/3$ 时，药品创新水平可达到社会最优时的创新水平，即 $q_i^{NN*} = q^{FB}$；当 $1 > \alpha\beta > 1/3$ 时，药品创新水平高于社会最优时的创

---

① 在全文分析中，笔者将始终假设价格上限的约束是有效的，即药品的管制价格不高于自由定价下的药品价格，否则政府就没有实施这一管制政策的必要。

新水平，即 $q_i^{NN*} > q^{FB}$；当 $0 < \alpha\beta < 1/3$ 时，药品创新水平低于社会最优时的创新水平，即 $q_i^{NN*} < q^{FB}$。

命题 5-2 的结论具有重要的经济含义。首先，由结论①可知，合理的价格管制有助于降低药品的价格，提高患者的福利，这就解释了为什么绝大多数国家对药品实施价格管制。其次，由结论②可知，价格上限管制并非一定会损害制药企业的创新激励，降低企业的创新投入。当医疗保险的福利水平较低时，价格上限管制下制药企业的创新投入反而高于放开价格管制的情形，意味着价格管制政策能够激励制药企业的创新，其原因是，当医保患者的比例较低和（或）医疗保险的报销比例较低时，患者需求的价格弹性较高，换言之，药品价格对市场需求的影响较大，而有效的价格上限管制有利于降低药品的价格，这就意味着药品的价格上限管制较自由定价更能够刺激市场需求，提高制药企业的创新报酬，进而激励制药企业的创新。最后，由结论③可知，若放开价格管制，医疗保险福利水平将成为影响制药企业创新投入的重要驱动因素，医疗保险福利水平过高或过低均将导致企业创新投入配置的扭曲，造成制药企业过度创新或创新不足。

由命题 5-1 和命题 5-2 的研究结论，可以得到如下政策启示：首先，药品管制价格的设定必须合理，才能充分发挥价格管制政策的积极作用，否则将加剧制药企业创新投入配置的扭曲；其次，医疗保险支付政策，如医疗保险覆盖范围、起付线和封顶线的设置及报销比例，将直接影响制药企业的创新激励，合理的医疗保险支付政策能够引导制药企业的创新投入，使其达到社会最优时的创新投入水平，而不合理的医疗保险支付政策则会造成制药企业的过度创新或创新不足；最后，药品价格管制政策和医疗保险支付政策须合理匹配，如此不仅能够降低药品价格，减轻患者的医疗负担，控制第三方（医疗保险机构）的药费支出，而且能够激励制药企业的创新，实现患者、制药企业、医疗机构、医疗保险机构和政府的"多赢"局面。

三、政府对制药企业实施战略性创新激励的情形

本小节考虑政府对制药企业实施战略性创新激励的情形。为考察价格管制政策和战略性创新激励政策对制药企业创新激励和创新药定价的交互作用关系，本节延续第 4 节的分析思路，分价格管制和允许自由定价（即放开价格管制）两种情形进行讨论，重点分析两种价格机制下政府和制药企业的决策行为及制药企业的创新利润，力求厘清价格管制政策和战略性创新激

励政策对制药企业创新激励和创新药定价的交互作用机制。

（一）存在价格管制的情形

存在价格管制时，战略性创新激励政策框架下的政府和制药企业间的博弈退化为一个简单的 Stackelberg 博弈问题，即政府作为 Stackelberg 博弈领导者，先向制药企业提供战略性的创新激励政策 λ_i；制药企业作为跟从者，根据 λ_i 和管制价格 $\hat{p}$ 同时决策各自的药品创新水平，随后不同细分市场的消费者进行购买决策，市场出清，制药企业获得创新利润。

价格管制和战略性创新激励政策并存时，给定管制价格 $\hat{p}$，由式（5-5）可得制药企业 i（$i = A, B, i \neq j$）决策的目标函数为

$$\max_{q_i} \Omega_i = \hat{p}\left(\frac{1}{2} + \frac{q_i - q_j}{2t}\right) - \frac{1}{2}k(q_i)^2 + \lambda_i q_i$$
$$s.t. \ \hat{p}\left(\frac{1}{2} + \frac{q_i - q_j}{2t}\right) - \frac{1}{2}k(q_i)2 \geq 0 \tag{5-14}$$

采取逆向归纳法，先考虑制药企业的创新水平决策。由一阶条件式 $\partial\Omega_i/\partial q_i = 0$ 可得

$$q_i^{PI*} = \frac{\hat{p}}{2kt} + \frac{\lambda_i}{k} \tag{5-15}$$

将上式带入式（5-1）和式（5-2），可得制药企业的市场份额分别为 $D_A^{IP*} = D_B^{IP*} = \frac{1}{2}$。相应地，制药企业的创新利润为 $\pi_i^{PI*} = \frac{\hat{p}}{2} - \frac{k}{2}\left(\frac{\hat{p}}{2kt} + \frac{\lambda_i}{k}\right)^2$，消费者剩余为 $CS^{PI}(\lambda_i, \lambda_{-i}) = v + \frac{\hat{p}}{2kt} + \frac{\lambda_i + \lambda_{-i}}{2k} + \frac{(\lambda_i - \lambda_{-i})^2}{4k^2 t} - \frac{t}{4} - (1 - \alpha\beta)\hat{p}$。

接下来考虑政府的最优决策问题。作为 Stackelberg 博弈领导者，政府以社会福利最大化为目标，决策最优的 λ_i，即

$$\max_{\lambda_i, \lambda_{-i}} SW = CS(\lambda_i, \lambda_{-i}) + \sum_{i=1}^{2} \pi_i^*(\lambda_i)$$
$$= v + \frac{\hat{p}}{2kt} + \frac{\lambda_i + \lambda_{-i}}{2k} + \frac{(\lambda_i - \lambda_{-i})^2}{4k^2 t} - \frac{t}{4} + \alpha\beta\hat{p} - \frac{k}{2}\left(\frac{\hat{p}}{2kt} + \frac{\lambda_i}{k}\right)^2 - \frac{k}{2}\left(\frac{\hat{p}}{2kt} + \frac{\lambda_{-i}}{k}\right)^2 \tag{5-16}$$

由于 $\partial^2 SW/\partial\lambda_i^2 = -k < 0$，上式存在唯一最优解。由一阶条件式 $\partial SW/\partial\lambda_i = 0$

可得政府最优的创新政策为

$$\lambda_i^{PI*} = \frac{t - \hat{p}}{2t} = \frac{\hat{p}^{FB} - \hat{p}}{2\hat{p}^{FB}} \tag{5-17}$$

综上，可以得到如下引理。

引理5-4 若政府对整个制药企业实施战略性创新激励的同时对药品实施价格上限管制时，当 $k \geqslant \dfrac{1}{4\hat{p}}$ 时，政府和制药企业间的 Stackelberg 博弈存在唯一的博弈均衡。在均衡中，制药企业的最优药品创新水平为 $q_A^{PI*} = q_B^{PI*} = q^{FB} = \dfrac{1}{2k}$；政府的最优决策为 $\lambda_A^{PI*} = \lambda_B^{PI*} = \lambda^{PI*} = \dfrac{\hat{p}^{FB} - \hat{p}}{2\hat{p}^{FB}}$。

对比引理5-1和引理5-4的相关分析，可以得到如下命题。

命题5-3 战略性创新激励政策和价格管制政策并存时，政府采取正向激励、负向激励还是不干预政策，以及对制药企业的创新激励强度取决于药品的价格管制政策。具体地，①当 $\hat{p} = \hat{p}^{FB}$ 时，$\lambda^{PI*} = 0$；②当 $\hat{p} < \hat{p}^{FB}$ 时，$\lambda^{PI*} > 0$；③当 $\hat{p} > \hat{p}^{FB}$ 时，$\lambda^{PI*} < 0$。

由引理5-4和命题5-3可知，存在价格上限管制时，政府对制药企业的战略性创新激励政策能够引导制药企业进行合理的创新投入，使各企业的创新投入水平达到社会最优时的创新投入水平。值得一提的是，即使药品的实际管制价格偏离最优管制价格（即 $\hat{p} < (>)\hat{p}^{FB}$），在战略性创新激励政策下，政府可通过调节激励参数，在正向激励和负向激励之间进行智能选择，引导制药企业的创新投入，有效地避免制药企业的过度创新和创新不足，意味着政府对制药企业的战略性创新激励政策能够纠正价格管制所导致的制药企业创新投入配置的扭曲，激励制药企业的创新投入达到社会最优时的创新投入水平。

（二）允许企业自由定价的情形

当政府对制药企业实施战略性创新激励的同时放开对药品的价格上限管制时，由式（5-5）可得制药企业 $i(i = A, B, i \neq j)$ 决策的目标函数为

$$\max_{p_i, q_i} \Omega_i = p_i \left(\frac{1}{2} + \frac{q_i - q_j}{2t} + \frac{(1 - \alpha\beta)(p_j - p_i)}{2t} \right) - \frac{1}{2}k(q_i)2 + \lambda_i q_i$$

$$s.t.\ p_i \left(\frac{1}{2} + \frac{q_i - q_j}{2t} + \frac{(1 - \alpha\beta)(p_j - p_i)}{2t} \right) - \frac{1}{2}k(q_i)2 \geqslant 0$$

$$\tag{5-18}$$

根据博弈时序，采用逆向归纳法，首先分析第三阶段制药企业的定价决

策。由于 $\partial^2\Omega_i/\partial p_i^2 = -(1-\alpha\beta)/t < 0$ ，式（5-18）存在唯一最优解。由一阶条件式 $\partial\Omega_i/\partial p_i = 0$ 可得制药企业 $i(i = A,B)$ 的最优定价为

$$p_i^{NI*}(q_i, q_{-i}) = \frac{3t + q_i - q_{-i}}{3(1 - \alpha\beta)} \tag{5-19}$$

然后，分析制药企业第二阶段的药品创新水平决策。将上式带入式（5-18），由最优性条件可得制药企业 i 的最优药品创新水平为

$$q_i^{NI*}(\lambda_i, \lambda_{-i}) = \frac{1}{3k(1 - \alpha\beta)} + \frac{(9kt(1 - \alpha\beta) - 1)\lambda_i - \lambda_{-i}}{k(9kt(1 - \alpha\beta) - 2)} \tag{5-20}$$

将上式带入式（5-19），可得

$$p_i^{NI*}(\lambda_i, \lambda_{-i}) = \frac{t}{1 - \alpha\beta} + \frac{3t(\lambda_i - \lambda_{-i})}{(9kt(1 - \alpha\beta) - 2)} \tag{5-21}$$

相应地，制药企业的创新利润和消费者剩余分别为

$$\pi_i^{NI*} = \frac{t\,(9kt(1 - \alpha\beta) - 2 + 3(1 - \alpha\beta)(\lambda_i - \lambda_{-i}))^2}{2(1 - \alpha\beta)(9kt(1 - \alpha\beta) - 2)^2} - \frac{k}{2} \tag{5-22}$$

$$\left(\frac{1}{3k(1 - \alpha\beta)} + \frac{(9kt(1 - \alpha\beta) - 1)\lambda_i - \lambda_{-i}}{k(9kt(1 - \alpha\beta) - 2)} \right)^2$$

$$CS^{NI}(\lambda_i, \lambda_{-i}) = \beta\int_0^{\bar{x}}(v + q_A^{NPI*} - tx - (1 - \alpha)p_A^{NPI*})\mathrm{d}x + \beta\int_{\bar{x}}^1(v + q_B^{NPI*} -$$

$$t(1 - x) - (1 - \alpha)p_B^{NPI*})\mathrm{d}x + (1 - \beta)\int_0^{\bar{y}}(v + q_A^{NPI*} -$$

$$tx - p_A^{NPI*})\mathrm{d}x + (1 - \beta)\int_{\bar{y}}^1(v + q_B^{NPI*} - t(1 - x) - p_B^{NPI*})\mathrm{d}x \tag{5-23}$$

式中：$\bar{x} = \dfrac{1}{2} + \dfrac{3(1 - 3\alpha\beta + 2\alpha)(\lambda_i - \lambda_{-i})}{2(9kt(1 - \alpha\beta) - 2)}$，$\bar{y} = \dfrac{1}{2} + \dfrac{3(1 - 3\alpha\beta)(\lambda_i - \lambda_{-i})}{2(9kt(1 - \alpha\beta) - 2)}$。

最后，分析第一阶段的政府决策。作为 Stackelberg 博弈领导者，政府以社会福利最大化为目标，决策最优的 λ_i ，即

$$\max_{\lambda_i, \lambda_{-i}} SW(\lambda_i, \lambda_{-i}) = CS^{NI}(\lambda_i, \lambda_{-i}) + \sum_{i=1}^2 \pi_i^{NI*}(\lambda_i, \lambda_{-i}) \tag{5-24}$$

将式（5-22）和式（5-23）带入上式，由一阶条件式和对称性条件（在均衡中，$\lambda_i^* = \lambda_{-i}^*$）可得，政府最优的创新激励政策为

$$\lambda_i^{NI*} = \lambda_{-i}^{NI*} = \frac{(1 - 3\alpha\beta)}{6(1 - \alpha\beta)} \tag{5-25}$$

综上，可以得到如下引理。

引理 5-5　若政府对制药业实施战略性创新激励的同时放开对药品的价格上限管制，当 $k > \max\left\{\dfrac{1}{9(1-\alpha\beta)t}, \dfrac{(1-\alpha\beta)}{4t}\right\}$ 时，政府和制药企业间的三阶段动态博弈存在唯一的 SPNE。在均衡中，制药企业的最优药品创新水平为 $q_A^{NI*} = q_B^{NI*} = q^{FB} = \dfrac{1}{2k}$，创新药的最优定价为 $p_A^{NI*} = p_B^{NI*} = \dfrac{t}{1-\alpha\beta}$；政府的最优决策为 $\lambda_A^{NI*} = \lambda_B^{NI*} = \lambda^{NI*} = \dfrac{(1-3\alpha\beta)}{6(1-\alpha\beta)}$。

由引理 5-3、引理 5-5 和命题 5-2 的结论，可以直接得到如下命题。

命题 5-4　若放开对药品的价格上限管制，在均衡中，①战略性创新激励下创新药的价格与无战略性创新激励时的价格相同，即 $p^{NI*} = p^{NN*} = \dfrac{t}{1-\alpha\beta}$；②战略性创新激励下，当 $0 < \alpha\beta < 1/3$ 时，政府对制药企业的创新行为采取正向激励，即 $\lambda^{NI*} > 0$；当 $1 > \alpha\beta > 1/3$ 时，政府对制药企业的创新行为采取负向激励，即 $\lambda^{NI*} < 0$；当 $\alpha\beta = 1/3$ 时，政府对制药企业的创新行为采取不干预政策，即 $\lambda^{NI*} = 0$。

由引理 5-5 和命题 5-4 可以得出：第一，政府对制药业的战略性创新激励能够引导制药企业进行合理的创新投入，使其达到社会最优时的创新投入水平，但不会推高创新药的市场价格；第二，若放开对药品的价格上限管制，战略性创新激励下，政府可以通过正向激励和负向激励的智能选择，对制药企业的创新投入进行双向调节，引导企业的创新投入达到社会最优时的创新投入水平。该结果的内在经济机制为，当医疗保险福利水平较低（即 $0 < \alpha\beta < 1/3$）时，创新药的均衡价格 $p^{NI*} = \dfrac{t}{1-\alpha\beta}$ 较低，使得制药企业从药品创新中获得的回报较低，从而损害了企业的创新激励。此时，政府对制药企业的创新行为给予正向激励，如提供创新补贴，诱导企业加大创新投入，避免创新不足。然而，当医疗保险福利水平较高（ $1 > \alpha\beta > 1/3$）时，创新药的价格亦较高，使得制药企业从药品创新中获得的回报较高，这无形中加剧了制药企业间的创新竞争。此时，政府对制药企业的创新行为给予负向激励，如对创新行为进行征税，可起到缓解企业间创新竞争的作用，从而有效防止制药企业的过度创新。

第4节 市场绩效分析与比较

这一部分主要是考察价格管制政策、国家对制药业的战略性创新激励政策和医疗保险支付政策对于制药企业利润、消费者剩余（即患者的福利）及药品市场的社会福利（即社会总福利）的影响，并通过战略性创新激励下的市场绩效和无战略性创新激励下的市场绩效的对比分析，进一步阐明价格管制政策、国家对制药业的战略性创新激励政策和医疗保险支付政策对市场绩效的交互作用机制。

一、不同创新激励政策下的市场绩效比较分析

本小节主要对存在战略性创新激励和无战略性创新激励两种情形下药品市场的绩效进行对比分析，旨在厘清战略性创新激励政策、药品的价格上限管制政策和医疗保险支付政策对制药企业利润、患者的福利及社会总福利的交互影响作用机制。基于前述分析，为保证不同价格政策（价格上限管制和放开价格上限管制）和不同创新激励政策（存在战略性创新激励和无战略性创新激励）下的条件相容，要求 $k \geq \dfrac{1}{2(1-\alpha\beta)t}$，就在该条件下对不同价格政策和创新激励政策下的市场绩效进行比较。

分析价格管制政策对药品市场绩效的影响。根据引理 5-2 和 5-3 的分析结果，可以得到无战略性创新激励下，存在价格上限管制时，制药企业利润、消费者剩余和社会福利分别为

$$\pi_A^{PN*} = \pi_B^{PN*} = \pi^{PN*} = \frac{\hat{p}(4kt^2 - \hat{p})}{8kt^2}$$

$$CS^{PN} = v + \frac{\hat{p}}{2kt} - \frac{t}{4} - (1-\alpha\beta)\hat{p} \qquad (5-26)$$

$$SW^{PN} = CS^{PN} + \pi_A^{PN*} + \pi_B^{PN*} = v + \frac{\hat{p}(2t - \hat{p})}{4kt^2} - \frac{t}{4} + \alpha\beta\hat{p}$$

相应地，放开价格上限管制时，制药企业利润、消费者剩余和社会福利分别为

$$\pi_A^{NN*} = \pi_B^{NN*} = \pi^{NN*} = \frac{9kt(1-\alpha\beta) - 1}{18k(1-\alpha\beta)^2}$$

$$CS^{NN} = v + \frac{1}{3k(1 - \alpha\beta)} - \frac{5t}{4}$$

$$SW^{NN} = CS + \pi_A^* + \pi_B^* = v + \frac{1}{3k(1 - \alpha\beta)} + \frac{9kt(1 - \alpha\beta) - 1}{9k(1 - \alpha\beta)^2} - \frac{5t}{4}$$

$$(5-27)$$

根据引理 5-4 和引理 5-5 的分析结果，可以得到战略性创新激励下，存在价格上限管制时，制药企业利润、消费者剩余和社会福利分别为

$$\pi_A^{PI*} = \pi_B^{PI*} = \pi^{PI*} = \frac{4k\hat{p} - 1}{8k}$$

$$CS^{PI} = v + \frac{1}{2k} - \frac{t}{4} - (1 - \alpha\beta)\hat{p} \qquad (5-28)$$

$$SW^{PI} = CS^{PI} + \pi_A^{PI*} + \pi_B^{PI*} = v + \frac{1}{4k} - \frac{t}{4} + \alpha\beta\hat{p}$$

相应地，放开价格上限管制时，制药企业利润、消费者剩余和社会福利分别为

$$\pi_A^{NI*} = \pi_B^{NI*} = \pi^{NI*} = \frac{4kt - (1 - \alpha\beta)}{8k(1 - \alpha\beta)}$$

$$CS^{NI} = v + \frac{1}{2k} - \frac{5t}{4} \qquad (5-29)$$

$$SW^{NI} = CS^{NI} + \sum_{i=1}^{2} \pi_i^{NI*} = v + \frac{1}{4k} - \frac{5t}{4} + \frac{t}{(1 - \alpha\beta)}$$

对比式（5-26）和式（5-27）及式（5-28）和式（5-29）的分析结果，可以得到如下命题。

命题 5-5 无论政府是否对制药业实施战略性创新激励，与放开价格管制下的市场绩效相比，价格上限管制增加了患者的福利，但却降低了制药企业利润和社会总福利。

证明：考虑政府对制药业实施战略性创新激励的情形。由式（5-25）和式（5-26）可得，$\pi^{PI*} - \pi^{NI*} = \dfrac{\hat{p} - t(1 - \alpha\beta)}{2}$，$CS^{PI} - CS^{NI} = (1 - \alpha\beta)\left(\dfrac{t}{1 - \alpha\beta} - \hat{p}\right)$ 和 $SW^{PI} - SW^{NI} = \alpha\beta\left(\hat{p} - \dfrac{t}{(1 - \alpha\beta)}\right)$。易知，有效价格管制下，$\hat{p} \leqslant t/(1 - \alpha\beta)$，因此有 $\pi^{PI*} \leqslant \pi^{NI*}$、$CS^{PI} \geqslant CS^{NI}$ 和 $SW^{PI} \leqslant SW^{NI}$。

以下考虑无战略性创新激励的情形。由式（5-28）和式（5-29）可得

$$\Delta\pi = \pi^{PN*} - \pi^{NN*} = \frac{\hat{p}(4kt^2 - \hat{p})}{8kt^2} - \frac{9kt(1 - \alpha\beta) - 1}{18k(1 - \alpha\beta)^2} = \frac{1}{2}\left(\hat{p} - \frac{t}{1 - \alpha\beta}\right) +$$

$$\frac{4t^2 - 9(1 - \alpha\beta)^2 \hat{p}^2}{72k(1 - \alpha\beta)^2} \tag{5-30}$$

$$\Delta CS = CS^{PN} - CS^{NN} = \frac{3\hat{p} - 2t/(1 - \alpha\beta)}{6kt} + (1 - \alpha\beta)\left(\frac{t}{1 - \alpha\beta} - \hat{p}\right) \tag{5-31}$$

$$\Delta SW = SW^{PN} - SW^{NN} = \frac{\hat{p}(2t - \hat{p})}{4kt^2} + \frac{1 - 3(1 - \alpha\beta)}{9k(1 - \alpha\beta)^2} - \alpha\beta\left(\frac{t}{1 - \alpha\beta} - \hat{p}\right) \tag{5-32}$$

由式（5-30）和比较相容性条件可得

$$\frac{\partial \Delta\pi}{\partial \hat{p}} = \frac{1}{2} - \frac{\hat{p}}{4k} > \frac{t - (1 - \alpha\beta)\hat{p}}{2} = \frac{(1 - \alpha\beta)}{2}\left(\frac{t}{1 - \alpha\beta} - \hat{p}\right) > 0$$

即 $\Delta\pi$ 为 $\hat{p}$ 的单调递增函数。由式（5-30），当 $\hat{p} \in \left[\frac{2t}{3(1 - \alpha\beta)}, \frac{t}{(1 - \alpha\beta)}\right]$ 时，有 $\Delta\pi < 0$。由于 $\frac{\partial \Delta\pi}{\partial \hat{p}} > 0$，故当 $0 < \hat{p} \leqslant \frac{2t}{3(1 - \alpha\beta)}$，$\Delta\pi(\hat{p}) < \Delta\pi\left(\frac{2t}{3(1 - \alpha\beta)}\right) < 0$，因此有 $\pi^{PN*} < \pi_A^{NPN*}$。

由式（5-31）和比较相容条件可得

$$\frac{\partial \Delta CS}{\partial \hat{p}} = \frac{1}{2kt} - (1 - \alpha\beta) \leqslant 0$$

即 ΔCS 为 $\hat{p}$ 的单调递减函数。又由式（5-31）可知，当 $\hat{p} \in \left[\frac{2t}{3(1 - \alpha\beta)}, \frac{t}{(1 - \alpha\beta)}\right]$ 时，$\Delta CS > 0$；当 $0 < \hat{p} \leqslant \frac{2t}{3(1 - \alpha\beta)}$ 时，由于 $\frac{\partial \Delta CS}{\partial \hat{p}} \leqslant 0$，$\Delta CS(\hat{p}) \geqslant \Delta CS\left(\frac{2t}{3(1 - \alpha\beta)}\right) > 0$，因此有 $CS^{PN} > CS^{NN}$。

由式（5-32）和比较相容条件可得

$$\frac{\partial \Delta SW}{\partial \hat{p}} = \frac{t - \hat{p} + 2kt^2\alpha\beta}{2kt^2} \geqslant \frac{(t/(1 - \alpha\beta) - \hat{p})}{2kt^2} \geqslant 0$$

易知，当 $\hat{p} = \frac{t}{1 - \alpha\beta}$ 时，ΔSW 取得最大值。将 $\hat{p} = \frac{t}{1 - \alpha\beta}$ 带入式（5-32）可得 $\Delta SW = \frac{-\alpha\beta}{6k(1 - \alpha\beta)^2} \leqslant 0$。因此，当 $\hat{p} \leqslant \frac{t}{1 - \alpha\beta}$ 时，$\Delta SW \leqslant 0 \Rightarrow$ $SW^{PN} \leqslant SW^{NN}$。证毕。

命题 5-5 表明，无论政府是否对制药业实施战略性创新激励，价格上限管制均会导致制药企业利润和社会总福利的损失，但却能够提高患者的福利。该结论比较直观，药品的价格上限管制降低了药品的市场价格，限制了制药企业攫取消费者剩余的能力，因此消费者剩余增加，而企业利润下降。另外，价格管制降低了制药企业的创新报酬，进而降低了企业的创新激励，使其难以达到社会最优时的创新激励水平，最终导致社会福利的下降。

命题 5-5 具有比较明确的政策含义。若公共政策的制定者以社会福利为目标，那么就应该放开药品的价格上限管制。若公共政策的制定者以促进药品的公平可及性为导向，就应该对临床上广泛使用的药品实施价格管制。鉴于价格管制政策对制药企业利润、药品市场的社会总福利和患者的福利的异质性影响，公共政策制定者需要在促进制药业发展、增进社会福利和促进药品的公平公平可及性方面进行权衡，充分认识到价格上限管制在平衡药品公平可及性和促进医药产业发展间的杠杆作用，设计更为有效的价格调控机制，如对药品进行分类和分级管制、制定合理的管制价格等，而非"一刀切"盲目取消价格上限管制政策，否则将加重患者的医疗负担，恶化"看病贵"等社会问题。

接下来，分析国家对制药业的战略性创新激励政策对药品市场绩效的影响。对比式（5-26）与式（5-28）及式（5-27）与式（5-29），可以得到以下命题。

命题 5-6 ①存在价格上限管制时，则 $SW^{PI} \geq SW^{PN}$，当 $\hat{p} \geq t = \hat{p}^{FB}$ 时，有 $\pi^{PI*} \geq \pi^{PN*}$ 和 $CS^{PI} \leq CS^{PN}$，否则，有 $\pi^{PN*} > \pi^{PI*}$ 和 $CS^{PI} > CS^{PN}$；②若放开药品价格上限管制，则 $SW^{NI} \geq SW^{NN}$，当 $1 > \alpha\beta \geq 1/3$ 时，$\pi^{NI*} \geq \pi^{NN*}$ 和 $CS^{NI} \leq CS^{NN}$，否则，$\pi^{NI*} < \pi^{NN*}$ 和 $CS^{NI} > CS^{NN}$。

证明：由式（5-26）和式（5-28）可得，$\pi^{PN*} - \pi^{PI*} = \dfrac{(t - \hat{p})(t + \hat{p})}{8kt^2}$、

$CS^{PN} - CS^{PI} = \dfrac{\hat{p}}{2kt} - \dfrac{1}{2k} = \dfrac{(\hat{p} - t)}{2kt}$、$SW^{PN} - SW^{PI} = -\dfrac{(t - \hat{p})^2}{4kt^2} < 0$。易知，当

$\hat{p} \geq t$ 时，$\pi^{PN*} \leq \pi^{PI*}$，而 $CS^{PN} \geq CS^{PI}$；否则，$\pi^{PN*} > \pi^{PI*}$，而 $CS^{PN} < CS^{PI}$。

综上，可以推出结论①。由式（5-27）和式（5-29）可得，$\pi^{NI*} -$

$\pi^{NN*} = \dfrac{4 - 9(1 - \alpha\beta)^2}{72k(1 - \alpha\beta)^2}$。易知，当 $1 > \alpha\beta \geq 1/3$ 时，$\pi^{NI*} \geq \pi^{NN*}$，当 $1/3 >$

$\alpha\beta > 0$ 时，$\pi^{NPI*} < \pi^{NN*}$。$CS^{NI} - CS^{NN} = \dfrac{1 - 3\alpha\beta}{6k(1 - \alpha\beta)}$。易知，当 $1 > \alpha\beta \geq$

$1/3$ 时，$CS^{NI} \leqslant CS^{NN}$，当 $1/3 > \alpha\beta > 0$ 时，$CS^{NI} > CS^{NN}$。$SW^{NI} - SW^{NN} =$ $\dfrac{(1 - 3\alpha\beta)^2}{36k(1 - \alpha\beta)^2} \geqslant 0$，即 $SW^{NI} \geqslant SW^{NN}$。综上，可以推出结论②。证毕。

命题 5-6 表明，无论是否对药品实施价格上限管制，政府对制药业实施的战略性创新激励政策总是能够提高药品市场社会福利，但是该政策对制药企业利润和患者的福利的作用受到政府价格政策的影响。价格管制下，战略性创新激励政策对制药企业利润和患者福利的影响与管制价格的设定有关。具体地，当管制价格设定较高（即 $\hat{p} \geqslant \hat{p}^{FB}$）时，战略性创新激励政策能够提高制药企业利润，但却导致患者福利的下降。反之，该政策将增进患者的福利，降低制药企业利润。若放开对药品的价格上限管制，战略性创新激励政策对制药企业利润和患者的福利的影响受制于医疗保险福利水平。具体地，当医疗保险福利水平较高时，战略性创新激励政策能够提高制药企业利润，但却降低患者的福利。反之，该政策将提高患者的福利，降低制药企业利润。上述结果的内在经济机制在于，无论是否对药品实施价格管制，战略性创新激励下，政府能够在正向激励和负向激励间进行智能选择，对制药企业的创新投入进行双向调节，诱导企业的创新投入达到社会最优时的创新投入水平，从而实现社会福利的帕累托改进。根据命题 5-3 和命题 5-4 可知，当管制价格设定较高及医疗保险福利水平较高时，政府对制药企业的创新行为负向激励，缓解制药企业间的创新竞争，纠正过度创新导致的创新报酬的损失，进而提高制药企业利润。同时，负向创新激励将导致药品创新水平下降，最终损害患者的福利；当管制价格设定较低及医疗保险福利水平较低时，政府对制药企业的创新实施正向激励，诱导企业加大创新投入，提高药品的创新水平，增进患者的福利。然而，正向创新激励，无形中加剧了企业间的创新竞争，降低了企业的创新回报，最终导致企业利润的下降。表 5-1 给出了价格管制和放开价格管制下，战略性创新激励对药品市场社会福利的影响。其中，$v = 10$，$t = 3$，$\hat{p} = 4$，$k = 4$。

表 5-1　不同价格政策下，战略性创新激励政策对药品市场社会福利的影响

$\alpha\beta$	SW^{PN}	SW^{PI}	SW^{NN}	SW^{NI}	$\dfrac{SW^{PI} - SW^{PN}}{SW^{PN}}$	$\dfrac{SW^{NI} - SW^{NN}}{SW^{NN}}$
0	9.2123	9.5125	9.1305	9.5347	3.26%	4.43%
0.2	9.6123	9.9125	9.6608	10.0625	3.12%	4.16%

续表

$\alpha\beta$	SW^{PN}	SW^{PI}	SW^{NN}	SW^{NI}	$\dfrac{SW^{PI}-SW^{PN}}{SW^{PN}}$	$\dfrac{SW^{NI}-SW^{NN}}{SW^{NN}}$
0.4	10.4123	10.7125	11.2451	11.6458	2.88%	3.56%
0.6	11.2123	11.5125	14.2847	14.8125	2.68%	3.69%
0.8	12.0130	12.3125	23.3722	24.3125	2.51%	4.02%
0.95	12.6123	12.9125	71.8056	81.3125	2.38%	13.24%

从表5.1可以看出，一方面，无论是否对药品实施价格上限管制，政府对制药业的战略性创新激励政策均能够提高药品市场社会福利。然而，放开药品价格管制时，政府的战略性创新激励下药品市场社会福利的增幅高于价格管制的情形，意味着价格管制政策将削弱战略性创新激励的效果。另一方面，价格管制和放开价格管制下，战略性创新激励政策的实施效果均受到医疗保险支付政策的影响，但不同的价格政策下，医疗保险支付政策对战略性创新激励政策实施效果的影响呈现异质性：价格管制下，战略性创新激励政策对药品市场社会福利的增进程度随着医疗保险的覆盖范围和报销比例的提高而降低，而放开价格管制下，战略性创新激励政策对药品市场社会福利的增进程度随着医疗保险的覆盖范围和报销比例的提高先降低而后提高。

二、参数变化对市场绩效的影响分析

本小节将对战略性创新激励和不存在战略性创新激励下药品市场的绩效进行讨论和分析，重点分析价格管制政策、医疗保险支付政策和制药企业的差异化战略对制药企业利润、患者的福利和社会总福利的影响，以期获得一些管理启示。

（一）价格管制政策的影响

命题5-7 战略性创新激励和不存在战略性创新激励下，随着管制价格 $\hat{p}$ 的提高，制药企业利润和社会总福利增加，但患者的福利下降。

证明：考虑有战略性创新激励的情形。由式（5-27）可得，$\dfrac{\partial \pi^{PI*}}{\partial \hat{p}} = \dfrac{1}{2} > 0$，$\dfrac{\partial CS^{PI}}{\partial \hat{p}} = -(1-\alpha\beta) < 0$，$\dfrac{\partial SW^{PI}}{\partial \hat{p}} = \alpha\beta > 0$。考虑无战略性创新激

励的情形。由式（5-25）和比较相容性条件 $k \geqslant \dfrac{1}{2(1-\alpha\beta)t}$ 可得，$\dfrac{\partial \pi^{PN*}}{\partial \hat{p}} =$

$\dfrac{2kt^2 - \hat{p}}{4kt^2} \geqslant \dfrac{t/(1-\alpha\beta) - \hat{p}}{4kt^2} \geqslant 0$，$\dfrac{\partial CS^{PN}}{\partial \hat{p}} = \dfrac{1-\alpha\beta-2kt}{2kt} \leqslant \dfrac{(1-\alpha\beta)^2 - 1}{2kt(1-\alpha\beta)} \leqslant$

0，$\dfrac{\partial SW^{PN}}{\partial \hat{p}} = \dfrac{t - \hat{p} + 2kt^2\alpha\beta}{2kt^2} \geqslant \dfrac{t/(1-\alpha\beta) - \hat{p}}{2kt^2} \geqslant 0$。证毕。

命题 5-7 的直观解释为，无论政府是否对制药业实施战略性创新激励政策，随着管制价格的提高，制药企业利润和药品市场的社会总福利水平提高，而患者的福利水平下降，意味着放开药品的价格上限管制，有利于提高制药企业利润和增进药品市场的社会总福利，但却会损害患者的福利。该结论与命题 5-6 的结论具有内在的一致性。

（二）医疗保险支付政策的影响

命题 5-8 ①无论政府是否对制药业实施战略性创新激励，若对药品实施价格上限管制，有 $\dfrac{\partial \pi^{PI*}}{\partial \alpha} = \dfrac{\partial \pi^{PN*}}{\partial \alpha} = \dfrac{\partial \pi^{PI*}}{\partial \beta} = \dfrac{\partial \pi^{PN*}}{\partial \beta} = 0$；若放开价格管制，则有 $\dfrac{\partial \pi^{NI*}}{\partial \alpha} \geqslant 0$，$\dfrac{\partial \pi^{NI*}}{\partial \beta} \geqslant 0$，$\dfrac{\partial \pi^{NN*}}{\partial \alpha} \geqslant 0$ 和 $\dfrac{\partial \pi^{NN*}}{\partial \beta} \geqslant 0$。

②若对药品实施价格上限管制，无论政府是否对制药业实施战略性创新激励，有 $\dfrac{\partial CS^{PI}}{\partial \alpha} = \dfrac{\partial CS^{PN}}{\partial \alpha} \geqslant 0$ 且 $\dfrac{\partial CS^{PI}}{\partial \beta} = \dfrac{\partial CS^{PN}}{\partial \beta} \geqslant 0$；若放开价格管制，有战略性创新激励下，有 $\dfrac{\partial CS^{NI}}{\partial \alpha} = \dfrac{\partial CS^{NI}}{\partial \beta} = 0$，无战略性创新激励下，有 $\dfrac{\partial CS^{NN}}{\partial \alpha} \geqslant 0$ 且 $\dfrac{\partial CS^{NN}}{\partial \beta} \geqslant 0$。

③无论政府是否对制药业实施战略性创新激励和价格上限管制，有 $\dfrac{\partial SW^{PI}}{\partial \alpha} = \dfrac{\partial SW^{PN}}{\partial \alpha} \geqslant 0$，$\dfrac{\partial CS^{PI}}{\partial \beta} = \dfrac{\partial CS^{PN}}{\partial \beta} \geqslant 0$，$\dfrac{\partial SW^{NI}}{\partial \alpha} \geqslant 0$，$\dfrac{\partial SW^{NI}}{\partial \beta} \geqslant 0$，$\dfrac{\partial SW^{NN}}{\partial \alpha} > 0$ 和 $\dfrac{\partial SW^{NN}}{\partial \beta} > 0$。

证明：考虑有战略性创新激励的情形。由式（5-28）和式（5-29）可得，$\dfrac{\partial \pi^{PI*}}{\partial \alpha} = \dfrac{\partial \pi^{PI*}}{\partial \beta} = 0$，$\dfrac{\partial CS^{PI}}{\partial \alpha} = \dfrac{\partial SW^{PI}}{\partial \alpha} = \beta\hat{p} \geqslant 0$，$\dfrac{\partial CS^{PI}}{\partial \beta} = \dfrac{\partial SW^{PI}}{\partial \beta}\alpha\hat{p} \geqslant 0$；

$\dfrac{\partial \pi^{NI*}}{\partial \alpha} = \dfrac{\partial SW^{NI}}{\partial \alpha} = \dfrac{t\beta}{(1-\alpha\beta)^2} \geqslant 0$，$\dfrac{\partial \pi^{NI*}}{\partial \beta} = \dfrac{\partial SW^{NI}}{\partial \beta} = \dfrac{t\alpha}{(1-\alpha\beta)^2} \geqslant 0$，$\dfrac{\partial CS^{NI}}{\partial \alpha}$

$= \dfrac{\partial CS^{NI}}{\partial \beta} = 0$。

考虑无战略性创新激励的情形。由式（5-26）和式（5-27）可得，

$$\dfrac{\partial \pi^{PN*}}{\partial \alpha} = \dfrac{\partial \pi^{PN*}}{\partial \beta} = 0 , \dfrac{\partial CS^{PN}}{\partial \alpha} = \dfrac{\partial SW^{PN}}{\partial \alpha} = \beta \hat{p} \geqslant 0 , \dfrac{\partial CS^{PN}}{\partial \beta} = \dfrac{\partial SW^{PN}}{\partial \beta} = \alpha \hat{p} \geqslant 0 ;$$

$$\dfrac{\partial \pi^{NN*}}{\partial \alpha} = \dfrac{\beta(9kt(1-\alpha\beta)-1)}{18k(1-\alpha\beta)^3} \geqslant 0 , \dfrac{\partial \pi^{NN*}}{\partial \beta} = \dfrac{\alpha(9kt(1-\alpha\beta)-1)}{18k(1-\alpha\beta)^3} \geqslant 0 ,$$

$$\dfrac{\partial CS^{NN}}{\partial \alpha} = \dfrac{\beta}{3k(1-\alpha\beta)^2} \geqslant 0 , \dfrac{\partial CS^{NN}}{\partial \beta} = \dfrac{\alpha}{3k(1-\alpha\beta)^2} \geqslant 0 , \dfrac{\partial SW^{NN}}{\partial \alpha} =$$

$$\dfrac{\beta[3(1-\alpha\beta)+9kt(1-\alpha\beta)-2]}{9k(1-\alpha\beta)^3} \geqslant \dfrac{\beta[12(1-\alpha\beta)+1]}{36k(1-\alpha\beta)^3} > 0 , \dfrac{\partial SW^{NN}}{\partial \beta} =$$

$$\dfrac{\alpha[3(1-\alpha\beta)+9kt(1-\alpha\beta)-2]}{9k(1-\alpha\beta)^3} \geqslant \dfrac{\alpha[12(1-\alpha\beta)+1]}{36k(1-\alpha\beta)^3} > 0 。 证毕。$$

命题5-8表明：①无论政府是否对制药业实施战略性创新激励，价格管制政策均会弱化医疗保险支付政策对制药企业利润的影响，表现为制药企业利润不受医疗保险支付政策的影响；②医疗保险支付政策对于患者的福利效应受到价格管制政策和战略性创新激励政策的组合影响。特别地，战略性创新激励下，价格管制政策将强化医疗保险支付政策对于患者福利的影响，表现为随着医疗保险的覆盖范围和报销比例的提高，患者的福利得到增进，而放开价格管制，医疗保险支付政策变动不影响患者的福利水平；③无论政府是否对制药业实施战略性创新激励政策和药品价格管制政策，提高医疗保险福利水平，均能够增进药品市场的社会总福利水平，意味着若公共政策制定者以社会总福利最大化为目标，就应该提高医疗保险的覆盖范围和报销比例。

（三）制药企业产品（横向）差异化战略的影响

命题5-9　①无战略性创新激励下，无论是否对药品实施价格管制，随着药品差异化程度的增加，制药企业利润提高，而患者的福利和社会总福利均降低；②有战略性创新激励下，若存在价格管制，随着药品差异化程度的增加，患者的福利和社会总福利均降低，但制药企业利润不受影响；若放开价格管制，随着药品差异化程度的增加，制药企业利润提高，患者的福利降低，当 $1 \geqslant \alpha\beta > 1/5$ 时，社会总福利提高，否则，社会总福利降低。

证明：考虑价格管制的情形。①无战略性创新激励下，由式（5-26）可得，$\dfrac{\partial \pi^{PN*}}{\partial t} = \dfrac{\hat{p}^2}{4kt^3} > 0 , \dfrac{\partial CS^{PN}}{\partial t} = -\dfrac{\hat{p}}{2kt^2} - \dfrac{1}{4} < 0 , \dfrac{\partial SW^{PN}}{\partial t} = \dfrac{\hat{p}(t-\hat{p})}{2kt^3} - \dfrac{1}{4}$。

易知，当 $\hat{p} \geq t$ 时，有 $\frac{\partial SW^{PN}}{\partial t} = \frac{\hat{p}(t-\hat{p})}{2kt^3} - \frac{1}{4} < 0$。又 $\frac{\partial^2 SW^{PN}}{\partial t^2} = \frac{-2\hat{p}t + 3\hat{p}^2}{2kt^4}$。

当 $\hat{p} \leq t$ 时，有 $\frac{\partial^2 SW^{PN}}{\partial t^2} \geq 0$，因此，$\frac{\partial SW^{PN}}{\partial t} \leq \frac{\partial SW^{PN}}{\partial t}\Big|_{\hat{p}=t} = -\frac{1}{4} < 0$。②有战略

性创新激励下，由式（5-28）可得，$\frac{\partial \pi^{PI*}}{\partial t} = 0$，$\frac{\partial CS^{PI}}{\partial t} = -\frac{1}{4} < 0$，$\frac{\partial SW^{PI}}{\partial t} = -$

$\frac{1}{4} < 0$。考虑不存在价格管制的情形。①无战略性创新激励下，由式（5-27）

可得，$\frac{\partial \pi^{NN*}}{\partial t} = \frac{1}{2} > 0$，$\frac{\partial CS^{NN}}{\partial t} = -\frac{5}{4} < 0$，$\frac{\partial SW^{NN}}{\partial t} = \frac{5\alpha\beta - 1}{4(1-\alpha\beta)}$。易知，当 1

$\geq \alpha\beta \geq \frac{1}{5}$ 时，有 $\frac{\partial SW^{NN}}{\partial t} \geq 0$，否则，有 $\frac{\partial SW^{NN}}{\partial t} < 0$。②有战略性创新激励下，

由式（5-29）可得，$\frac{\partial \pi^{NI*}}{\partial t} = \frac{1}{2} > 0$，$\frac{\partial CS^{NI}}{\partial t} = -\frac{5}{4} < 0$，$\frac{\partial SW^{NI}}{\partial t} = \frac{5\alpha\beta - 1}{4(1-\alpha\beta)}$。

易知，当 $1 \geq \alpha\beta \geq \frac{1}{5}$ 时，有 $\frac{\partial SW^{NI}}{\partial t} \geq 0$，否则有 $\frac{\partial SW^{NI}}{\partial t} < 0$。证毕。

命题5-9表明，无论政府是否对制药业实施战略性创新激励和药品价格上限管制，提高制药企业的产品差异化程度，均会降低患者的福利。制药企业的产品差异化战略对制药企业和社会总福利的影响受到国家对制药业的创新激励政策、药品价格管制政策和医疗保险支付政策的交互作用。第一，无战略性创新激励下，无论是否对药品实施价格管制，提高药品差异化程度均将导致患者的福利和社会总福利的下降；第二，有战略性创新激励下，价格管制政策将弱化产品差异化战略对制药企业利润的正向影响，表现为制药企业利润不随产品差异化程度的增加而增加；第三，有战略性创新激励下，若放开价格上限管制，药品差异化程度的增加并非总是导致社会总福利的下降，其对社会总福利的影响取决于医疗保险支付政策。当医疗保险福利水平较高（即 $1 > \alpha\beta \geq 1/5$）时，制药企业的产品差异化战略将增进社会总福利，意味着战略性创新激励政策与医疗保险支付政策的匹配能够缓解制药企业的产品差异化战略所带来的社会总福利的损失，实现社会总福利的帕累托改进。由该结论可以得到如下政策启示：若公共政策制定者以社会总福利为目标，则应该对制药业实施战略性创新激励，并适当提高医疗保险的覆盖范围和报销比例。

第5节 本章小结与政策建议

本章综合考虑政府对制药业的战略性创新激励政策、药品价格上限管制政策和医疗保险支付政策，构建了政府和制药企业间的三阶段动态博弈模型，在此基础上，考察了不同的价格管制政策和创新激励政策组合下，两家相互竞争的制药企业的创新投入和定价的联合决策及政府的最优研发（创新）政策。通过对各种情形下均衡结果的对比分析，探讨了价格管制政策、战略性创新激励政策、医疗保险支付政策及制药企业的产品差异化战略对制药企业创新激励和市场绩效，包括制药企业的利润、患者的福利和药品市场的社会总福利等的交互作用机制。

一、主要结论

对无战略性创新激励下制药企业的决策行为和市场绩效的研究得出：第一，价格管制并非总是降低制药企业的创新激励，管制价格的合理设置能够纠正制药企业创新投入配置的扭曲，实现社会最优时的创新投入配置；第二，若放开药品的价格上限管制，医疗保险福利水平将成为影响制药企业创新投入的重要驱动因素，医疗保险福利水平过高或过低，均将导致企业创新投入配置的扭曲，造成制药企业过度创新或创新不足；第三，无论是否对药品实施价格上限管制，随着制药企业药品差异化程度的增加，制药企业的利润提高，而患者的福利和药品市场的社会总福利均降低。此外，价格管制下，产品差异化战略将损害制药企业的创新激励，而放开价格管制下，产品差异化战略则不会影响制药企业的创新激励，但会推高创新药的市场价格。

对战略性创新激励下制药企业的决策行为和市场绩效的研究得出：第一，药品价格上限管制和放开管制下，政府对制药业的战略性创新激励政策均能够对制药企业的创新投入进行双向调节，纠正价格管制和医疗保险支付政策导致的制药企业创新投入配置的扭曲，引导企业的创新投入实现社会最优时的创新投入配置，并能够增进药品市场的社会总福利，但价格管制政策将削弱战略性创新激励政策的福利效应；第二，价格管制下，政府对制药企业的创新行为采取正向激励、负向激励还是不干预政策，以及对制药企业的创新激励强度取决于药品的管制价格设置，而放开价格管制下，政府对制药企业的创新行为采取正向激励、负向激励还是不干预政策，以及对制药企业的创新激励强度取决于医疗保险的福利水平；第三，政府对制药企业的战略性创新激励政策不一定能够提高制药企业的利润。特别地，当管制价格设置较低或医疗保险福利水平较低时，政府对制药业的战略性创新激励将导致制药企业利润的下降，却能提高患者的福利水平；第四，价格管制下，制药企业的利润不受产品差异化战略的影响，但患者的福利和社会总福利均随着药品差异化程度的提高而下降。放开价格管制下，随着药品差异化程度的提高，制药企业的利润增加，患者的福利下降，但制药企业产品差异化战略的福利效应受到医疗保险支付政策的影响。具体地，当医疗保险的福利水平较高时，制药企业产品差异化战略将增进药品市场的社会总福利，反之，制药企业产品差异化战略将导致社会总福利的下降。最后，无论政府是否对制药业实施战略性创新激励，药品价格上限管制政策有利于增进患者的福利，但却导致制药企业利润和药品市场的社会总福利的降低。

二、政策建议

基于上述研究结果可以得到如下政策启示与政策建议：第一，药品的价格上限管制对制药企业的利润、药品市场的社会总福利和患者的福利效应具有异质性影响，公共政策制定者需要在促进制药业发展、增进社会总福利和保障药品的公平可及性方面进行权衡，设计更为有效的价格调控机制及合理的管制价格，而非盲目放开药品的价格上限管制，才能充分发挥价格管制政策的积极作用，否则不仅会加剧制药企业创新投入配置的扭曲，而且将加重患者的医疗负担，甚至引发深层次的社会问题。第二，鉴于价格管制政策对战略性创新激励政策实施效果的负面效应，应对国家重点扶持的制药业，如生物制药和小分子化学制药业等，适度放松价格管制，提高创新激励政策的实施效果，并为企业实施创新补贴，提高企业创新激励，以增进社会福利。第三，政府对制药业的战略性创新激励政策、药品价格管制政策和医疗保险支付政策须合理匹配，如此不仅能够降低药品价格，减轻患者的医疗负担，控制第三方（医疗保险机构）的药费支出，而且能够提高制药企业的创新激励，增进社会福利，实现患者、制药企业、医疗机构、医疗保险机构和政府的"多赢"局面。

尽管本章综合分析了政府对制药业的战略性创新激励政策、药品价格管制政策和医疗保险支付政策对制药企业创新激励和市场绩效的交互作用机制，并给出相关的政策建议，但还是存在一些不足和有待进一步研究的问题。例如，本章仅考虑了横向差异化的情形，未来研究可扩展到纵向差异化的情形，研究纵向差异化市场中，政府的战略性创新激励政策对制药企业创新激励和市场绩效的影响。此外，本章只考虑了完全信息的情形，未来的研究可放松该假设，研究不完全信息下，政府的战略性创新激励政策的设计问题。最后，鉴于药品市场是典型的规制市场，研究其他规制如市场进入规制、集中采购规制，以及不同规制组合对制药企业创新激励和市场绩效的影响，也是非常有意义的研究方向。

第6章 集中采购规制、采购平台收费机制与制药企业创新激励

前面章节探讨了完全竞争市场和寡头竞争市场下，价格管制对制药企业创新激励和药品市场绩效的影响。接下来的两章将探讨中国药品市场的另一种主要规制——集中采购规制对制药企业创新激励的影响。本章主要通过对不同采购模式（集中采购和分散采购）和不同平台收费模式下（佣金制和两部收费机制）制药企业和集中采购平台的决策行为的对比分析，深入探讨集中采购规制和集中采购平台的收费模式对制药企业创新激励、创新利润、医疗机构的采购成本和药品市场的社会总福利的交互影响机制。

第1节 研究背景与研究问题的提出

一、研究背景

为节约采购成本，许多国家和地区的医疗机构采用集中采购的方式进行药品采购。据报道，美国 96% ~ 98% 的医疗机构通过集中采购组织（GPOs）进行药品集中采购，药品集中采购可为医疗机构节约 10% ~ 35% 费用（HSCA，2011；Schneller 和 Smeltzer，2006）。我国自 2001 年开始在全国范围内推行公立医疗机构的药品集中招标采购，经过十余年的发展变迁，基本形成了以政府为主导，以省（区、市）为单位的网上药品集中采购模式（闫峻峰，2010）。与美国医疗机构的药品集中采购完全由市场配置不同，我国医疗机构的药品集中采购是在政府推动下形成的，本质上属于政府规制范畴，即通过行政手段转变医疗机构的药品采购模式，解决药品流通中的虚高定价和药品回扣等问题，提高采购的透明度（何芬华和力晓蓉，2011；邵蓉 等，2014）。

通过多年的运行和完善，我国的药品集中采购规制在纠正医药购销中的不正之风和规范药品价格方面起到了一些积极作用（贡森，2009），但仍然

存在很多问题，甚至出现了"要求国家考虑取消药品集中采购规制"的呼声（高军 等，2014）。医药业内人士和部分学者认为，现行的药品集中采购规制已经演变成变相降价，制药企业利润被严重挤压，导致了"中标死"现象和药品安全质量问题频繁，局部地区甚至出现了"药价越招越高，质量越招越低"的怪现象（陈富良和吴晓云，2010；石文凯 等，2011）。事实上，上述问题不能完全归咎于集中采购规制。在我国当前的"以药养医"的补偿机制和公立医院垄断药品销售等医疗体制，以及顺加作价等价格管制的约束下，集中采购规制的作用难以发挥，甚至被异化（郭春丽，2013）。然而，伴随着我国医药卫生体制改革的不断深入，药品市场相关制度将逐步完善和健全，集中采购规制的制约因素也将逐步被去除。因此，撇开医疗体制和其他相关规制，如药品最高限价管制和加成率管制等的影响，客观地评价集中采购规制对制药企业、医疗机构和社会总福利的影响，对于透析当前的集中采购规制的实践，完善和改进集中采购规制设计，充分发挥集中采购规制的优势无疑具有重要的理论与实践意义。

二、研究问题

本章以现行的公立医疗机构的药品集中采购为切入点，力图撇开当前医疗体制和其他规制的影响，在相对完善和健全的药品市场中，分别构建无集中采购规制和集中采购规制下，制药企业和集中采购平台间的多阶段动态博弈模型，通过均衡分析和不同情形下均衡结果的比较，探讨集中采购规制、平台收费机制和制药企业的差异化战略对制药企业和集中采购平台的决策行为、医疗机构总采购成本和社会总福利的交互作用关系。具体而言，将重点研究以下几个重要问题：第一，集中采购规制、采购平台的收费机制和制药企业的差异化战略如何影响制药企业和集中采购平台的决策行为，其内生机制是什么？第二，集中采购规制和采购平台的收费机制对制药企业创新激励具有怎样的交互作用机制？第三，集中采购规制对药品采购价格、医疗机构的采购成本和药品市场的社会总福利将产生怎样的影响？

与本研究相关的文献主要包括药品集中采购和企业的创新激励等问题。随着集中采购模式在药品采购中的广泛应用，药品集中采购模式引起了国内外研究学者的广泛关注，但国内外对该问题的关注点略有差别。国外的研究主要聚焦在集中采购组织（GPOs）的结构与功能，以及 GPOs 在降低药品价格和药品供应链整合中的作用与价值等方面，如 Burns（2002）和

Schneller（2005）研究了美国药品 GPOs 的结构和功能，以及 GPOs 在药品采购供应链中的作用。Burns 和 Lee（2008）通过对加入美国药品 GPOs 的医疗机构大规模调查，探讨 GPOs 在降低药品采购价格和医疗机构采购成本方面的作用。Hu 和 Schwarz（2011）及 Hu 等（2012）通过构建药品 GPOs 和制药企业间的博弈模型，分析 GPOs 和制药企业的决策行为，以及 GPOs 在药品供应链的作用。国内的研究则主要集中在集中采购规制的制度性缺陷、产生的问题、政策完善和改进建议（张晓兰，2007；安彬和吕庆化，2007；刘西国 等，2012；常峰 等，2013），以及该规制对药品价格形成与药品质量的影响等（陈波，2007；王强和毛华，2011）。

企业的创新激励历来是产业经济学领域重要的研究课题，研究成果较为丰富。如 Delbono 和 Denicolo（1990）及 Bester 和 Petrakis（1993）分别比较了不同竞争范式（数量和价格竞争）下和不同产品结构（同质产品和差异化产品）下，企业创新投入的决策问题，探讨市场程度和产品差异化程度对企业创新激励的影响。Bonanno 和 Haworth（1998）将上述研究扩展到纵向差异化的情形，研究纵向一体化对企业创新行为的影响。在 Bonanno 和 Haworth（1998）研究的基础上，秦勇等（2012）考虑上游垄断和下游双寡头的市场结构，其中，下游企业存在产品纵向差异化并进行古诺竞争，分析了纵向分离与纵向一体化结构对下游企业产品质量创新激励的影响。唐丁祥和蒋传海（2010）从企业定价模式和差异化程度两个维度来度量市场竞争程度，考察了两种不同度量方式下企业的创新激励问题。孙晓华和郑辉（2013）研究了买方势力对上游企业工艺创新和产品创新的异质性影响，发现买方势力对上游企业创新投入的作用依赖于买方势力的条件效应。

尽管国内外对于药品集中采购和企业创新激励的问题已有不少研究，但是现有文献对上述两问题的研究都是独立进行的，鲜有将两者结合起来的研究。与本研究最为相似的是陈富良和吴晓云（2010）与 Hu 和 Schwarz（2011）。陈富良和吴晓云（2010）探讨了药品集中招标采购中制药企业对于药品质量的逆向选择问题，分析了制药企业降低产品质量的原因并提出相应的防范措施，但该研究侧重于药品招标过程中，招标方对投标企业的选择，而本研究则关注药品的采购过程中，集中采购规制和采购平台的收费机制对中标企业的定价和创新激励问题。Hu 和 Schwarz（2011）研究了医疗机构通过 GPOs 进行药品采购对制药企业创新激励的影响，但该研究只考虑了美国 GPOs 的收费机制（佣金制）下制药企业的定价与创新激励。在此基础上做了进一步扩展，基于经典 Hotelling 模型构建医疗机构的效用函数，在此基础上研究无集中采购规制和集中采购规制两种情形，以及佣金制和两部收费制两种平台收费机制下，制药企业和集中采购平台的决策行为，对比分析两种收费机制对制药企业创新激励的异质性影响，进而探讨集中采购规制和平台收费机制对制药企业创新激励和整个药品供应链绩效（以社会总福利表征）的交互作用机制。本研究为完善集中采购规制，规范和优化集中采购平台的运营，以及集中采购规制下制药企业的定价和创新决策提供了重要依据。

第 2 节　模型描述与假设

一、问题描述

考虑药品市场中上游两家相互竞争的处方药生产企业（分别记作企业 M_1 和企业 M_2）生产并向下游的医疗机构销售具有一定替代性的差异化药品，如治疗同一类疾病的不同品牌的处方药。为提高市场竞争力，两家制药企业均可以通过创新（研发）投入来提高产品的质量①。为简化问题，将药品的初始质量水平标准化为 0，为使药品 i 的质量水平达到 q_i（可视为药品的创新水平），制药企业 M_i 需要投入的资金为 I_i，I_i 和 q_i 间的关系为 $I_i = k(q_i)^2/2$，即制药企业的创新投入 I_i 为药品创新水平 q_i 的单调递增凸函数。其中，$k > 0$ 为创新效率，衡量制药企业的产品创新效率。易知，给定制药企业的创新投入 I，k 越小，表明制药企业的产品创新效率越高。

为研究集中采购规制对制药企业创新激励的影响，本研究将考虑无集中采购规制和存在集中采购规制两种情形，并将前者作为比较的基准。无集中采购规制下，各医疗机构向两家企业进行分散采购（即各医疗机构与企业 M_1 和企业 M_2 进行单独交易），而集中采购规制下，医疗机构和企业 M_1 和企业 M_2 必须通过集中采购平台进行交易。特别地，不同采购模式下，各参与主体承担的交易成本不同。一般而言，分散采购下，医疗机构需要承担产品搜寻成本、产品鉴定成本、合同谈判成本和交易过程成本，制药企业需要

---

①　在本研究中，药品的质量是指药品的有效性，如通过创新（研发）投入提高药品的疗效，降低药品的不良反应等。因此，药品的质量反映了药品的创新水平。

承担合同谈判成本和交易过程成本，而集中采购下，产品搜寻成本、产品鉴定成本及合同谈判成本由集中采购平台承担。因此，集中采购下制药企业和医疗机构的交易成本均较分散采购模式有所下降。为简化分析，不妨将集中采购下制药企业和医疗机构的交易成本标准化为 0。

我国现行的政府主导的药品集中采购规制下，各省（区、市）的药品集中采购平台是由地方政府负责组建的非营利性平台，对参与的医疗机构不收取任何交易费用，但绝大多数地区的集中采购平台按照合同采购量向药品生产或流通企业收取少量的交易服务费和报名费①。在药品集中采购最发达的美国，许多大型的药品集中采购组织（GPOs）也是非营利性的，如拥有900 多家医疗机构会员的药品集中采购组织 Premier 就是一家非营利性组织，GPOs 的收益主要来源于制药企业缴纳的合同管理费（CAF），对医疗机构只收取少量的会员费或不收费（Hu 和 Schwarz，2011；Hu 等，2012）。笔者将集中采购平台设定为非营利性平台，并假定集中采购平台只对制药企业单边收费，对医疗机构（买方）不收费。根据调研，目前国内外药品集中采购平台（组织）的收费机制主要有两种：一种为佣金制，另一种为两部收费制。佣金制下，集中采购平台按入围药品的品规向制药企业收取交易佣金（佣金与交易价格有关），如美国 GPOs 向制药企业收取的 CFA 就属于典型的佣金制收费机制。两部收费制下，集中采购平台除按入围药品的品规向制药企业收取交易佣金外，还收取固定费用，如报名费或招标文件费等，我国政府主导的绝大多数药品集中采购平台采取该种收费机制。

二、主要研究假设

为将复杂的现实问题抽象成相对简单的数学模型，并得出相对合理的结论，笔者对模型做出如下假设：

假设 1 考虑到我国的药品生产企业均依照现行的药品 GMP 生产规范进行生产，药品的单位生产成本差异不大且相对固定，为简化模型，将药品的单位生产成本标准化为 0。

假设 2 分散采购下，所有制药企业承担相同的单位交易成本 c_m，所

---

① 尽管国家鼓励有条件的地区建立财政全额补助的集中采购机构，医疗机构和药品生产流通企业通过采购平台直接免费交易，但是目前国内大部分地区还是向制药企业收取少量的交易服务费和招标文件费或报名费。

有医疗机构也承担相同的单位交易成本 c_p，并将 $c_d = c_m + c_p$ 称为分散采购的单位交易成本，Hu 和 Schwarz（2011）也使用了类似的假设。

假设 3　考虑到集中采购的规模经济效益，假设集中采购的单位交易成本 c_g 小于分散采购的单位交易成本 c_d，即 $c_g < c_d$。此外，为方便分析，定义 $\Delta = c_d - c_g$ 表示集中采购带来的交易成本的节约，Δ 的大小衡量了集中采购的效率。

假设 4　市场是完全覆盖的且不存在企业退出市场，即均衡中所有医疗机构均能从企业 M_1 或企业 M_2 处采购到药品。

三、需求模型的构建

考虑到医生用药习惯的差异[①]，医疗机构对不同的药品表现出异质性偏好。参照 Hu 和 Schwarz（2011）、Chen 和 Li（2013），采用线性 Hotelling 模型刻画医疗机构的异质性偏好。不妨设企业 M_1 位于长度为 1 的 Hotelling 线性城市的左端，企业 M_2 位于右端，医疗机构（买方）均匀地分布在企业 M_1 和企业 M_2 之间，每家医疗机构至多采购 1 单位批量的药品，并将医疗机构数量标准化为 1。

Hotelling 模型框架下，医疗机构的偏好由其在 Hotelling 线上的位置决定，制药企业不知道各医疗机构确切的偏好，只知道偏好的概率分布。由此，位于 $x \in [0,1]$ 的医疗机构从企业 M_1 和企业 M_2 采购药品，获得的效用分别为

$$
\begin{aligned}
U_1(x) &= V + q_1 - p_1 - c_p^1 - tx, \\
U_2(x) &= V + q_2 - p_2 - c_p^2 - t(1 - x)
\end{aligned}
\tag{6-1}
$$

式中：$V > 0$，为医疗机构的潜在购买意愿，不失一般性，假设医疗机构对两种药品具有相同的潜在购买意愿；t 为单位距离成本，衡量两种药品的（横向）差异化程度。易知，t 越大，两种药品的差异化程度越高；p_1 和 p_2 分别为药品 1 和药品 2 的采购价格，c_p^i 为不同采购模式下，采购药品 i 医疗机构付出的单位交易成本。具体地，集中采购下，$c_p^i = 0$，分散采购下，$c_p^i = c_p$。

无论在何种采购模式下，医疗机构综合考虑药品的价格和创新水平进行采购决策，以最大化自身效用。由此，可推导出企业 M_1 和企业 M_2 的市场

[①]　一般而言，医生的用药习惯往往会影响到其所在医疗机构的药品采购偏好，制药企业通常会通过定向广告等手段影响医生的用药习惯。

需求如下：

$$x_1(p_1,p_2,q_1,q_2) = \begin{cases} 0 & \text{if } q_1 - q_2 \leqslant p_1 - p_2 - t \\ \bar{d} & \text{if } p_1 - p_2 - t < q_1 - q_2 \leqslant p_1 - p_2 + t \\ 1 & \text{if } q_1 - q_2 > p_1 - p_2 + t \end{cases} \quad (6\text{-}2)$$

$$x_2(p_1,p_2,q_1,q_2) = \begin{cases} 0 & \text{if } q_2 - q_1 < p_2 - p_1 - t \\ 1 - \bar{d} & \text{if } p_2 - p_1 - t \leqslant q_2 - q_1 < p_2 - p_1 + t \\ 1 & \text{if } q_2 - q_1 \leqslant p_2 - p_1 + t \end{cases}$$

$$(6\text{-}3)$$

式中：$\bar{d}$ 为无差异买者的位置。易知，所有 $x \leqslant \bar{d}$ 的医疗机构从企业 M_1 采购药品，其他的医疗机构从企业 M_2 采购药品。

由式（6-2）和式（6-3）可以看出，质量和价格双重竞争下，当且仅当两家企业药品的创新（质量）水平差较小时，企业 M_1 和企业 M_2 均获得正的市场需求。否则，低质量企业将被逐出市场，高质量企业垄断市场。因此，企业 M_1 和企业 M_2 均有较强的动力进行创新投入，提高药品的创新水平，以避免被竞争对手抢占市场份额，并巩固当前在市场中的地位。

当不存在企业退出市场时[①]，企业 M_1 和企业 M_2 的市场需求函数别为

$$x_1(p_1,p_2,q_1,q_2) = \frac{1}{2} + \frac{q_1 - q_2 + p_2 - p_1}{2t}$$

$$x_2(p_1,p_2,q_1,q_2) = \frac{1}{2} - \frac{q_1 - q_2 + p_2 - p_1}{2t}$$

$$(6\text{-}4)$$

第3节　无集中采购规制的情形

本节考虑无集中采购规制，即医疗机构向制药企业 M_1 和企业 M_2 分散采购的情形，旨在为后文提供一个比较的基准。无集中采购规制下，模型的决策顺序为：首先，企业 M_1 和企业 M_2 同时决策各自的药品创新水平；随后，依据药品的创新水平，企业 M_1 和企业 M_2 同时决策药品的价格；最后，综合考虑药品的价格和创新水平，医疗机构决策是否采购和从哪家企业采

---

① 我国现行的药品集中采购规制下，同一药品品种，一般有 2～3 家制药企业入围省级集中采购的药品目标。本研究考虑的双寡头竞争市场与我国药品集中采购规制具有良好的吻合性。

购。制药企业的决策目标是利润的最大化，医疗机构的决策目标是效用最大化。

根据企业 M_1 和企业 M_2 的市场需求函数，无集中采购规制下，企业 M_1 和企业 M_2 的利润函数分别为

$$\Pi_1(p_1, q_1, p_2, q_2) = (p_1 - c_m)\left(\frac{1}{2} + \frac{q_1 - q_2 + p_2 - p_1}{2t}\right) - \frac{k(q_1)^2}{2}$$

$$\Pi_2(p_2, q_2, p_1, q_1) = (p_2 - c_m)\left(\frac{1}{2} + \frac{q_2 - q_1 + p_1 - p_2}{2t}\right) - \frac{k(q_2)^2}{2}$$

$$(6-5)$$

采用逆向归纳法，先考虑企业 M_1 和企业 M_2 的定价决策。由最优性条件可得

$$p_1^*(q_1, q_2) = t + c_m + \frac{q_1 - q_2}{3}$$

$$(6-6)$$

$$p_2^*(q_1, q_2) = t + c_m - \frac{q_1 - q_2}{3}$$

接下来，考虑制药企业的药品创新水平。将式（6-6）带入式（6-5），可得企业 M_1 和企业 M_2 决策的目标函数分别为

$$\max_{q_1}\Pi_1(q_1, q_2) = \left(t + \frac{q_1 - q_2}{3}\right)\left(\frac{1}{2} + \frac{q_1 - q_2}{6t}\right) - \frac{k(q_1)^2}{2}$$

$$(6-7)$$

$$\max_{q_2}\Pi_2(q_1, q_2) = \left(t - \frac{q_1 - q_2}{3}\right)\left(\frac{1}{2} - \frac{q_1 - q_2}{6t}\right) - \frac{k(q_2)^2}{2}$$

优化求解式（6-7），可以得到以下命题。

命题6-1　分散采购下，企业 M_1 和企业 M_2 的竞争博弈存在唯一的子博弈完美纳什均衡。均衡中，药品 1 和药品 2 的价格分别为 $p_{1d}^* = p_{2d}^* = p_d^* = t + c_m$，创新水平分别为 $q_{1d}^* = q_{2d}^* = q_d^* = \frac{1}{3k}$。相应地，企业 M_1 和企业 M_2 的市场需求和利润分别为 $x_{1d}^* = x_{2d}^* = \frac{1}{2}$，$\Pi_{1d}^* = \Pi_{2d}^* = \frac{(9kt - 1)}{18k}$。

证明：为保证最优解存在且唯一，$\frac{\partial^2\Pi_i(q_i, q_{-i})}{\partial q_i^2} = \frac{1}{9t} - k < 0$，即

$9kt - 1 > 0$。令 $\frac{\partial\Pi_i(q_i, q_{-i})}{\partial q_i} = 0$，可得 $q_1^R(q_2) = \frac{3t - q_2}{-1 + 9kt}$，$q_2^R(q_1) = $

$\dfrac{3t - q_1}{-1 + 9kt}$。联立 $q_1^R(q_2)$ 和 $q_2^R(q_1)$，可得 $q_1^* = q_2^* = \dfrac{1}{3k}$。将 q_1^* 和 q_2^* 分别代入式（6-6），可得 $p_1^* = p_2^* = t + c_m$。证毕。

命题 6-1 表明，分散采购下，在均衡中，两家制药企业选择相同的药品创新水平和药品价格，平分市场，获得相同的利润。药品价格随产品差异化程度 t 和制药企业交易成本 c_m 的增加而提高，但药品的创新水平不受差异化程度和制药企业交易成本变动的影响。此外，药品价格不能作为其创新水平的信号，换言之，药品的价格不能反映其创新程度，意味着高价药的创新水平不一定高，而低价药的创新水平不一定低。

根据命题 6-1 的分析结果，分散采购下，医疗机构的总采购成本和社会总福利分别为

$$TC_d^* = \int_0^{1/2} (p_{1d}^* + c_p + tx)\,dx + \int_{1/2}^1 (p_2^* + c_p + t(1 - x))\,dx = \frac{5t}{4} + c_d$$

$$(6-8)$$

$$TS_d^* = \int_0^{1/2} (V + q_1^* - c_d - tx)\,dx + \int_{1/2}^1 (V + q_2^* - c_d - t(1 - x))\,dx -$$

$$\sum_{i=1}^2 \left[k(q_{ig}^*)^2/2 \right] = V + \frac{2}{9k} - \frac{t}{4} - c_d$$

$$(6-9)$$

第 4 节　集中采购规制下的决策模型

集中采购规制下，医疗机构必须通过集中采购平台向制药企业采购药品。模型的决策顺序为：首先，集中采购平台作为 Stackelberg 博弈领导者向每家制药企业提供一个不可议价的收费合同，规定收费形式及收费金额或比例。根据合同参数，企业 M_1 和企业 M_2 首先同时决策药品创新水平，随后同时决策药品价格。最后，综合考虑药品的质量和价格，医疗机构进行采购决策，实现自身效用的最大化。

针对药品集中采购的现实背景，考虑佣金制和两部收费机制两种主流的收费机制，重点分析两种收费机制下制药企业和集中采购平台的决策行为，并在此基础上探讨平台收费机制对制药企业创新投入的影响。

一、佣金制收费机制

佣金制收费机制下，集中采购平台作为 Stackelberg 博弈的领导者，按单位药品的品规向制药企业 M_1 和企业 M_2 收取交易佣金 $\lambda_i (0 < \lambda_i < 1)$。企业 M_1 和企业 M_2 作为跟从者，根据 λ_i 决策产品的创新水平和价格。

佣金制收费机制下，给定 $\lambda_i (0 < \lambda_i < 1)$，$M_i (i = 1, 2)$ 的利润函数为

$$\Pi_i^{UF}(p_i, q_i, p_{-i}, q_{-i}) = (1 - \lambda_i) p_i \left(\frac{1}{2} + \frac{q_i - q_{-i} + p_{-i} - p_i}{2t} \right) - \frac{k q_i^2}{2} \tag{6-10}$$

采用逆向归纳法，先考虑企业 M_i 的定价决策。由最优性条件，企业 M_1 和企业 M_2 的最优定价分别为

$$p_1^*(q_1, q_2) = t + \frac{q_1 - q_2}{3}$$
$$p_2^*(q_1, q_2) = t + \frac{q_2 - q_1}{3} \tag{6-11}$$

接下来，考虑制药企业的创新决策。将式（6-11）带入式（6-10），企业 M_1 和企业 M_2 决策的目标函数分别为

$$\max_{q_1} \Pi_1(q_1, q_2, \lambda_1) = (1 - \lambda_1) \left(t + \frac{q_1 - q_2}{3} \right) \left(\frac{1}{2} + \frac{q_1 - q_2 - \Delta V}{6t} \right) - \frac{k (q_1)^2}{2}$$

$$\max_{q_2} \Pi_2(q_1, q_2, \lambda_2) = (1 - \lambda_2) \left(t - \frac{q_1 - q_2}{3} \right) \left(\frac{1}{2} - \frac{q_1 - q_2 - \Delta V}{6t} \right) - \frac{k (q_2)^2}{2} \tag{6-12}$$

易知，当且仅当 $\dfrac{\partial^2 \Pi_i(q_i, q_{-i}, \lambda_i)}{\partial q_i^2} = \dfrac{1 - \lambda_i}{9t} - k < 0$ 时，$\Pi_1(q_1, q_2 | \lambda_1)$ 和 $\Pi_2(q_1, q_2 | \lambda_2)$ 存在唯一最优解。由最优性条件，可得企业 M_1 和企业 M_2 的最优的药品创新水平分别为

$$q_1^*(\lambda_1, \lambda_2) = \frac{(1 - \lambda_1)(9kt - 2 + 2\lambda_2)}{3k(9kt + \lambda_1 + \lambda_2 - 2)}$$
$$q_2^*(\lambda_1, \lambda_2) = \frac{(1 - \lambda_2)(9kt - 2 + 2\lambda_1)}{3k(9kt + \lambda_1 + \lambda_2 - 2)} \tag{6-13}$$

为保证均衡解的存在，假设 $9kt + \lambda_i + \lambda_{-i} - 2 \neq 0$。将上式带回式（6-11），可得

$$p_1^*(\lambda_1, \lambda_2) = \frac{(-2 + 2\lambda_2 + 9kt)t}{9kt + \lambda_1 + \lambda_2 - 2}$$

$$p_2^*(\lambda_1, \lambda_2) = \frac{(-2 + 2\lambda_1 + 9kt)t}{9kt + \lambda_1 + \lambda_2 - 2}$$

(6-14)

相应地，企业 M_1 和企业 M_2 的市场需求为

$$x_1(\lambda_1, \lambda_2) = \frac{9kt - 2 + 2\lambda_2}{2(9kt - 2 + \lambda_1 + \lambda_2)}$$

$$x_2(\lambda_1, \lambda_2) = \frac{9kt - 2 + 2\lambda_1}{2(9kt - 2 + \lambda_1 + \lambda_2)}$$

(6-15)

最后，考虑集中采购平台的决策问题。佣金收费机制下，非营利性采购平台的名义利润函数为

$$\pi(\lambda_i) = \sum_{i=1}^{2} (\lambda_i p_i^* - c_g)x_i^*$$

(6-16)

盈亏平衡时，式（6-16）可变形为

$$(\lambda_1 p_1^* - c_g)x_1^* + (\lambda_2 p_2^* - c_g)x_2^* = 0$$

(6-17)

由于 $x_i^* > 0$，即企业 M_1 和企业 M_2 均获得正的市场需求，盈亏平衡下可得，$\lambda_1 p_1^* - c_g = \lambda_2 p_2^* - c_g = 0$。因此，集中采购平台向企业 M_1 和企业 M_2 收取的最优交易佣金分别为 $\lambda_1^* = \dfrac{c_g}{p_1^*}$ 和 $\lambda_2^* = \dfrac{c_g}{p_2^*}$。

综上，可以得到以下命题。

命题 6-2 佣金制收费机制下，当 $t > c_g$ 时，集中采购平台和制药企业间的 Stackelberg 博弈存在唯一的子博弈完美纳什均衡。均衡中，企业 M_1 和企业 M_2 的最优决策为 $\begin{cases} p_{1g}^{UF^*} = p_{2g}^{UF^*} = p_g^{UF^*} = t \\ q_{1g}^{UF^*} = q_{2g}^{UF^*} = q_g^{UF^*} = \dfrac{t - c_g}{3kt} \end{cases}$；非营利性采购平台的最优决策为 $\lambda_{1g}^{UF^*} = \lambda_{2g}^{UF^*} = \lambda_g^{UF^*} = \dfrac{c_g}{t}$。相应地，企业 M_1 和企业 M_2 的市场需求和利润分别为 $x_{1g}^{UF^*} = x_{2g}^{UF^*} = \dfrac{1}{2}$ 和 $\Pi_{1g}^{UF^*} = \Pi_{2g}^{UF^*} = \dfrac{(9kt - t + c_g)(t - c_g)}{18kt^2}$。

证明：将式（6-14）带入 λ_i 表达式，可得 $\lambda_i^* = \dfrac{(9kt + \lambda_i + \lambda_{-i} - 2)c_g}{(9kt - 2 + 2\lambda_{-i})t}$，$i = 1,2$。由对称性条件可得 $\lambda_1^* = \lambda_2^* = c_g/t$。将其带入式（6-13）和式

（6-14），即可得到命题 6-2 的结论。由于产品的质量水平 $q_{ig}^{UF*} > 0$，故 $t > c_g$。以下证明均衡的唯一性。由于 $\Pi_i(p_i, p_{-i}, q_i, q_{-i})$ 关于 p_i 和 q_i 的二阶条件式 $\dfrac{\partial^2 \Pi_i(p_i, p_{-i}, q_i, q_{-i})}{\partial p_i^2} = \dfrac{-(1-\lambda_i)}{9t} = -\dfrac{(1-c_g/t)}{9t} < 0$ 和 $\dfrac{\partial^2 \Pi_i(q_i, q_{-i})}{\partial q_i^2} = \dfrac{(1-c_g/t)}{9t} - k < \dfrac{1}{9t} - k < 0$，故存在唯一最优的 q_{ig}^* 和 p_{ig}^*。又 λ_{ig}^* 为 p_{ig}^* 的一元函数，故 λ_{ig}^* 也是唯一的。由于 q_{ig}^*、p_{ig}^* 和 λ_{ig}^* 组成的决策集合是最优决策集合，采购平台和制药企业均没有动机单方面偏离该决策集合。证毕。

命题 6-2 表明，佣金制收费机制下，均衡中采购平台向两家企业收取相同的交易佣金，两家企业选择相同的产品价格和产品质量水平，平分市场，获得相同的创新利润，但药品的价格不受企业缴纳交易佣金比例的影响。此外，随着产品横向差异化程度的增加，药品的质量水平提高，同时药品的价格也相应提高，但制药企业缴纳的佣金降低，意味着提高产品的横向差异化程度不仅能够缓解市场竞争对制药企业的不利影响，还有利于激励制药企业加大创新投入，提高药品的创新水平。

根据命题 6-2，佣金制收费机制下，医疗机构的总采购成本和药品市场的社会总福利分别为

$$TC_g^{UF*} = \int_0^{1/2} (p_1^{UF*} + tx)\,\mathrm{d}x + \int_0^{1/2} (p_2^{UF*} + tx)\,\mathrm{d}x = \frac{5t}{4} \qquad (6\text{-}18)$$

$$TS_g^{UF*} = \int_0^{1/2} (V + q_1^* - c_g - tx)\,\mathrm{d}x + \int_{1/2}^1 (V + q_2^* - c_g - t(1-x))\,\mathrm{d}x -$$

$$\sum_{i=1}^2 [k(q_{ig}^*)^2/2] = V + \frac{(t-c_g)}{3kt} - c_g - \frac{t}{4} - \frac{(t-c_g)^2}{9kt^2}$$

$$(6\text{-}19)$$

二、两部收费机制

两部收费机制下，集中采购平台作为 Stackelberg 博弈的领导者，按单位药品品规向企业 M_1 和企业 M_2 收取交易佣金 $v_i(0 < v_i < 1)$ 和固定费用 F_i。企业 M_1 和企业 M_2 作为跟随者，根据 (v_i, F_i) 决策产品的创新水平和价格。

两部收费机制下，企业 M_1 和企业 M_2 的利润函数为

$$\Pi_1^{TPT}(p_1, q_1, p_2, q_2 \mid v_1, F_1) = (1-v_1)p_1\left(\frac{1}{2} + \frac{q_1 - q_2 + p_2 - p_1}{2t}\right) - \frac{k(q_1)^2}{2} - F_1$$

$$\Pi_2^{TPT}(p_2,q_2,p_1,q_1\,|\,v_2,F_2) = (1-v_2)p_2\left(\frac{1}{2}+\frac{q_2-q_1+p_1-p_2}{2t}\right)-\frac{k\,(q_2)^2}{2}-F_2$$

$$(6-20)$$

采用逆向归纳法，先考虑企业 M_1 和企业 M_2 的定价决策。由最优性条件，企业 M_1 和企业 M_2 的最优定价分别为

$$p_1^*(q_1,q_2) = t+\frac{q_1-q_2}{3}$$

$$p_2^*(q_1,q_2) = t+\frac{q_2-q_1}{3}$$

$$(6-21)$$

接下来，考虑制药企业的药品创新决策。将式（6-21）带入式（6-20），企业 M_1 和企业 M_2 决策的目标函数分别为

$$\max_{q_1}\Pi_1(q_1,q_2\,|\,v_1,F_1) = (1-v_1)\left(t+\frac{q_1-q_2}{3}\right)\left(\frac{1}{2}+\frac{q_1-q_2}{6t}\right)-\frac{k\,(q_1)^2}{2}-F_1$$

$$\max_{q_2}\Pi_2(q_1,q_2\,|\,v_2,F_2) = (1-v_2)\left(t-\frac{q_1-q_2}{3}\right)\left(\frac{1}{2}-\frac{q_1-q_2}{6t}\right)-\frac{k\,(q_2)^2}{2}-F_2$$

$$(6-22)$$

易知，当且仅当 $\dfrac{\partial^2\Pi_i(q_i,q_{-i}\,|\,v_i)}{\partial q_i^2} = \dfrac{1-v_i}{9t}-k < 0$ 时，$\Pi_1(q_1,q_2\,|\,v_1,F_1)$ 和 $\Pi_2(q_1,q_2\,|\,v_2,F_2)$ 存在唯一最优解。由最优性条件，可得企业 $M_i(i=1,2)$ 的最优的创新水平分别为

$$q_1^*(v_1,v_2) = \frac{(1-v_1)(9kt-2+2v_2)}{3k(9kt+v_1+v_2-2)}$$

$$q_2^*(v_1,v_2) = \frac{(1-v_2)(9kt-2+2v_1)}{3k(9kt+v_1+v_2-2)}$$

$$(6-23)$$

将式（6-23）带回式（6-21），可得

$$p_1^*(v_1,v_2) = \frac{(-2+2v_2+9kt)t}{9kt+v_1+v_2-2}$$

$$p_2^*(v_1,v_2) = \frac{(-2+2v_1+9kt)t}{9kt+v_1+v_2-2}$$

$$(6-24)$$

相应地，企业 M_1 和企业 M_2 的市场需求分别为

$$x_1(v_1,v_2) = \frac{9kt-2+2v_2}{2(9kt-2+v_1+v_2)}$$

$$x_2(v_1, v_2) = \frac{9kt - 2 + 2v_1}{2(9kt - 2 + v_1 + v_2)} \tag{6-25}$$

由式（6-23）至式（6-25）可见，两部收费机制下，制药企业的定价和药品创新水平及市场需求仅与单位交易费用（可变费用）相关，与固定费用无关。

最后，考虑集中采购平台的决策问题。两部收费机制下，非营利性平台的名义利润函数为

$$\pi(v_1, F_1, v_2, F_2) = (v_1 p_1^* - c_g)x_1^* + F_1 + (v_2 p_2^* - c_g)x_2^* + F_2 \tag{6-26}$$

两部收费机制下，作为 Stackelberg 博弈领导者的集中采购平台，可以通过设定固定费用 F_i，获得全部交易剩余，使制药企业只获得保留利润 Π_i^R（Feng 和 Lu，2013）。为简化分析，假设企业 M_1 和企业 M_2 的保留利润相同，即 $\Pi_1^R = \Pi_2^R = \Pi^R$。因此，集中采购平台所能设定的最高固定费用为

$$F_i^* = (1 - v_i)p_i^* x_i^* - \frac{k(q_i^*)^2}{2} - \Pi^R, i = 1,2 \tag{6-27}$$

盈亏平衡时，将上式带入式（6-26），可得

$$\pi(v_1, v_2) = (p_1^* - c_g)x_1^* - \frac{k(q_1^*)^2}{2} + (p_2^* - c_g)x_2^* - \\ \frac{k(q_2^*)^2}{2} - 2\Pi^R = 0 \tag{6-28}$$

综上，可以得到以下命题。

命题 6-3　两部收费机制下，当 $t - c_g > 2\Pi^R$ 且 $\dfrac{t - c_g}{3t} \leqslant \sqrt{k(t - c_g - 2\Pi^R)}$ $\leqslant \dfrac{1}{3}$ 时，集中采购平台和制药企业间的 Stackelberg 博弈存在唯一的子博弈完美纳什均衡。均衡中，企业 M_1 和企业 M_2 的最优决策为

$$\begin{cases} p_{1g}^{TPT*} = p_{2g}^{TPT*} = p_g^{TPT*} = t \\ q_{1g}^{TPT*} = q_{2g}^{TPT*} = q_g^{TPT*} = \sqrt{\dfrac{t - c_g - 2\Pi^R}{k}} \end{cases}$$

非营利性集中采购平台最优决策为 $\begin{cases} v_1^{TPT*} = v_2^{TPT*} = v^{TPT*} = 1 - 3\sqrt{k(t - c_g - 2\Pi^R)} \\ F_1^{TPT*} = F_2^{TPT*} = F^{TPT*} = \dfrac{3t\sqrt{k(t - c_g - 2\Pi^R)} - (t - c_g)}{2} \end{cases}$。

相应地，企业 M_1 和企业 M_2 的市场需求和利润分别为 $x_1^* = x_2^* = x^* = 1/2$ 和 $\Pi_{1g}^{TPT*} = \Pi_{2g}^{TPT*} = \Pi_g^{TPT*} = \Pi^R$。

证明：将式（6-23）至式（6-25）带入式（6-28），由对称性条件可得，$v_1^{TPT*} = v_2^{TPT*} = 1 - 3\sqrt{k(t - c_g - 2\Pi^R)}$。将其带入式（6-23）和式

（6-24）可得 $\begin{cases} p_{1g}^{TPT*} = p_{2g}^{TPT*} = t \\ q_{1g}^{TPT*} = q_{2g}^{TPT*} = \sqrt{\dfrac{t - c_g - 2\Pi^R}{k}} \end{cases}$。由于 $q_{ig}^{TPT*} > 0$，故 $t - c_g > 2\Pi^R$。

又固定费用 $F_i^{TPT*} \geq 0$ 且 $0 \leq v_i^* \leq 1$，故 $\dfrac{t - c_g}{3t} \leq \sqrt{k(t - c_g - 2\Pi^R)} \leq \dfrac{1}{3}$。由 $k > \dfrac{1}{9t}$ 可得，$\dfrac{\partial^2 \Pi_i(p_i, p_{-i}, q_i, q_{-i})}{\partial p_i^2} = -\dfrac{(1 - v_i)}{9t} = -\dfrac{\sqrt{k(t - c_g - 2\Pi^R)}}{3t} < 0$ 和

$\dfrac{\partial^2 \Pi_i(q_i, q_{-i})}{\partial q_i^2} = \dfrac{\sqrt{k(t - c_g - 2\Pi^R)}}{3t} - k < 0$，即存在唯一最优的 q_{ig}^* 和 p_{ig}^*。又 v_i^* 和 F_i^* 分别为 q_{ig}^* 和 p_{ig}^* 函数，故 v_i^* 和 F_i^* 也是唯一的。由于 q_{ig}^*、p_{ig}^*、v_i^* 和 F_i^* 组成的决策集合是最优决策集合，采购平台和制药企业均没有动机单方面偏离该决策集合。证毕。

命题 6-3 表明，两部收费机制下，均衡中集中采购平台向两家制药企业收取相同的固定费用和交易佣金，两家制药企业选择相同的产品价格与创新水平，均分市场，获得相同的创新利润。随着交易佣金的增加，药品的创新水平下降，但药品价格不受交易佣金和固定费用的影响，表明药品的价格不能作为其创新水平的信号。随着药品差异化程度的增加，药品创新水平提高，同时药品的价格也随之提高，意味着制药企业的差异化战略有利于提高自身和竞争对手的创新激励。此外，随着制药企业保留利润（外部获利机会）的增加，药品的创新水平下降，意味着制药企业的外部获利机会将降低企业自身和竞争对手的创新激励。

根据命题 6-3，两部收费机制下，医疗机构的总采购成本和药品市场的社会总福利分别为

$$TC_g^{TPT*} = \int_0^{1/2} (p_g^* + tx)\,\mathrm{d}x + \int_{1/2}^1 (p_g^* + t(1 - x))\,\mathrm{d}x = \frac{5t}{4} \quad (6\text{-}29)$$

$$TS_g^{TPT*} = \int_0^{1/2} (V + q_{1g}^* - c_g - tx)\,\mathrm{d}x + \int_{1/2}^1 (V + q_{2g}^* - c_g - t(1 - x))\,\mathrm{d}x -$$

$$\sum_{i=1}^{2} \left[k(q_{ig}^{*})^{2}/2 \right]$$

$$= V + \sqrt{\frac{t - c_g - 2\Pi^R}{k}} - \frac{5t}{4} + 2\Pi^R \tag{6-30}$$

第 5 节　均衡结果的对比分析

本节主要通过对两种采购模式（无集中采购规制和存在集中采购规制）和两种平台收费机制（佣金制和两部收费机制）下，药品的采购价格、创新水平、医疗机构总采购成本及社会总福利的对比分析，研究集中采购规制和平台收费机制对药品采购价格、医疗机构的采购成本和制药企业创新激励及药品供应链绩效（以社会总福利水平衡量）的影响，以期获得一些管理启示。以下结论可以通过对第 3 节和第 4 节分析结果的数学分析进一步求得。

一、集中采购规制对药品采购的影响

本节主要关注集中采购规制对药品采购价格和医疗机构采购成本的影响。对比命题 6-1 至命题 6-3 及式（6-8）、式（6-18）和式（6-29）的分析结果，可以直接得到以下结论：

结论 6-1　$p_g^{UF*} = p_g^{TPT*} < p_d^{*}$，即无论集中采购平台采取何种收费机制，集中采购下药品的采购价格低于分散采购的情形。

结论 6-2　$TC_g^{UF*} = TC_g^{TPT*} < TC_d^{*}$，即无论集中采购平台采取何种收费机制，集中采购下，医疗机构的总采购成本低于分散采购的情形。

结论 6-1 和结论 6-2 表明，无论采购平台采取佣金制还是两部收费制，集中采购规制均能降低药品的采购价格和医疗机构的采购成本。原因在于，集中采购模式降低了制药企业、医疗机构及采购过程的总交易成本，从而加剧了制药企业间的市场竞争，激烈的市场竞争使得药品的采购价格下降和医疗机构总采购成本的降低。值得一提的是，平台的收费机制并不影响药品的采购价格和医疗机构的采购成本及制药企业的市场份额，意味着在双寡头竞争市场中，集中采购平台向制药企业收取交易服务费并不直接导致药品采购价格和医疗机构药品采购成本的上升。

二、集中采购规制对制药企业创新激励的影响

本小节重点分析集中采购规制对制药企业创新激励的影响，主要关注如

下两个研究问题：第一，集中采购规制是否总是对制药企业的产品创新产生负面效应？第二，不同的平台收费机制能否激发制药企业的创新（研发）积极性？

对比命题 6-1 和命题 6-3 的相关结果，可以得到以下结论：

结论 6-3 ①佣金制收费机制下，有 $q_g^{UF*} < q_g^*$；②两部收费机制下，当 $\dfrac{1}{9t} < k < \dfrac{1}{9(t - c_g - 2\Pi^R)}$ 时，有 $q_g^{TPT*} > q_d^*$；否则，有 $q_g^{TPT*} \leqslant q_d^*$；③两部收费机制下，当固定费用 $F_i > 0$ 时，有 $q_g^{TPT*} > q_g^{UF*}$。

证明：

由命题 6-1 和命题 6-2 可得

$$q_g^{UF*} - p_d^* = \frac{t - c_g}{3kt} - \frac{1}{3k} = -\frac{c_g}{3kt} < 0 \Rightarrow 0 < q_g^{UF*} < p_d^*$$

因此，可以推出结果①；

由命题 6-1 和命题 6-3 可得

$$k \leqslant \frac{1}{9(t - c_g - 2\Pi^R)} \Rightarrow (t - c_g - 2\Pi^R) \leqslant \frac{1}{9k} \Rightarrow \sqrt{(t - c_g - 2\Pi^R)/k} \leqslant$$

$$\frac{1}{3k} \Rightarrow q_g^{TPT*} \leqslant q_d^*$$

$$k > \frac{1}{9(t - c_g - 2\Pi^R)} \Rightarrow (t - c_g - 2\Pi^R) > \frac{1}{9k} \Rightarrow \sqrt{(t - c_g - 2\Pi^R)/k} >$$

$$\frac{1}{3k} \Rightarrow q_g^{TPT*} > q_d^*$$

因此，可以推出结果②；

由命题 6-3 可知，若 $F_i > 0 \Rightarrow \sqrt{k(t - c_g - 2\Pi^R)} > \dfrac{t - c_g}{3t}$，则

$$\sqrt{\frac{t - c_g - 2\Pi^R}{k}} > \frac{t - c_g}{3kt} \Rightarrow q_g^{TPT*} > q_g^{UF*}$$

因此，可以推出结果③。证毕。

结论 6-3 表明，集中采购规制并非总是降低制药企业的创新激励。该结论是对 Hu 和 Schwarz（2011）研究结论的一种修正，Hu 和 Schwarz 指出医疗机构通过集中采购组织进行药品采购，将损害制药企业的创新激励。本结论与 Hu 和 Schwarz 的研究结果存在较大差异的内在经济机制在于，集中采购规制对制药企业创新激励的影响受制于集中采购平台（组织）的收费

机制，而平台的收费机制直接影响到制药企业的创新回报。特别地，两部收费机制下，当制药企业的创新效率较高（即 k 较小）时，集中采购规制将有助于提高制药企业的创新激励。其原因是，在两部收费机制下，当创新效率较高时，制药企业的创新回报亦较高，足以抵偿集中采购规制对制药企业利润的挤压，使得制药企业获得正的创新报酬，因此制药企业将加大创新投入。然而，若采购平台采取佣金制收费机制或即使采取两部收费机制但制药企业的创新效率较低时，由于创新报酬不能抵偿集中采购规制带来的企业利润的损失，增加创新投入反而使得企业得不偿失。

结论 6-3 还表明，与佣金制收费机制相比，两部收费机制更能激发制药企业的创新投入，其原因是，两部收费机制下，集中采购平台能够通过设定固定费用，降低制药企业的交易佣金（可变费用）。由于药品的创新投入与制药企业缴纳的交易佣金（可变费用）负相关，降低交易佣金，将有利于激励制药企业加大创新投入，提高药品的创新水平。

三、药品集中采购规制对药品采购社会福利的影响

本小节主要探讨不同平台收费机制下，药品集中采购规制对药品采购社会福利的影响，进而探讨药品集中采购规制和平台收费机制对药品采购社会福利的交互作用机制。

比较式（6-9）、式（6-19）和式（6-30）可以得到以下结论：

结论 6-4　①当 $\Delta \geqslant \bar{\Delta}^{UF} = \dfrac{c_g(t + c_g)}{9kt^2}$ 时，有 $TS_g^{UF*} \geqslant TS_d^*$；否则，有

$TS_g^{UF*} < TS_d^*$。②当 $\Delta \geqslant \bar{\Delta}^{TPT} = (t - c_g - 2\Pi^R) - \sqrt{(t - c_g - 2\Pi^R)/k} + \dfrac{2}{9k}$ 时，

有 $TS_g^{TPT*} \geqslant TS_d^*$；否则，有 $TS_g^{TPT*} < TS_d^*$。

结论 6-4 表明，质量和价格双重竞争下，药品的集中采购规制并不一定能够提高药品采购社会福利。两种平台收费机制下，当且仅当集中采购带来的交易成本的节约较大时，集中采购规制才能够提高药品采购的社会福利，进而改善整个药品供应链的绩效。原因在于，尽管集中采购规制能够降低医疗机构的采购成本和药品的采购价格，使患者的福利增加，然而该规制却加剧了制药企业间的竞争，挤压了制药企业的利润，当集中采购带来的成本节约不能抵偿制药企业利润损失时，集中采购规制将导致药品采购社会福利的损失。

此外，由集中采购带来的交易成本的节约（$\bar{\Delta}^{UF}$ 和 $\bar{\Delta}^{TPT}$）与药品的差异化程度 t 之间的关系 $\dfrac{\partial \bar{\Delta}^{UF}}{\partial t} < 0$ 和 $\dfrac{\partial \bar{\Delta}^{TPT}}{\partial t} < 0$ 可知，佣金制和两部收费机制下，药品的差异化程度越高，集中采购规制对社会福利的促进作用越大。两部收费机制下，由集中采购带来的交易成本的节约（$\bar{\Delta}^{TPT}$）与制药企业保留利润 Π^R 的关系 $\dfrac{\partial \bar{\Delta}^{TPT}}{\partial \Pi^R} > 0$ 可知，随着制药企业的保留利润（企业的外部获利机会）的提高，集中采购规制导致社会福利损失的概率也增加。图 6-1 和图 6-2 更为直观地显示了药品集中采购规制对社会福利的作用随产品差异化程度 t 和制药企业保留利润 Π^R 的变动关系。其中，主要参数的赋值为 $k = 0.25$，$\Delta = 0.25$，t 的取值范围为 $2 \sim 4$，Π^R 的取值范围为 $0 \sim 0.5$。

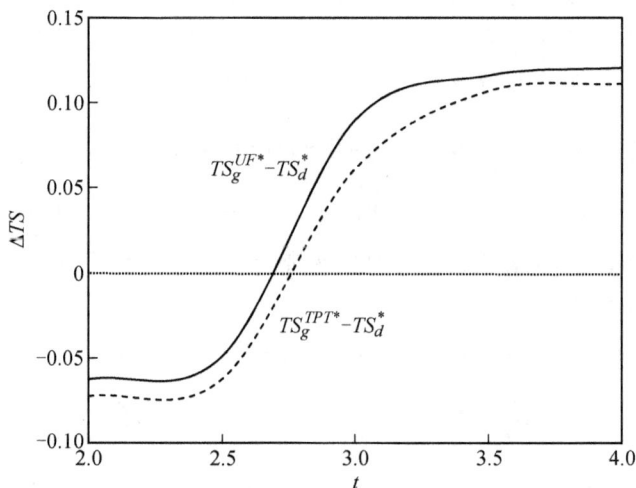

图 6-1 两部收费机制下，集中采购规制对社会福利的
影响随差异化程度 t 的变动关系（$\Pi^R = 0.2$）

由图 6-1 可见，随着产品差异化程度的增加，$TS_g^{UF*} - TS_d^*$ 和 $TS_g^{TPT*} - TS_d^*$ 由小于零逐渐变动到大于零，意味着无论采购平台采取何种收费机制（佣金制或两部收费机制），随着产品差异化程度的增加，集中采购规制对社会福利的作用逐渐从由负向作用转变为正向作用，且促进作用越来越显著。由图 6-2 可见，两部收费机制下，随着制药企业保留利润的增加，$TS_g^{TPT*} - TS_d^*$ 由大于零逐渐变动到小于零，意味着随着制药企业保留利润的增加，集中采购规制对社会福利的促进作用越来越弱，逐渐由正向作用转变

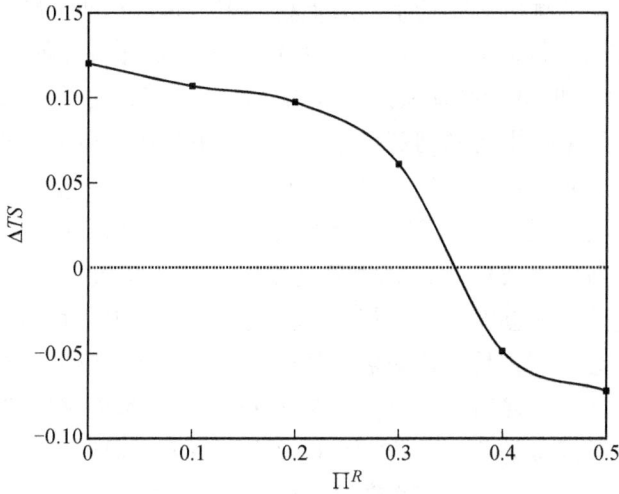

图 6-2　两部收费机制下，集中采购规制对社会福利
的影响随企业保留利润 Π^R 变动关系（$t=3$）

为负向作用。特别地，当制药企业的保留利润足够大时，集中采购规制将导致社会福利的损失。该结果验证了结论 6-4。

第 6 节　本章小结

　　鉴于集中采购在降低医疗成本和提高医疗保健供应链效率方面的重要作用，集中采购已经成为世界上许多国家和地区的医疗机构药品采购的主流模式。2009 年起，我国全面推行以政府为主导，以省（区、市）为单位的药品网上集中采购模式，要求县级及以上的公立医疗机构通过政府建立非营利性采购交易平台进行药品集中采购。本研究正是基于上述现实背景，综合考虑制药企业的创新和价格竞争，构建了集中采购平台和制药企业间的多阶段动态博弈模型，通过模型求解和均衡分析，研究了无集中采购规制和存在集中采购规制下，制药企业和集中采购平台的决策行为，并通过对不同采购模式和平台收费机制下均衡结果的对比分析，探讨了集中采购规制和采购平台收费机制对制药企业的创新激励、药品采购价格、医疗机构采购成本和药品采购社会福利的交互作用机制，得到如下主要研究结论和管理启示：第一，集中采购规制下，制药企业的差异化战略（即提高制药企业的差异化程度）

不仅能够缓解市场竞争对制药企业的不利影响，而且有助于提高制药企业的创新激励；第二，无论集中采购平台采取何种收费机制（佣金制和两部收费机制），集中采购规制在降低药品采购价格和医疗机构采购成本等方面具有积极作用，且采购平台向制药企业收取交易服务费不会导致药品采购价格和采购成本的上升；第三，集中采购规制并非总是对制药企业的创新激励产生负面效应，而是受到集中采购平台的收费机制的影响。特别地，两部收费机制下，当创新效率较低时，集中采购规制有助于提高制药企业的创新激励，进而提高药品的创新水平；第四，药品集中采购规制并不一定能够提高药品采购的社会福利，其对社会福利的作用受到产品差异化水平、采购平台收费机制、制药企业保留利润（外部获利机会）及集中采购带来的交易成本的节约等四重因素的共同影响。当且仅当集中采购带来的交易成本节约足够大时，集中采购规制才能提高药品采购的社会福利，从而改善整个药品供应链的绩效。鉴于集中采购规制和平台收费机制在制药企业定价、创新投入和整个药品供应链绩效（即社会福利）的交互作用关系，在现行的集中采购规制下，探索合理的平台收费机制，不仅能够降低政府在药品集中采购方面的支出和药品的采购价格，而且能够提高制药企业的创新激励及药品市场的社会总福利，实现患者、医疗机构、制药企业和政府的"多赢"局面。

虽然本章探讨了集中采购规制和平台收费机制在制药企业定价、创新激励及社会福利等方面的交互作用关系，但是还存在一些不足和有待进一步研究的问题。例如，本章只考虑了一个集中采购平台的情形，未来研究可扩展到多个集中采购平台相互竞争的情形。此外，本章假设集中采购平台的收费合同是不可以议价的，未来的研究可放松该假设，探讨允许制药企业议价下，平台和制药企业的最优决策问题及企业的议价能力对其定价、创新投入和社会福利的影响。最后，随着全民医疗保险制度的健全与完善，医疗保险付费机制下的药品集中采购问题也是未来很有意义的研究方向。

第7章 集中采购规制下制药企业与集中采购平台间的议价博弈

上一章阐释了集中采购规制、集中采购平台的收费机制与制药企业创新激励的交互影响关系，并在此基础上探讨了集中采购规制对药品采购价格、医疗机构采购成本及社会福利的影响。研究发现，尽管两部收费机制能够提高制药企业的创新激励，但是该机制下，制药企业只能获得保留利润，这严重影响了制药企业参与集中采购的意愿。现实中，对集中采购规制质疑最多的也是制药企业，它们普遍认为，集中采购规制"挤压"了其原本微薄的利润，长此以往不利于制药企业的发展。某些地区甚至出现了制药企业联合行业协会共同呼吁叫停药品集中招标采购政策，声称该政策给中国制药产业带来灾难性打击。更重要的是，尽管制药企业是各交易主体中对集中采购规制异议最大的群体，但是现有文献却较少关注该规制对制药企业的影响。

2015年2月28日，国务院办公厅印发了《关于完善公立医院药品集中采购工作的指导意见》，首次明确根据药品不同特性，如专利属性、使用范围、量级规模等，实施分级采购，提出对专利药（即创新药）等建立公开透明、多方参与的价格谈判机制。

正是基于上述现实背景，本章综合考虑医疗机构的异质性购买偏好和制药企业的议价能力，构建了两家相互竞争的制药企业与政府主导的集中采购平台间的双边纳什议价博弈模型，研究了企业议价能力和集中采购的成本优势对制药企业集中采购参与意愿的影响，并在此基础上，探讨了集中采购模式药品价格、医疗机构采购成本和制药企业利润的影响。

第1节　研究背景与问题的提出

一、研究背景

近年来，集中采购逐渐成为药品和医疗用品的主流采购模式。美国医疗供应链协会报告指出，集中采购每年可为医疗机构节约 10%~35% 的采购支出（HSCA，2008）。2001 年起，我国在全国范围内推行公立医院的药品集中招标采购，经过十余年的发展，基本形成了以政府为主导，以省（区、市）为单位的药品网上集中采购模式（王列军和葛建华，2009）。与美国药品集中采购完全由市场配置不同，我国药品集中采购是国家医疗体制改革中的一个配套政策，旨在通过行政手段规范药品购销行为，具有明显的政府规制特征（何芬华和力晓蓉，2011；李宪法，2013）。自药品集中采购规制实施以来，制药企业对该规制的质疑和批评从未停止。它们认为，集中采购规制非但不能降低虚高的药价，反而严重挤压了制药企业的利润，给中国制药产业带来灾难性打击（高军 等，2014；石文凯 等，2011）。

二、研究问题

国内外学者对药品集中采购的研究大致可分为 3 类：①集中采购组织（GPO）的结构与功能（Burns，2002；Schneller，2005）。GPO 实际是医疗供应链中的中介组织，通过中介服务促成供需双方获得规模效益，从而降低运营成本。②GPO 在降低药价和药品供应链整合中的作用与价值（Burns 和 Lee，2008；Hu 和 Schwarz，2011；Hu 等，2012）。一般认为，GPO 通过集中形成大规模订单与上游制药企业谈判，获取高折扣以降低药品采购价格。③集中采购规制存在的问题、缺陷、政策完善和改进建议（刘西国和王健，2012；刘西国 等，2012；郭春丽，2013；王振平和方锐，2013；陈波，2007；王强和毛华，2011；王增鑫 等，2014；陈富良和吴晓云，2010）。综上，现有文献多是基于产业、政策层面的研究，且以经验研究为主，较少从企业层面研究集中采购规制对制药企业微观行为动机的影响，因而对集中采购规制无法降低药价等现象缺乏因果解释力。总之，如何加强制药企业和集中采购平台的协作意愿，需要分析制药企业集中采购参与意愿的影响因素，以及各因素间的交互作用关系，进行系统的模型化研究非常必要。

与本章研究内容较为接近的是 Hu 和 Schwarz（2011）的研究，该研究假设在集中采购谈判中，GPO 具有完全的议价能力，但这与现实情况并不相符（Stefano 和 Rosella，2005），实际上我国药品价格形成与制药企业讨价还价能力、平台参与意愿密切相关。中美医药市场的管理模式、运行机制存在巨大差异，该研究借鉴意义较为有限。陈敬贤 等（2014）、唐方成和池坤鹏（2013）分别研究了竞争情况下，团购策略下的平台企业定价及渠道绩效问题，为本研究提供了较好的模型方法借鉴。但本章与之存在明显区别，上述研究未探讨议价能力、采购成本的议价博弈模型，更未涉及医药市场规制因素对药品价格及市场绩效的影响。

鉴于此，本章立足中国医药市场，对制药企业和集中采购平台决策行为进行深入研究，探究企业议价能力和集中采购的成本优势对制药企业集中采购参与意愿的影响，分析集中采购规制对药品采购价格和药品市场绩效的影响机制，并据此提出了集中采购规制下，双寡头竞争制药企业实现"双赢"的条件。本章的研究对于促进制药企业和集中采购平台间的协作，提高药品供应链的运营绩效和服务水平具有重要的现实意义。

第 2 节　模型描述与相关假设

一、问题描述

依据现行的药品网上集中采购规制，考虑医药市场中的医疗机构向两家相互竞争的创新药生产商（分别记作制药企业 A 和企业 B）采购药品。假设两家企业生产和销售具有横向差异化的药品，如针对同一适应证的不同品牌的创新药。不失一般性，将医疗机构的数量标准化为 1，并假设每家医疗机构至多采购 1 单位（批次）的药品。考虑到医生用药习惯的差异①，医疗机构对不同药品表现出异质性偏好。采用经典的 Hotelling 模型描述医疗机构对制药企业 A 和企业 B 的异质性偏好，令两家企业分别位于单位 Hotelling 线的两端（不妨假设企业 A 位于 0 端，企业 B 位于 1 端），医疗机构均匀地分布在两家企业之间，各医疗机构对不同药品的偏好取决于其在 Hotelling 线上的位置。现实中，产品偏好通常为各医疗机构的私有信息，制药企业很难完全知晓，因此可假设制药企业不知道各医疗机构的产品偏好，只知道其概率分布。

为分析网上集中采购规制对药品采购中交易双方的影响，假设制药企业既可以通过集中采购平台与医疗机构交易（集中采购），也可与各医疗机构

---

① 一般而言，医生的用药习惯往往会影响到其所在医疗机构的药品采购偏好。

进行单独交易（非集中采购）[①]，但不同的交易方式，双方的交易成本不同。一般而言，药品采购过程包括 4 类成本：产品搜寻成本、产品鉴定成本、合同谈判成本和交易过程成本，本章不加以区分，统称为交易成本（Hu 和 Schwarz，2011）。非集中采购下，医疗机构要承担上述 4 类成本，企业要承担合同谈判成本和交易过程成本，而集中采购下，集中采购平台承担了产品搜寻成本、产品鉴定成本和合同谈判成本。因此，集中采购下，制药企业和医疗机构的交易成本均较非集中采购有所下降。为简便起见，可将集中采购下企业和医疗机构交易成本标准化为 0。事实上，考虑上述成本不会改变模型的定性结果，只是增加了求解的复杂性。

我国现行的药品集中采购规制下，采购平台多由政府出资建立，敦促医疗机构进行药品集中采购，对医疗机构几乎不收取交易费用，但多数地区会按照合同成交量向企业（主要是药品生产和流通企业）收取交易服务费[②]。因此，从费用节约的角度，药品集中采购规制对医疗机构是有利的，但是对药品提供方（药品生产和流通企业）的影响则比较复杂，制药企业需要在交易成本节约与交易服务费间进行权衡，这也是现实中对集中采购规制的批评多来自药品生产和流通企业的重要原因所在。

基于以上背景描述，定义 c_e、c_i 和 c_p 分别为采购平台的单位交易成本、非集中采购下制药企业 i 的单位交易成本和各医疗机构的单位交易成本，为简化模型，假设各医疗机构的单位交易成本相同。根据以上定义，参照 Hu 和 Schwarz（2011）、Hu 等（2012）的研究，定义 $c_{di} = c_i + c_p$ 为非集中采购的总交易成本。由于集中采购的规模经济效应，集中采购的交易成本小于非集中采购的交易成本，即 $c_e < \min\{c_{dA}, c_{dB}\}$。为分析方便，笔者定义 $\Delta_i = c_{di} - c_e$，衡量集中采购为制药企业 i 带来的成本节约，即制药企业 i 集中采购的成本优势。在我国，药品生产企业均需依照现行的药品 GMP 生产规范进行生产，单位药品的生产成本差异不大且相对固定，故可将药品的单位生产成本标准化为 0，考虑单位药品的生产成本，不影响模型的定性结果（Hu

---

① 在我国，实行特殊管理的第二类精神药品、医疗用毒性药品和放射性药品等少数品种，以及中药材和中药饮片等可不纳入药品集中采购目录，单独进行采购；对于其他类药品，将单独采购作为比较基准，以便研究集中采购规制对制药企业的影响。此外，集中采购规制下，医疗机构仍可以通过"重点监控"或"科研申请"等方式单独采购所需药品。

② 尽管国家鼓励有条件的地区建立财政全额补助的集中采购机构，医疗机构和药品生产及流通企业通过采购平台直接免费交易，但是目前国内大部分地区还是会向制药企业收取一定的交易服务费。

和 Schwarz，2011；Hu 等，2012；Ganuza 等，2009）。

二、市场需求函数的构建

Hotelling 框架下，位于 $x \in [0,1]$ 的医疗机构购买药品 A 获得效用 $U_A = V_A - tx - p_A - c_p^A$，购买药品 B 获得效用 $U_B = V_B - t(1 - x) - p_B - c_p^B$。其中，$V_i$ 为医疗机构对药品 i 的最大支付意愿，反映了药品 i 的综合质量，t 为单位运输成本，衡量两种药品的横向差异化程度（简称差异化程度），p_i 为药品 i 的采购价格，c_p^i 为不同采购模式下，采购药品 i 医疗机构的单位交易成本。具体地，集中采购下，$c_p^i = 0$，非集中采购下，$c_p^i = c_p$。此外，假设 $V_A = V_B = V$，即两种药品的综合质量相同，该假设与我国药品集中招标采购遵循"质量优先，价格第二"的原则相符，即入围（中标）企业的产品质量基本不存在差异。为保证市场全覆盖，假设 $V \geqslant \max\left\{ \frac{3t}{2} + \frac{2c_{dA} + c_{dB}}{3}, \frac{3t}{2} + \frac{2c_{dB} + c_{dA}}{3} \right\}$。最后，假设 $c_{di} \leqslant 6t$，即分散采购下，制药企业的交易成本不能过高，否则企业没有动机进行分散采购，这与实际不符。给定 p_i 及交易方式，制药企业 A 和企业 B 的市场需求分别为

$$q_A = x = \frac{1}{2} + \frac{p_B - p_A + c_p^B - c_p^A}{2t} \tag{7-1}$$

$$q_B = 1 - x = \frac{1}{2} + \frac{p_A - p_B + c_p^A - c_p^B}{2t} \tag{7-2}$$

三、制药企业与集中采购平台间的议价博弈

我国为配合药品集中采购，要求各地方政府出资建立非营利性的集中采购平台。在全国大部分省（区、市），政府主导的集中采购平台对医疗机构不收取交易费用，对于参与企业按照合同成交量收取一定的交易服务费，类似于美国 GPOs 向制药企业收取的合同管理费（CAF），即采购平台从集中采购合同收益获得部分抽成（Hu 等，2012），但具体的抽成比例取决于双方的议价能力。

现实中，制药企业与代表药品采购方的采购平台的谈判过程为各企业的商业秘密，其他企业无从知晓，即各企业与采购方的谈判是平行进行的，谈判结果取决于双方的议价能力。因此，本章所探讨的两家相互竞争的制药企

业与集中采购平台的谈判，可视为双人双边议价博弈，该博弈包含两个议价单元（{（企业1，平台），（企业2，平台）}），每个单元的议价结果可由不对称纳什议价解来确定（Nash，1950；Osborne 和 Rubinstein，1990）。

四、博弈时序

根据问题描述，制药企业和集中采购平台间进行两阶段动态博弈：第一阶段（谈判阶段），每家企业与集中采购平台进行双边议价，所有的议价过程平行进行。如果达成协议，制药企业和医疗机构通过集中采购平台交易；如果未能达成协议，制药企业与各医疗机构进行单独交易（非集中采购）；第二阶段（价格竞争阶段），两家制药企业同时决策各自药品的价格 $P(p_i, p_j)$，展开价格竞争，医疗机构根据 $P(p_i, p_j)$ 进行采购决策。

第3节　模型求解与分析

针对上述两阶段动态博弈模型，采用逆向归纳法求解子博弈完美纳什均衡。首先，分析第二阶段的企业定价策略；然后，基于双人双边不对称议价理论，确定各种可能的议价均衡下，制药企业和集中采购平台的纳什议价解；最后，通过对纳什议价解的深入分析，确定制药企业最优的集中采购参与决策，即整个博弈的子博弈完美纳什均衡。

一、第二阶段的企业定价策略

依据企业与集中采购平台是否达成协议，将出现4种可能的议价均衡：（不参与，不参与），即两家企业均与各医疗机构进行单独交易；（参与（不参与），不参与（参与）），即一家企业通过集中采购平台与各医疗机构交易，而另一家企业与各医疗机构单独交易；（参与，参与），即两家企业均通过集中采购平台与医疗机构交易。笔者分别采用 DD、CD、DC 和 CC 表示（不参与，不参与）、（参与，不参与）、（不参与，参与）和（参与，参与）4 种可能的议价均衡。

本小节通过比较 DD、CD、DC 和 CC 均衡下，企业的最优定价策略，探讨集中采购规制对药品价格的影响。为分析方便，令 $\bar{c}_i$ 表示企业 i 的交易成本。易知，若制药企业 i 通过集中采购平台与医疗机构交易，则 $\bar{c}_i = 0$；否则，$\bar{c}_i = c_i$。在竞争阶段，制药企业和采购平台间的谈判结果已确定。给定

竞争对手（企业 j）的决策，企业 i 的决策问题为

$$\max_{p_i}G_i(p_i \mid p_j,\bar{c}_i,\bar{c}_j) = (p_i - \bar{c}_i)q_i = (p_i - \bar{c}_i)\left(\frac{1}{2} + \frac{p_j - p_i + c_p^j - c_p^i}{2t}\right)$$

$$(7\text{-}3)$$

优化求解式（7-3），得到以下引理。

引理 7-1　给定 $\bar{c}_i$、$\bar{c}_j$、c_p^i、c_p^j，产品竞争阶段，制药企业 $i(i = A,B,j \neq i)$ 的均衡定价策略和市场需求分别为

$$\begin{cases} p_i^*(\bar{c}_i,\bar{c}_j,c_p^i,c_p^j) = V - c_p^i, q_i^*(\bar{c}_i,\bar{c}_j,c_p^i,c_p^j) = 0, \ \bar{c}_i + c_p^i - \bar{c}_j - c_p^j \geqslant 3t \\ p_i^*(\bar{c}_i,\bar{c}_j,c_p^i,c_p^j) = t + \dfrac{2\bar{c}_i + \bar{c}_j + c_p^j - c_p^i}{3}, q_i^*(\bar{c}_i,\bar{c}_j,c_p^i,c_p^j) = \\ \dfrac{3t + \bar{c}_j - \bar{c}_i + c_p^j - c_p^i}{6t}, \ |\bar{c}_i + c_p^i - \bar{c}_j - c_p^j| < 3t \\ p_i^*(\bar{c}_i,\bar{c}_j,c_p^i,c_p^j) = V - t - c_p^i, q_i^*(\bar{c}_i,\bar{c}_j,c_p^i,c_p^j) = 1, \ \bar{c}_i + c_p^i - \bar{c}_j - c_p^j \leqslant - 3t \end{cases}$$

证明：将式（7-1）代入 $G_i(p_i)$ 表达式，求 $G_i(p_i)$ 关于 p_i 的二阶条件式，得 $\dfrac{\partial^2 G_i(p_i)}{\partial p_i^2} = -1/t < 0$，即 $G_i(p_i)$ 为 p_i 的凹函数。求 $\Pi_i(p_i)$ 关于 p_i 的一阶条件式，并令其等于 0，得 $p_i^*(\bar{c}_i,\bar{c}_j) = \dfrac{3t + 2\bar{c}_i + \bar{c}_j}{3}, q_i^*(\bar{c}_i,\bar{c}_j) = \dfrac{3t - \bar{c}_i + \bar{c}_j}{6t}$。当 $q_i^*(\bar{c}_i,\bar{c}_j) > 0 \Rightarrow |\bar{c}_i - \bar{c}_j| < 3t$ 时，两家企业并存市场。反之，当 $|\bar{c}_i - \bar{c}_j| \geqslant 3t$ 时，市场被一家企业完全垄断，另一家企业被逐出市场。具体地，当 $\bar{c}_i - \bar{c}_j \geqslant 3t$ 时，$q_i^* = 0$，$q_j^* = 1$。此时，医疗机构的总剩余为 $V - t - p_j$，因此，企业 j 的最高定价为 $V - t$，结合式（7-1），求得企业 i 的定价为 $p_i^* = V$。同理，当 $\bar{c}_i - \bar{c}_j \leqslant - 3t$ 时，$q_j^* = 0$，$q_i^* = 1$，则 $p_i^* = V - t$。证毕。

引理 7-1 表明，在价格竞争中，若制药企业的交易成本显著高于竞争对手，该企业会因定价过高而被竞争对手逐出市场（即 $q_i^*(\bar{c}_i,\bar{c}_j,c_p^i,c_p^j) = 0$）。特别地，若企业 i 的交易成本显著高于企业 j，企业 i 更倾向于参与集中采购以降低交易成本，即参与集中采购是企业 i 的占优策略。因此，在后续的研究中，笔者可只关注两家企业的市场需求均为正的情形（即 $|\bar{c}_i + c_p^i - \bar{c}_j - c_p^j| < 3t$），这样不仅便于分析竞争因素对企业参与集中采购意愿的影响，还能简化分析过程而不影响研究的定性结论。

由引理7-1推得 DD、CD、DC 和 CC 下企业的最优定价策略，得到命题7-1。

命题7-1 竞争市场中，DD、CD、DC 和 CC 4 种可能的议价均衡下，制药企业 A 和企业 B 的最优定价满足表7-1。

表7-1 DD、CD、DC 和 CC 下制药企业的最优定价策略

A ╲ B	D	C
D	$p_A^{DD} = t + \dfrac{2c_A + c_B}{3}$ $p_B^{DD} = t + \dfrac{2c_B + c_A}{3}$	$p_A^{DC} = t + \dfrac{2c_A - c_p}{3}$ $p_B^{DC} = t + \dfrac{c_A + c_p}{3}$
C	$p_A^{CD} = t + \dfrac{c_B + c_p}{3}$ $p_B^{CD} = t + \dfrac{2c_B - c_p}{3}$	$p_A^{CC} = t$ $p_B^{CC} = t$

由命题7-1可知，药品的采购价格满足 $p_i^{CC} < p_i^{CD} < p_i^{DD}$，即在竞争市场中，集中采购规制能够降低药品的采购价格。值得一提的是，即使市场中仅有部分企业参与集中采购，市场中同类药品的价格也会下降（如 $p_B^{CD} < p_B^{DD}$，$p_A^{DC} < p_A^{DD}$）。原因在于，集中采购规制通过降低企业的交易成本，加剧了企业间的产品竞争，药品价格的下降是产品竞争加剧的结果。

二、制药企业与采购平台的纳什议价解

根据模型描述，第一阶段两家制药企业单独与采购平台进行谈判。为定义制药企业和采购平台的纳什议价解，首先需要确定双方的谈判破裂点，即协议未能达成时双方的利润。定义 D_i、d_i 分别为企业 i 和采购平台的谈判破裂点，由于两企业与同一平台进行谈判，故 D_i、d_i 取值依赖于竞争对手（企业 j）与采购平台的议价结果。因此，企业 i 和采购平台议价解的可行集为

$$\Xi_i(p_i, p_j, \Pi_j) = \{(\Pi_i, \pi) : \Pi_i \geq D_i, \pi \geq d_i, \Pi_i + \pi \leq G_i + G_j - \Pi_j\}$$

$$(7-4)$$

式中：Π_i、Π_j 和 π 分别为企业 i 与企业 j 和采购平台的净利润。由式（7-4），当两企业均未能与采购平台达成协议（即 DD）时，企业和集中采

购平台间的纳什议价解不存在。

令 α_i 表示制药企业 i 的议价能力，制药企业 i 与采购平台间的纳什议价解可由下式求出：

$$\max_{\Pi_i,\,\pi \in \Xi_i} (\Pi_i - D_i)^{\alpha_i} (\pi - d_i)^{1-\alpha_i} \tag{7-5}$$
$$\text{s. t. } \Pi_i \geq D_i, \pi \geq d_i$$

根据折中规则，制药企业 i 与采购平台间的纳什议价解可表述为

$$\begin{cases} \Pi_i = \alpha_i (\Pi_i + \pi - D_i - d_i) + D_i \\ \pi = (1 - \alpha_i)(\Pi_i + \pi - D_i - d_i) + d_i \end{cases} \tag{7-6}$$

双人双边议价博弈框架下，制药企业 i 与采购平台的利润分配取决于竞争对手与采购平台的谈判结果。竞争对手和采购平台谈判结果有如下两种：一种是达成协议，另一种是未达成协议。

先考虑竞争对手（不妨设为企业 B）未能与采购平台达成协议的情形。此时，制药企业 A 和采购平台的谈判破裂点分别为 $D_A = G_A^{DD}$ 和 $d_A = c_e q_A^{CD}$，谈判单元 A 的总利润 $\Pi_A + \pi$ 为企业 A 参与集中采购而企业 B 不参与时，药品 A 的销售利润 G_A^{CD}，将它们代入式（7-6），即得企业 B 未能与平台达成协议时，企业 A 和集中采购平台的纳什议价解为

$$\begin{cases} \Pi_A^{CD} = \dfrac{(1-\alpha_A)(3t + \Delta_B - \Delta_A)^2 + \alpha_A(3t + c_e + \Delta_B)(3t - 2c_e + \Delta_B)}{18t} \\[3mm] \pi^{CD} = \dfrac{(1-\alpha_A)(6t + c_e + 2\Delta_B - \Delta_A)(c_e + \Delta_A) + 3\alpha_A c_e(3t + c_e + \Delta_B)}{18t} \end{cases}$$
$$\tag{7-7}$$

同理，当企业 A 未能与平台达成协议时，企业 B 和集中采购平台的纳什议价解为

$$\begin{cases} \Pi_B^{DC} = \dfrac{(1-\alpha_B)(3t + \Delta_A - \Delta_B)^2 + \alpha_B(3t + c_e + \Delta_A)(3t - 2c_e + \Delta_A)}{18t} \\[3mm] \pi^{DC} = \dfrac{(1-\alpha_B)(6t + c_e + 2\Delta_A - \Delta_B)(c_e + \Delta_B) + 3\alpha_B c_e(3t + c_e + \Delta_A)}{18t} \end{cases}$$
$$\tag{7-8}$$

接下来考虑竞争对手（不妨设为企业 j）与采购平台达成协议的情形。此时，议价单元 i 的交易剩余 $\Pi_i + \pi - D_i - d_i$ 在制药企业 i 和采购平台间的分配和平台的谈判破裂点 d_i 均依赖于竞争对手的议价能力 α_j。因此，式

（7-8）可转化为

$$\begin{cases} \Pi_i^{CC} = \dfrac{1}{1-\alpha_i\alpha_j}\{\alpha_i[(1-\alpha_j)G_i - d_i] + (1-\alpha_i)D_i + \alpha_i E_j\} \\ \pi^{CC} = \displaystyle\sum_{i=1,i\neq j}^{2}\dfrac{1}{1-\alpha_i\alpha_j}[(1-\alpha_i)(G_i - D_i) + \alpha_i d_i - \alpha_i E_j] \end{cases} \quad (7\text{-}9)$$

式中：$E_j = (1-\alpha_j)(G_j - D_j) + \alpha_j d_j$，可视为两个谈判单元间的议价外部性。

双人双边议价博弈框架下，若制药企业 i 未能与采购平台达成协议，采购平台仍然可通过和企业 j 合作而获得收益。因此，制药企业 A（B）与采购平台的谈判破裂点分别为 $G_A^{DC}(G_B^{CD})$ 和 $\pi^{DC}(\pi^{CD})$，将它们代入式（7-9），即得竞争对手与采购平台达成协议时，制药企业 i 和采购平台的纳什议价解：

$$\begin{cases} \Pi_i^{CC} = \dfrac{(3t-c_e-\Delta_i)^2}{18t} + \\ \qquad \dfrac{\alpha_j[(1-\alpha_i)(6t+c_e+2\Delta_j-\Delta_i)(c_e+\Delta_i)+3\alpha_i(c_e+\Delta_i)(3t+c_e+\Delta_j)]}{18(1-\alpha_i\alpha_j)t} + \\ \qquad \dfrac{\alpha_i(1-\alpha_j)}{18(1-\alpha_i\alpha_j)t}[(6t+\Delta_i-\Delta_j)(3c_e+2\Delta_i+\Delta_j)-(3c_e+2\Delta_i)(c_e+\Delta_i)] \\ \pi^{CC} = \dfrac{(1-\alpha_A)(1-\alpha_B)}{18(1-\alpha_A\alpha_B)t}[(6t-c_e-\Delta_A)(c_e+\Delta_A)+(6t-c_e-\Delta_B)(c_e+\Delta_B)] + \\ \qquad \dfrac{3\alpha_A\alpha_B c_e}{18(1-\alpha_A\alpha_B)t}[(1-\alpha_B)(3t+c_e+\Delta_A)+(1-\alpha_A)(3t+c_e+\Delta_B)] + \\ \qquad \dfrac{\alpha_A(1-\alpha_B)^2(6t+c_e+2\Delta_A-\Delta_B)(c_e+\Delta_B)+\alpha_B(1-\alpha_A)^2(6t+c_e+2\Delta_B-\Delta_A)(c_e+\Delta_A)}{18(1-\alpha_A\alpha_B)t} \end{cases}$$

$$(7\text{-}10)$$

三、制药企业的集中采购参与决策

以下命题刻画了企业与集中采购平台间的双人双边议价问题的子博弈完美纳什均衡（SPNE），即企业最优的集中采购参与决策。

命题 7-2 ①若 $\Delta_A = \Delta_B = \Delta$，两家企业均参与集中采购，即 CC 是唯一的 SPNE。②若 $\Delta_A \neq \Delta_B$，存在阈值 $\overline{\Delta}_A$、$\overline{\Delta}_B$。当 $\Delta_A > \overline{\Delta}_A$ 且 $\Delta_B > \overline{\Delta}_B$ 时，CC 是唯一的 SPNE；当 $\Delta_B < \overline{\Delta}_B$ 时，制药企业 A（B）不参与集中采购，制药企业 B（A）参与集中采购，即 DC（CD）是唯一的 SPNE。

证明：由引理 7-1 和命题 7-1 可得，$\Pi_A^{DC} = G_A^{DC} = D_A$。因此，有 $\Pi_A^{CC} \geqslant \Pi_A^{DC}$，即若企业 B 与集中采购平台达成合作协议，与平台合作是企业 A 的最优选择。

①若 $\Delta_A = \Delta_B = \Delta$，则 $c_A = c_B$ 且 $c_{dA} = c_{dB} = c_d$。由式（7-10）和式（7-8）可得

$$\pi^{CC} - \pi^{DC} \geqslant \frac{(1 - \alpha_A)\left[3(2 - \alpha_B)t + (2 - 2\alpha_B + \alpha_A\alpha_B)(3t - c_d)^2\right]}{18(1 - \alpha_A\alpha_B)t} \geqslant 0$$

即若企业 B 与集中采购平台达成合作协议，与企业 A 合作是集中采购平台的最优选择。

同理可证，若企业 A 与集中采购平台达成合作协议，与平台合作是企业 B 的最优选择，同时，与企业 B 合作也是集中采购平台的最优选择。此外，易证 $\Pi_A^{CD} - \Pi_A^{DD} \geqslant 0$，$\Pi_B^{DC} - \Pi_B^{DD} \geqslant 0$，即当竞争对手选择单独与各医疗机构交易时，通过集中采购平台交易是每个制药企业的最优选择。

综上，CC 是唯一的 SPNE。

②若 $\Delta_A \neq \Delta_B$，令 $\pi^{CC} - \pi^{DC} = \frac{(1 - \alpha_A)}{18(1 - \alpha_A\alpha_B)t}\Gamma(\alpha_A, \alpha_B, \Delta_A, \Delta_B)$，其中：

$$\begin{aligned}\Gamma(\alpha_A, \alpha_B, \Delta_A, \Delta_B) \equiv &(1 - \alpha_B)(6t - c_e - \Delta_A + \Delta_B)(c_e + \Delta_A) - \\ &3\alpha_B c_e(3t + c_e + \Delta_A) - \alpha_B(1 - \alpha_A)(6t + c_e + 2\Delta_B - \\ &\Delta_A)(c_e + \Delta_A) + 3\alpha_A\alpha_B c_e(3t + c_e + \Delta_B)\end{aligned}$$

$$(7-11)$$

另 $\frac{\partial \Gamma(\alpha_A, \alpha_B, \Delta_A, \Delta_B)}{\partial \Delta_B} = (1 - \alpha_B + 2\alpha_A\alpha_B)(c_e + \Delta_A) + 3\alpha_A\alpha_B c_e > 0$，即 $\Gamma(\alpha_A, \alpha_B, \Delta_A, \Delta_B)$ 为关于 Δ_B 的严格单调递增函数。又 $\Delta_i \in (0, 6t - c_e)$，将 Δ_A 的端点值代入式（7-11），可得 $\Gamma(\alpha_A, \alpha_B, 0, \Delta_B) \leqslant 0$，$\Gamma(\alpha_A, \alpha_B, 6t - c_e, 0) \geqslant 0$，由于 $\Gamma(\alpha_A, \alpha_B, \Delta_A, \Delta_B)$ 为关于 Δ_B 的严格单调递增函数，故 $\Gamma(\alpha_A, \alpha_B, 6t - c_e, \Delta_B) > \Gamma(\alpha_A, \alpha_B, 6t - c_e, 0) \geqslant 0$。因此，存在 $\overline{\Delta}_A$，当 $\Delta_A > \overline{\Delta}_A$ 时，有 $\Gamma(\alpha_A, \alpha_B, \Delta_A, \Delta_B) > 0 \Rightarrow \pi^{CC} - \pi^{DC} > 0$ 成立，而当 $\Delta_A < \overline{\Delta}_A$ 时，有 $\Gamma(\alpha_A, \alpha_B, \Delta_A, \Delta_B) < 0 \Rightarrow \pi^{CC} - \pi^{DC} < 0$ 成立。同理可证，存在 $\overline{\Delta}_B$，当 $\Delta_B > \overline{\Delta}_B$ 时，$\pi^{CC} - \pi^{CD} > 0$，当 $\Delta_B < \overline{\Delta}_B$ 时，$\pi^{CC} - \pi^{CD} < 0$。证毕。

命题 7-2 表明，当两家企业的集中采购成本优势相同（即集中采购为两家企业带来的交易成本节约相同，$\Delta_A = \Delta_B$）时，两家企业均选择参与集中采购。当企业的集中采购成本优势具有较大差异（即 $\Delta_A \neq \Delta_B$）时，成

本优势较大的企业参与集中采购，而成本优势较小的企业更倾向于与各医疗机构单独交易，即非对称均衡 DC 或 CD 出现。这就从根本上解释了现实中制药企业对集中采购规制的反应具有较大差异的原因。由于我国的制药企业在规模、市场地位和成本管理等方面的不均衡，集中采购为各制药企业带来的成本节约存在较大差异。当集中采购不能为企业带来足够大的成本节约时，集中采购下激烈的产品竞争反而会导致企业利润的下降，这就较好地解释了某些反对集中采购的制药企业声称"集中采购规制挤压了它们原本微薄的利润"的原因。

为此，政府主导的药品集中采购平台应充分利用集中采购的规模经济效应和政府在各参与方协调管理方面的优势，最大限度地降低制药企业的交易成本，从根本上提高制药企业集中采购参与意愿，这对于防止强制制药企业参与集中采购带来的一系列负面问题，如集中采购制度的异化、医药市场中"劣药驱良药"、制药企业串谋抬高采购价格等具有重要作用。

接下来，基于命题 7-2 的结论，重点分析制药企业的集中采购成本优势（Δ_i, Δ_j）和议价能力（α_i, α_j）对 SPNE 结果的影响，以期阐明影响企业参与集中采购的关键因素及市场竞争对企业参与动机的作用机制。为获得更为直观的效果，采用具体的数值算例进行分析，结果如图 7-1 和图 7-2 所示（主要参数赋值 $t = 1$，$c_e = 2$，$c_p = 2$）。

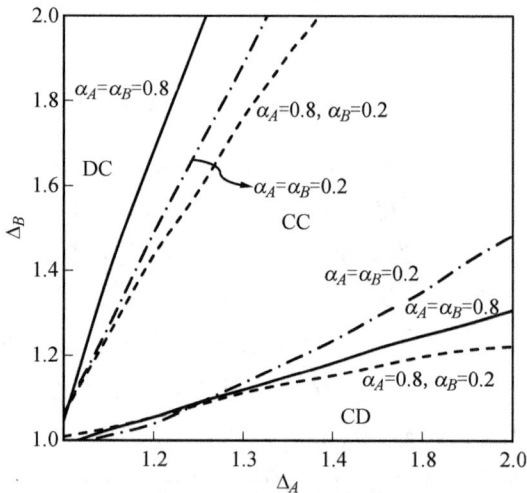

图 7-1 （Δ_i，Δ_j）的变化对 SPNE 结果的影响

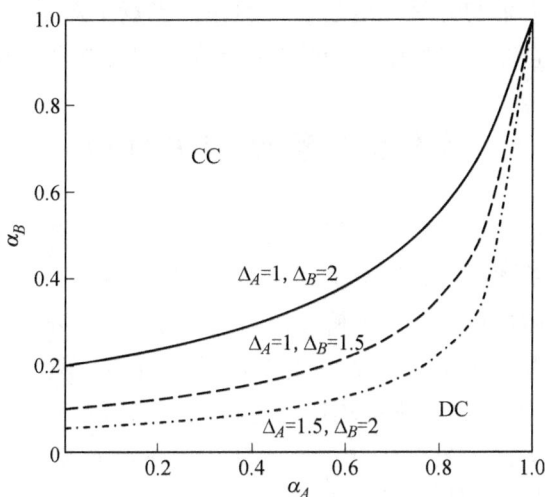

图7-2　(α_i, α_j) 的变化对 SPNE 结果的影响

由图7-1和图7-2可见，集中采购的成本优势和制药企业的议价能力对制药企业参与集中采购的意愿具有反向作用。具体地，集中采购成本为制药企业带来的成本节约越大，企业参与集中采购的意愿越强。然而，随着议价能力的增强，制药企业参与集中的意愿降低（即 CC 范围减小，DC 或 CD 的范围扩大）。其原因是，制药企业的议价能力越强，越有利于促成采购平台与竞争对手达成采纳协议，从而削弱其自身的谈判地位，降低自身的利润分成。由此可见，在竞争市场中，议价能力强的制药企业更应该重视产品的差异化，如通过研发提升药品的质量或通过市场战略做大、做强自己的品牌，在同质化竞争中实现"突围"，避免"为他人作嫁衣"。

图7-1和图7-2还揭示了市场竞争对制药企业集中采购参与意愿的影响。由图7-1可见，当集中采购为制药企业 A（B）带来的成本节约一定时，集中采购为竞争对手带来的成本优势越小，制药企业参与集中采购的意愿越强（即 CC 范围扩大，DC（CD）范围缩小）。其原因是，集中采购为竞争对手（不妨设为企业 j）带来的成本节约 Δ_j 越小，谈判单位 j 的交易剩余越小，企业 j 参与集中采购的动机越小，这无形中降低了采购平台与企业 i 的谈判破裂点 d_i，从而提升了企业 i 的谈判地位，即企业 i 可通过参与集中采购获得更多的利润。由图7-2可见，当企业 A 的议价能力一定时，随着竞争对手（企业 B）议价能力的增强，企业 A 的均衡决策由 DC 变为 CC，

表明企业参与集中采购的意愿增强。特别地，当竞争对手议价能力增强时，议价能力较弱的企业参与集中采购的意愿更强，从集中采购中获益也更大。

第4节 模型结果分析

本节将对模型的均衡结果进行深入研究，重点分析集中采购对制药企业利润、医疗机构采购成本和社会福利的影响，以期获得一些管理启示。以下命题的结果可以通过对第3节分析结果的数学分析进一步求得。

由命题7-2和图7-1及图7-2的数值结果可知，两家制药企业均参与集中采购（即CC）为概率占优均衡，即在竞争市场中，制药企业具有较强的动机参与集中采购，黎东生和王婕（2014）的实证研究也发现了类似的结论。由此引出以下研究问题：CC均衡对制药企业而言是否是一个"双赢"的结果，即集中采购将提高还是降低制药企业的利润？

为回答该问题，笔者比较了CC均衡和DD均衡下企业的利润，由此得到以下命题：

命题7-3 ①若 $\Delta_i = \Delta_j$，存在阈值 $\hat{\alpha}_i$，当 $\alpha_i > (<) \hat{\alpha}_i$ 时，有 $\Pi_i^{CC}(>)<\Pi_i^{DD}$；②若 $\Delta_i \neq \Delta_j$，存在阈值 $\hat{\Delta}_i$，当 $\Delta_i > (<)\hat{\Delta}_i$ 时，$\Pi_i^{CC}(>)<\Pi_i^{DD}$。

证明：①当 $\Delta_i = \Delta_j = \Delta$ 时，由引理7-1和命题7-1，$\Pi_i^{DD} = G_i^{DD} = t/2$。又由式（7-10）可得

$$\Pi_i^{CC} - \Pi_i^{DD} = \frac{1}{18(1-\alpha_i\alpha_j)t}[\alpha_j(1-\alpha_i)(6t+c_e+\Delta)(c_e+\Delta)+$$
$$3\alpha_i\alpha_j(c_e+\Delta)(3t+c_e+\Delta)+6\alpha_i(1-\alpha_j)t\Delta+$$
$$\alpha_i(1-\alpha_j)(6t-c_e-\Delta)(3c_e+2\Delta)-$$
$$(1-\alpha_i\alpha_j)(6t-c_e-\Delta)(c_e+\Delta)]$$

令

$$\Psi(\alpha_i,\alpha_j,\Delta) \equiv \alpha_j(1-\alpha_i)(6t+c_e+\Delta)(c_e+\Delta)+3\alpha_i\alpha_j(c_e+\Delta)(3t+c_e+\Delta)+$$
$$6\alpha_i(1-\alpha_j)t\Delta+\alpha_i(1-\alpha_j)(6t-c_e-\Delta)(3c_e+2\Delta)-$$
$$(1-\alpha_i\alpha_j)(6t-c_e-\Delta)(c_e+\Delta) \qquad (7-12)$$

将 $\alpha_i \in [0,1]$ 的两个端点值代入式（7-12），可以得到

$$\Psi(0,\alpha_j,\Delta) \equiv -(6t-c_e-\Delta)(c_e+\Delta) < 0$$
$$\Psi(1,\alpha_j,\Delta) \equiv 3\alpha_j(c_e+\Delta)(3t+c_e+\Delta)+6(1-\alpha_j)t\Delta+$$
$$(1-\alpha_j)(6t-c_e-\Delta)(2c_e+\Delta) > 0$$

意味着存在 $\hat{\alpha}_i \in (0,1)$ ，使得 $\Psi(\hat{\alpha}_i, \alpha_j, \Delta) = 0$ 。又

$$\frac{\partial^2 [\Psi(\alpha_i, \alpha_j, \Delta)/(18(1 - \alpha_i\alpha_j)t)]}{\partial^2 \alpha_i} < - \frac{\alpha_j(3t + 2c_e + 2\Delta)(c_e + \Delta)}{9t(1 - \alpha_i\alpha_j)^3} < 0$$

即 $\Pi_i^{CC} - \Pi_i^{DD}\big|_{\Delta_i = \Delta_j = \Delta}$ 为关于 α_i 的凹函数。

综上可得，当 $\alpha_i > (<)\hat{\alpha}_i$ 时， $\Pi_i^{CC} - \Pi_i^{DD} > (<)0$ 。

②当 $\Delta_i \neq \Delta_j$ 时，由引理 7-1 和命题 7-1， $\Pi_A^{DD} = G_A^{DD} = \dfrac{(3t + \Delta_B - \Delta_A)^2}{18t}$ 。

再由式（7-10），可得

$$\Pi_A^{CC} - \Pi_A^{DD} = \frac{\alpha_B[(1 - \alpha_A)(6t + c_e + 2\Delta_B - \Delta_A)(c_e + \Delta_A) + 3\alpha_A(c_e + \Delta_A)(3t + c_e + \Delta_B)]}{18(1 - \alpha_A\alpha_B)t}$$

$$- \frac{(6t + \Delta_B - c_e - 2\Delta_A)(c_e + \Delta_B)}{18t} +$$

$$\frac{\alpha_A(1 - \alpha_B)}{18(1 - \alpha_A\alpha_B)t}[(6t + \Delta_A - \Delta_B)(3c_e + 2\Delta_A + \Delta_B) -$$

$$(3c_e + 2\Delta_A)(c_e + \Delta_A)]$$

为方便分析，令 $\Theta_i(\alpha_A, \alpha_B, \Delta_A, \Delta_B) = \Pi_i^{CC} - \Pi_i^{DD}\big|_{\Delta_A \neq \Delta_B}$ 。由于 $\dfrac{\partial^2 \Theta_A(\alpha_A, \alpha_B, \Delta_A, \Delta_B)}{\partial \Delta_A^2} = - \dfrac{\alpha_A\alpha_B}{9(1 - \alpha_A\alpha_B)t} \leqslant 0$ ，故 $\Theta_A(\alpha_A, \alpha_B, \Delta_A, \Delta_B)$ 分别为关于 Δ_A 的二次凹函数。此外，由于 $\Theta_A(\alpha_A, \alpha_B, 0, \Delta_B) \leqslant 0$ 和 $\Theta_A(\alpha_A, \alpha_B, 6t - c_e, \Delta_B) \geqslant 0$ ，故给定企业 B 参与集中采购，存在 $\hat{\Delta}_A \in (0, 6t - c_e)$ ，当 $\Delta_A > (<)\hat{\Delta}_A$ 时， $\Theta_A(\alpha_A, \alpha_B, \Delta_A, \Delta_B) > (<)0$ 。同理可证，给定企业 A 参与集中采购，存在 $\hat{\Delta}_B \in (0, 6t - c_e)$ ，当 $\Delta_B > (<)\hat{\Delta}_B$ 时， $\Theta_B(\alpha_A, \alpha_B, \Delta_A, \Delta_B) > (<)0$ 。综上，当 $\Delta_i > (<)\hat{\Delta}_i$ 时，有 $\Theta_i(\alpha_A, \alpha_B, \Delta_A, \Delta_B) > (<)0$ 成立。证毕。

命题 7-3 表明，若制药企业的集中采购成本优势相当（即 $\Delta_i = \Delta_j$ ），当且仅当两者的议价能力均较强（ $\alpha_i > \hat{\alpha}_i$ ）时，集中采购下，两家制药企业的利润均高于非集中采购的情形，即集中采购规制可实现两家制药企业"双赢"的局面。然而，若制药企业的集中采购成本优势不同（ $\Delta_i \neq \Delta_j$ ），当且仅当两者的集中采购成本优势均较大（ $\Delta_i > \hat{\Delta}_i$ ）时，集中采购规制才能达到两家企业"双赢"的效果。

图 7-3 和图 7-4 是对命题 7-3 的进一步解释和说明，描绘了制药企业的议价能力和集中采购的成本优势对均衡结果的影响。

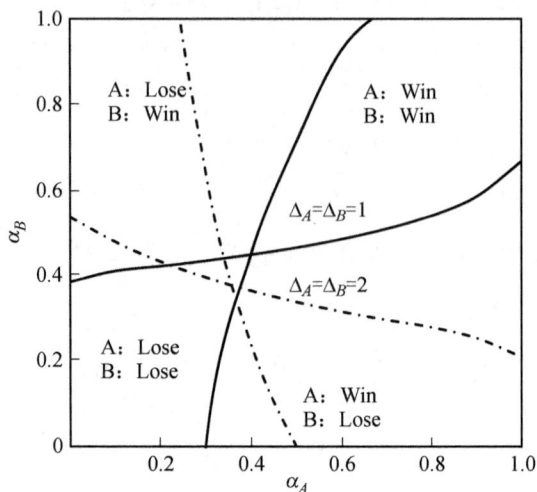

图 7-3　议价能力对均衡结果的影响

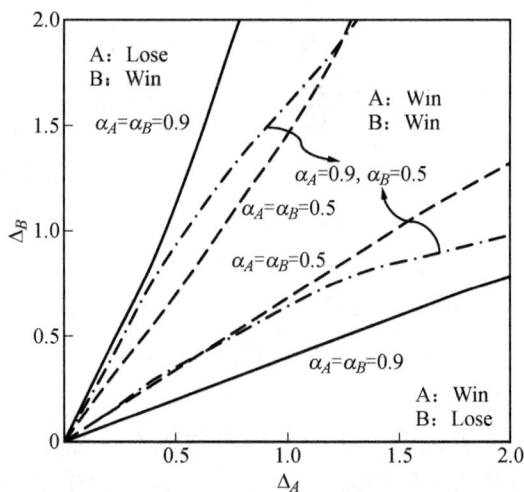

图 7-4　集中采购成本优势对均衡结果的影响

　　由图 7-3 可见，当两家企业的集中采购成本优势相同时：①无论竞争对手的议价能力如何，议价能力强的制药企业可以从集中采购规制中获益，而议价能力弱的制药企业将因集中采购规制受损。②随着竞争对手议价能力增强，企业议价能力的阈值可能增大也可能减小，即两者的关系是非单调的，表明竞争市场中，集中采购规制可能造成"搭便车"的现象，即议价能力较弱的企业可能因议价能力强的竞争对手而受益，实现两家制药企业的"双赢"。③随着集中采购为两家制药企业带来的成本节约的增大，两家制药企业通过集中采购规制获益的概率增加（Win - Win 范围扩大），同时两家制药企业因集中采购规制受损的概率亦随之增加（Lose - Lose 范围亦扩大），表明对制药企业而言，集中采购为其带来的成本节约呈现"双刃剑"特性：一方面，企业可以因集中采购规制带来的交易成本的下降而提高利润；另一方面，集中采购规制带来的交易成本的大幅下降也大大增强了企业的参与动机，从而进一步加剧了企业间的价格竞争，甚至导致"价格战"，使企业和竞争对手两败俱伤。

由图 7-4 可见，当集中采购为两家制药企业带来的成本节约不同时：①集中采购规制更容易导致非集中采购下交易成本较小的企业的利润损失，这进一步解释了某些制药企业对集中采购规制意见较大的原因；②集中采购规制对制药企业利润的影响不仅与其自身的议价能力有关，还受到竞争对手议价能力的影响。具体地，当企业议价能力一定时，竞争对手议价能力越弱，企业越可能因集中采购规制而遭受利润损失。然而，当竞争对手议价能力一定时，增强议价能力则有利于减少企业因集中采购规制而造成的利润损失。

我们的研究结果与 Hu 和 Schwarz（2011）的研究结论存在十分显著的差异。在 Hu 和 Schwarz（2011）的研究中，竞争市场中，无论集中采购组织（GPOs）向所有制药企业收取相同 CAF（合同管理费）还是不同 CAF（因企业而异），集中采购总是导致制药企业利润的损失。然而本研究却发现，集中采购规制可能实现制药企业的"双赢"，即制药企业均可能通过参与集中采购而获益。这种研究结果的差异，主要是因为本章考虑了制药企业的议价能力，而在 Hu 和 Schwarz（2011）的研究模型中，CAF 直接由 GPOs 以一个不允许议价的合同的形式给出，制药企业完全没有议价能力。本研究发现，制药企业的议价能力能在一定程度上缓解 GPOs 对其利润的挤压，更重要的是，由于两家制药企业与集中采购平台单独谈判，两个谈判单元间将产生正的议价外部性，如式（7-10）所示，该议价外部性将有利于提升制药企业的谈判地位，增加制药企业的利润分成。综合而言，Hu 和 Schwarz（2011）的研究的模型假设更适合创新度较低的仿制药的集中采购，而本模型则更适合创新性较强的原研药（专利药）的集中采购，因为原研药生产企业的议价能力是不容忽视的，这也是原研药在集中采购中降价幅度远小于仿制药的重要原因。

以下主要从成本节约的角度，探讨集中采购对医疗机构的影响。一般而言，医疗机构的总采购成本由药品采购支出和采购中的交易成本共同构成，即

$$C_X^* = \int_0^{q_A^*} (p^X + c_p^A + t\varepsilon)\mathrm{d}\varepsilon + \int_0^{q_B^*} (p^X + c_p^B + t\varepsilon)\mathrm{d}\varepsilon \qquad (7\text{--}13)$$

式中：$X = \{DD, DC, CD, CC\}$，p^X 和 q_i^* 分别由引理 7-1 和命题 7-1 给出。

将引理 7-1 和命题 7-1 的分析结果带入上式，可以得到以下引理。

引理 7-2 CC、DC、CD 和 DD 4 种议价均衡下，医疗机构的总采购成本分别为 $C_{CC}^* = \dfrac{5t}{4}$，$C_{DC}^* = \dfrac{5t}{4} + \dfrac{c_e + \Delta_A}{2} - \dfrac{(c_e + \Delta_A)^2}{36t}$，$C_{CD}^* = \dfrac{5t}{4} + \dfrac{c_e + \Delta_B}{2} - \dfrac{(c_e + \Delta_B)^2}{36t}$ 和 $C_{DD}^* = \dfrac{5t}{4} + \dfrac{(c_e + \Delta_A) + (c_e + \Delta_B)}{2}$。

由引理 7-2，可以直接推出以下命题。

命题 7-4 CC、DC、CD 和 DD 4 种议价均衡下，医疗机构的总采购成本满足 $C_{CC}^* < C_{DC}^*, C_{CD}^* < C_{DD}^*$。

由命题 7-4 可知，集中采购能够降低医疗机构的总采购成本。具体地，当两家制药企业均参与集中采购时，医疗机构的总采购成本较两家企业均不参与集中采购时下降 $\dfrac{c_{dA} + c_{dB}}{2}$；当市场中仅有部分制药企业参与集中采购时，医疗机构的总交易成本依然较分散采购模式有所下降。

最后，笔者分析集中采购对社会福利的影响。当制药企业与采购平台的议价结果为 $X = \{DD, DC, CD, CC\}$ 时，社会福利为

$$SW_X = \int_0^{q_A^{X*}} (V - c_p^A - \bar{c}_A^X - t\varepsilon)\mathrm{d}\varepsilon + \int_{q_A^{X*}}^{1 - q_A^{X*}} (V - c_p^B - \bar{c}_B^X - t(1 - \varepsilon))\mathrm{d}\varepsilon$$

$$(7\text{--}14)$$

将引理 7-1 的分析结果带入上式，可以得到以下引理。

引理 7-3 CC、DC、CD 和 DD 4 种议价均衡下，社会福利分别为 $SW_{CC} = V - c_e - \dfrac{t}{4}$，$SW_{DC} = V - c_e - \dfrac{t}{4} - \dfrac{\Delta_A}{2} - \dfrac{(c_{dA})^2}{36t} + \dfrac{c_{dA}\Delta_A}{6t}$，$SW_{CD} = V - c_e - \dfrac{t}{4} - \dfrac{\Delta_B}{2} - \dfrac{(c_{dB})^2}{36t} + \dfrac{c_{dB}\Delta_B}{6t}$ 和 $SW_{DD} = V - \dfrac{(c_{dA} + c_{dB})}{2} - \dfrac{t}{4}$。

由引理 7-3，可以直接推出以下命题。

命题 7-5　CC、DC、CD 和 DD 4 种议价均衡下的社会福利满足：① $SW_{CC} > SW_{DD}$ ；②当 $t > \max\left\{\dfrac{c_{dA}^{2} - 6c_{dA}\Delta_{A}}{18\Delta_{B}}, \dfrac{c_{dB}^{2} - 6c_{dB}\Delta_{B}}{18\Delta_{A}}\right\}$ 时，$SW_{DC}, SW_{CD} > SW_{DD}$ 。

命题 7-5 表明，价格竞争下，集中采购能否促进社会福利的提高，取决于制药企业的参与程度和产品的差异化程度。当两家企业均参与集中采购时，集中采购促进社会福利，从而提高整个药品供应链的效率。然而，当只有部分企业参与集中采购时，当且仅当产品的差异化程度足够大时，集中采购才能促进社会福利，提高整个药品供应链的效率。

第 5 节　本章小结

本章综合考虑医疗机构的异质性购买偏好和制药企业的议价能力，研究了企业议价能力和集中采购的成本优势对制药企业集中采购参与意愿的影响，并通过与非集中采购的情形的对比分析，探讨了集中采购规制对药品价格、医疗机构采购成本和制药企业利润的影响，在一定程度上，解释了制药企业对于集中采购的参与意愿存在异质性的原因，得到如下研究结论和管理启示：第一，药品集中采购模式在平抑药价和降低医疗机构采购成本方面具有积极作用，但不一定能够促进社会福利，提高整个药品供应链的效率。当且仅当全部企业参与集中采购或药品差异化程度足够大时，集中采购才能提高整个药品供应链的效率。第二，集中采购为制药企业及其竞争对手带来的成本节约和制药企业及竞争对手的议价能力是影响制药企业集中采购参与意愿的关键因素。具体地，集中采购为制药企业带来的成本节约越大，企业集中采购的参与意愿越强。然而，随着参与意愿的增强，制药企业的谈判地位下降，利润也随之下降。制药企业的议价能力的"双刃剑"特性：当议价能力较弱时，提高议价能力有助于企业提高利润；当议价能力较强时，再提高议价能力反而导致企业利润下降。尽管两家企业均参与集中采购为占优均衡，但是对于制药企业而言，参与集中采购并非总是最优的选择，甚至可能带来"双输"的结果。

综合而言，本章首次通过数理模型的构建与分析，探讨了药品集中采购模式对降低药品价格和医疗机构采购成本的作用与价值，并在一定程度上解释了制药企业对集中采购模式存在异议的原因。但是，本章还是存在一些不足和有待进一步研究的问题，如只考虑了两家相互竞争的制药企业与一个集中采购平台进行谈判的问题，在未来的研究中可以扩展到多家制药企业与单个或多个采购平台的采纳谈判问题。此外，本章假设医疗机构具有相同的购买意愿，在未来的研究中可以放松该假设，考虑医疗机构异质性购买意愿下的制药企业集中采购参与决策。最后，研究多个采购平台间相互竞争的问题也是很有意义的研究方向。

第8章 制药企业广告投资、研发投入与创新药市场绩效

近年来，越来越多的制药企业将企业资源从新药研发环节转移到营销环节，依靠加大营销投入来扩大市场份额、获取高额利润。据报道，制药企业投入广告的费用占其营收总收入的 10% 以上（姚晓璐，2017）。营销投入的持续高涨导致研发投入的不足和药品价格日益上涨，不但加重了患者的负担，还增加了政府控制药价的难度。制药产业具有高科技、高投入、高风险等显著特点，长期的广告投资和巨额的研发投入对于企业建立和维护竞争优势至关重要。考虑到资源的稀缺性、市场风险、创新回报的效率和时效等因素，制药企业常常需要在加大广告投入还是增加研发投入之间做出艰难的选择。由于不能处理好研发管理、营销管理和创新绩效管理之间的关系，导致资源积累有限、创新能力不足，恰恰是我国制药企业缺乏核心竞争优势的根本原因。因此，研究制药企业的创新战略、营销广告和创新药市场绩效之间的作用关系非常必要。

第1节 研究背景与问题的提出

关于广告投资、研发投入与创新绩效关系的研究被广为关注，但两类研究往往是分开进行的（Hall，2000；Tyagi，2004；Connolly 和 Hirschey，2005；Ellison，2005；Le 等，2006；梁莱歆和严绍东，2006；罗婷 等，2009），但对广告投资、研发投入和创新绩效关系的研究却不多。广告投资对企业市场绩效有较大的正面影响，并且广告投资的价值效应在大型企业更大（Chauvin 和 Hirschey，1993）。Bala 和 Bhardwaj（2010）采用模型和案例方法研究了对消费者广告、对医生广告的不同策略。研究发现，面对同质性的医生市场时，制药企业一般采取对医生广告及建设性的对消费者广告策略；面对未开发的新兴市场时，制药企业一般采取对医生广告及侵略性的广告。邢素和杨悦（2009）实证研究中国中成药企业研发、广告的投入和企

业主营业务利润之间的关系，结果表明研发投入和广告投入变动对主营业务利润有显著影响，且研发投入的影响作用要大于广告投入。张荣和付宪法（2010）采用微分对策理论研究了企业的最优研发与广告投入策略，研究认为，一定情况下研发成本低的企业的最优策略对对手企业广告影响力系数的敏感性，大于对手企业对自身广告影响力系数的敏感性。买忆媛和李逸（2016）研究发现，广告和研发投入对于新创企业的品牌资产都有着正向的影响作用，且在新创企业的初创期，研发对于品牌资产的影响作用大于广告投入。孙维峰和黄祖辉（2013）的研究表明，广告投资及研发投入与企业绩效正相关：研发投入与企业绩效之间显著的正相关关系仅存在于小企业中；在大企业里，广告投资与企业绩效显著正相关。Ganuza 等（2009）的研究认为，广告对于不同类型消费者的影响作用不同，过度的广告支出会影响制药企业的创新投入，对企业经营绩效产生负面影响。宋铁波等（2017）实证研究了经营绩效反馈和企业广告投入之间的关系，研究发现，当企业实现资本市场经营预期时，与低不确定性环境相比，高不确定性环境中企业经营绩效正反馈对企业广告投入的正向影响将增强。

必须指出，我国医药市场的集中度不高，制药行业企业数量众多，厂商之间的竞争非常激烈，大量制药企业使用广告作为营销产品的重要手段。广告对于不同类型消费者的影响和作用是不同的，过度的广告支出会影响制药企业的创新投入，并不一定对企业经营绩效产生良好影响（Ganuza 等，2009）。现有很多制药企业的运营呈现"哑铃型"特点（注重创新、营销两端的运营），但在激烈的药品市场竞争情况下，竞争对手推出新产品会对企业既有的市场地位构成重大威胁，企业若不能处理好创新投入及营销支出之间的关系，可能会很快陷入"创新难—价格战—拼广告"的管理困境中，这对于创新能力普遍比较薄弱的中国制药企业尤甚。在药品价格全面放开，其他管制政策（市场准入、采购等）及医疗保险政策多重约束的市场环境下，医药市场竞争日益激烈，管理者需要深入理解广告投资与创新投入的作用，才能合理化广告投资和创新投入策略，提高创新的绩效回报。尽管国外对广告投资与创新绩效的关系问题有了一定研究，但由于中国与其他国家在医药市场结构、医疗体制等方面存在着巨大差异，国外研究结果的借鉴意义非常有限。国内的研究多限于少量经验的、面板数据的实证研究（邢素和杨悦，2009；孙维峰和黄祖辉，2013）。制药企业创新战略决策、营销决策的效果很大程度上取决于政府、企业及消费者多方博弈的结果，基于博弈论的严密数理模型方法正是研究此类问题的有效范式。

　　本章考虑消费者异质性偏好和药品价格管制政策，探究广告战略对不同类型企业研发战略、市场份额、创新药价格及市场绩效的影响机制，对于指导企业平衡营销成本与创新投入、激励制药企业创新动机、提高创新绩效具有重要的现实意义与参考价值。

第 2 节　模型描述与相关假设

一、问题描述

　　考虑药品市场中两家相互竞争的制药企业 M_1 和企业 M_2，分别位于 Hotelling 线性城市的左右两端，生产并销售具有一定替代性的药品，如治疗同类疾病的不同品牌的药品。一般而言，制药企业可通过研发投入和广告投资两种战略来获取竞争优势，提高经营绩效。具体地，通过研发投入提高药品质量（如增进药效或降低毒副作用等）；通过广告投资提升消费者的购买意愿（Adams，1977）。

　　为探讨广告战略对不同类型企业（即实施广告战略的企业和未实施广告战略的企业）研发战略的影响，假设仅有一家企业可实施广告战略，不失一般性，假定企业 M_1 实施广告战略，企业 M_2 不实施广告战略。

二、成本结构

　　企业 M_1 和企业 M_2 具有相似的成本结构，包括药品的边际生产成本和研发成本。鉴于制药企业生产成本固定，且远小于研发成本，将药品的边际生产成本标准化为 0（张新鑫 等，2015，2016a，2016b，2017b）。假设当药品 $i(i = 1,2)$ 质量水平提升 q_i 时，企业 M_i 需要付出 kq_i^2 的研发成本，其中，$k > 0$ 反映了企业的研发效率，k 越小，企业的研发效率越高。为方便分析，将研发前药品 i 的质量标准化为 0，故 q_i 可视为药品 i 的创新水平，衡量企业 M_i 的研发投入水平和创新水平。此外，企业 M_1 还需要付出广告成本 $\eta\delta^2$，其中，$\delta \in (0,1]$ 为企业 M_1 的广告投资强度，衡量企业 M_1 的广告投资激励；$\eta > 0$ 反映了企业 M_1 的广告投资效率，η 越小，企业 M_1 的广告投资效率越高（Jiang 和 Srinivasan，2016）。

三、消费者效用函数

市场中存在固定数量的消费者（可视为患者和医生组合；De Frutos 等，2013），均匀分布在企业 M_1 和企业 M_2 之间。不失一般性，可将消费者的总量标准化为 1。每位消费者至多购买 1 单位药品，对单位药品的保留购买意愿为 v。假设 v 足够大，市场被全部覆盖，即全部消费者均可购买到所需的药品。考虑到用药行为和自身体质的差异，消费者对企业 M_1 和企业 M_2 的药品具有异质性偏好。在 Hotelling 模型中，消费者的偏好取决于其在 Hotelling 线上的位置 $x \in [0,1]$。给定药品的创新水平 $q_i(i = 1,2)$ 和市场价格 $p_i(i = 1,2)$，位于 x 的消费者从企业 M_1 和企业 M_2 购买药品获得的净效用分别为

$$U_1 = (1 + \delta)v + \theta q_1 - tx - p_1$$
$$U_2 = v + \theta q_2 - t(1 - x) - p_2 \tag{8-1}$$

式中：t 为消费者购买药品时承担的单位适配成本，反映了药品的横向差异化程度；t 越小，表明药品的横向差异化程度越小，意味着市场竞争越激烈。

由式（8-1）可知，企业 M_1 的市场份额由 $U_1 \geqslant U_2$ 的消费者构成，而企业 M_2 的市场份额由 $U_1 < U_2$ 的消费者构成。令 $U_1 = U_2$，得到消费者从企业 M_1 和企业 M_2 购买药品的无差异的位置 $\hat{x} = \frac{1}{2} + \frac{\delta v + q_1 - q_2 - (p_1 - p_2)}{2t}$。由于市场被完全覆盖，企业 M_1 和企业 M_2 的市场份额分别为

$$m_1 = \hat{x} = \frac{1}{2} + \frac{\delta v + q_1 - q_2 - (p_1 - p_2)}{2t}$$
$$m_2 = 1 - \hat{x} = \frac{1}{2} + \frac{q_2 - q_1 - (p_2 - p_1) - \delta v}{2t} \tag{8-2}$$

四、博弈时序

本章的博弈时序设定如下：第一阶段，企业 M_1 和企业 M_2 以自身利益最大化为目标，同时决策药品的创新水平 q_i；第二阶段，根据 q_i，企业 M_1 和企业 M_2 同时决策药品价格 p_i，展开研发和价格双重竞争。观测到 q_i 和 p_i，消费者以自身净效用最大化为目标进行购买决策，市场出清，制药企业获得利润。

第 3 节　模型求解与分析

一、研发和价格双重竞争下的博弈均衡

采用逆向归纳法，先分析第二阶段的定价决策。给定 q_i（$i = 1, 2$），企业 M_1 和企业 M_2 第二阶段的决策问题分别为

$$\max_{p_1}\Pi_1(p_1 \mid q_1) = p_1 m_1 - k q_1^2 - \eta \delta^2$$
$$\max_{p_2}\Pi_2(p_2 \mid q_2) = p_2 m_2 - k q_2^2 \tag{8-3}$$

优化求解式（8-3），可得

$$p_1^* = t + \frac{\delta v + q_1 - q_2}{3}, \quad p_2^* = t - \frac{\delta v + q_1 - q_2}{3} \tag{8-4}$$

接下来分析第一阶段的研发决策。将式（8-4）代入式（8-3），优化求解，得到

$$q_1^* = \frac{1}{6k} + \frac{\delta v}{2(9kt - 1)}, \quad q_2^* = \frac{1}{6k} - \frac{\delta v}{2(9kt - 1)} \tag{8-5}$$

综合以上分析，得到如下命题。

命题 8-1　若仅企业 M_1 可实施广告战略，当 $\delta < \dfrac{|9kt - 1|}{3kv}$ 且 $t > \dfrac{1}{18k}$ 时，企业 M_1 与企业 M_2 的研发—价格竞争博弈存在唯一的纯策略子博弈精炼纳什均衡。企业 M_1 与企业 M_2 的均衡策略分别为 $q_1^* = \dfrac{1}{6k} + \dfrac{\delta v}{2(9kt - 1)}$，$p_1^* = t + \dfrac{3kt\delta v}{9kt - 1}$；$q_2^* = \dfrac{1}{6k} - \dfrac{\delta v}{2(9kt - 1)}$，$p_2^* = t - \dfrac{3kt\delta v}{9kt - 1}$。相应地，企业 M_1 与企业 M_2 的市场份额和利润分别为 $m_1^* = \dfrac{1}{2} + \dfrac{3k\delta v}{2(9kt - 1)}$，$\Pi_1^* = \dfrac{(18kt - 1)(3k\delta v + 9kt - 1)^2}{36k(9kt - 1)^2} - \eta \delta^2$；$m_2^* = \dfrac{1}{2} - \dfrac{3k\delta v}{2(9kt - 1)}$，$\Pi_2^* = \dfrac{(18kt - 1)(-3k\delta v + 9kt - 1)^2}{36k(9kt - 1)^2}$。

证明：将式（8-4）代入式（8-3），可得

$$\Pi_1(q_1, q_2) = \frac{(\delta v + q_1 - q_2 + 3t)^2}{18t} - k q_1^2 - \eta \delta^2$$

$$\Pi_2(q_1,q_2) = \frac{(\delta v + q_1 - q_2 - 3t)^2}{18t} - kq_2^2$$

以上两式存在最优解的条件是，Π_1（Π_2）为关于 q_1（q_2）的凹函数，即 $\frac{\partial^2 \Pi_1}{\partial q_1^2} = \frac{\partial^2 \Pi_2}{\partial q_2^2} = \frac{1}{9t} - 2k < 0$，即 $k > \frac{1}{18t}$（或 $t > \frac{1}{18k}$）。令 Π_1（Π_2）关于 q_1（q_2）的一阶条件式等于 0，得到 $\frac{\partial \Pi_1}{\partial q_1} = \frac{\delta v + q_1 - q_2 + 3t}{9t} - 2kq_1 = 0$，

$\frac{\partial \Pi_2}{\partial q_2} = -\frac{\delta v + q_1 - q_2 - 3t}{9t} - 2kq_2 = 0$。

求解上式，可得 $q_1^* = \frac{1}{6k} + \frac{\delta v}{2(9kt - 1)}$，$q_2^* = \frac{1}{6k} - \frac{\delta v}{2(9kt - 1)}$。将 q_1^* 和 q_2^* 带入式（8-4），可得 $p_1^* = t + \frac{3kt\delta v}{9kt - 1}$，$p_2^* = t - \frac{3kt\delta v}{9kt - 1}$。将 q_1^*、q_2^*、p_1^* 和 p_2^* 带入式（8-2），可得 $m_1^* = \frac{1}{2} + \frac{3k\delta v}{2(9kt - 1)}$，$m_2^* = \frac{1}{2} - \frac{3k\delta v}{2(9kt - 1)}$。由 $0 < m_1^*, m_2^* < 1$，可得 $\delta < \frac{|9kt - 1|}{3kv}$。最后，将 q_1^*、q_2^*、p_1^*、p_2^*、m_1^* 和 m_2^* 代入式（8-3），可得 Π_1^* 和 Π_2^*。证毕。

命题 8-1 给出了仅一家制药企业可实施广告战略时，研发—价格竞争博弈存在唯一的纯策略子博弈精炼纳什均衡的条件及相应的均衡策略。由命题 8-1 可知，当企业提高广告投资强度 δ，能够提高高创新（即药品创新水平较高）企业的最优创新水平（因而会刺激高创新企业的创新努力）、药品价格和市场份额；但却会降低（或不利于）低创新（即药品创新水平较低）企业的最优创新水平（即导致企业降低创新努力）、药品价格和市场份额。值得注意的是，企业 M_1 的广告投资强度不能太大（即 $\delta < \frac{|9kt - 1|}{3kv}$），否则低效率企业将被逐出市场，药品市场被高效率企业垄断。该命题部分解释了高创新企业经常加大广告投资的原因；同时亦可以理解：由于医药产品具有准公共品性质，为了保证医药市场的合理化竞争，政府部门常常对医药广告进行监管，防止市场过度垄断和虚假广告等经营行为。

由命题 8-1，可以得到以下推论。

推论 8-1 若仅企业 M_1 可实施广告战略，研发与价格双重竞争下：①当 $\frac{1}{18k} < t < \frac{1}{9k}$ 时，q_1^* 随 δ 的增加而降低，q_2^* 随 δ 的增加而增加；②当 $t >$

$\dfrac{1}{9k}$ 时，q_1^* 随 δ 的增加而增加，q_2^* 随 δ 的增加而降低。

证明：求 q_1^* 和 q_2^* 关于 δ 的一阶导数，$\dfrac{\mathrm{d}q_1^*}{\mathrm{d}\delta} = \dfrac{v}{2(9kt-1)}$，$\dfrac{\mathrm{d}q_2^*}{\mathrm{d}\delta} = -\dfrac{v}{2(9kt-1)}$。易知，当 $9kt-1 > 0$，即 $t > \dfrac{1}{9k}$ 时，$\dfrac{\mathrm{d}q_1^*}{\mathrm{d}\delta} > 0$，$\dfrac{\mathrm{d}q_2^*}{\mathrm{d}\delta} < 0$；反之，$\dfrac{\mathrm{d}q_1^*}{\mathrm{d}\delta} < 0$，$\dfrac{\mathrm{d}q_2^*}{\mathrm{d}\delta} > 0$。证毕。

推论 8-1 表明，企业 M_1 的广告投资并非总是损害其研发投入，广告投资究竟会"挤出"还是"促进"研发投入取决于市场竞争强度。当市场竞争强度较高（即 $\dfrac{1}{18k} < t < \dfrac{1}{9k}$，产品的横向差异化程度较小）时，提高广告投资强度，将降低企业 M_1 的研发投入，即广告投资对研发投入产生"挤出效应"；反之，当市场竞争强度较低（即 $t > \dfrac{1}{9k}$，产品的横向差异化程度较大）时，企业 M_1 的广告投资反而会促进其研发投入，即广告投资对研发投入具有"促进效应"。值得注意的是，当广告投资对研发投入产生"挤出效应"时，提高广告投资强度会刺激竞争对手的研发激励，而当广告投资对研发投入具有"促进效应"时，提高广告投资强度则会降低竞争对手的研发激励。

推论 8-2 若仅企业 M_1 可实施广告战略，研发与价格双重竞争下：①当 $t > \dfrac{1}{9k}$ 时，$q_1^* > q_2^*$，$p_1^* > p_2^*$，$m_1^* > m_2^*$；②当 $\dfrac{1}{18k} < t < \dfrac{1}{9k}$ 时，$q_1^* < q_2^*$，$p_1^* < p_2^*$，$m_1^* < m_2^*$。

证明：$\Delta q = q_1^* - q_2^* = \dfrac{\delta v}{9kt-1}$，$\Delta p = p_1^* - p_2^* = \dfrac{6kt\delta v}{9kt-1}$，$\Delta m = m_1^* - m_2^* = \dfrac{3k\delta v}{9kt-1}$。易知，当 $9kt-1 > 0$，即 $t > \dfrac{1}{9k}$ 时，$\Delta q > 0$，$\Delta p > 0$，$\Delta m > 0$；反之，当 $9kt-1 < 0$ 即 $\dfrac{1}{18k} < t < \dfrac{1}{9k}$ 时，$\Delta q < 0$，$\Delta p < 0$，$\Delta m < 0$。证毕。

推论 8-2 表明，当广告投资对研发投入具有"促进效应"时，相对于竞争对手（企业 M_2），企业 M_1 总是选择较高的研发投入，制定较高的药品价格，并获得更高的市场份额，企业 M_2 则采取降低研发投入和压低药品价格的防御型策略，避免与企业 M_1 进行直接竞争而被逐出市场。该情形下，

随着广告投资强度 δ 的增加，两企业药品创新水平间的差距加大，表明广告战略加剧了企业间的纵向差异化。然而，当企业 M_1 的广告投资对研发投入产生"挤出效应"时，相对于竞争对手（企业 M_2），企业 M_1 选择较低的研发投入，制定较低的药品价格，并获得较低的市场份额，而企业 M_2 则采取提高研发投入和药品价格的进攻型策略，与企业 M_1 展开针锋相对的竞争。该情形下，广告战略将降低企业间的纵向差异化，缩小药品创新水平的差距。

推论 8-3 若仅企业 M_1 可实施广告战略，研发与价格双重竞争下：①当 $\eta < \dfrac{(18kt-1)v}{3\delta(9kt-1)}$ 时，$\Pi_1^* > \Pi_2^*$，否则，$\Pi_1^* \leq \Pi_2^*$；②当 $\delta < \dfrac{(9kt-1)(18kt-1)v}{3\left[4\eta(9kt-1)^2 - kv^2(18kt-1)\right]}$ 时，Π_1^* 随 δ 的增加而增加，否则，Π_1^* 随 δ 的增加而降低；③ Π_2^* 总是随 δ 的增加而降低。

证明：由 $\Pi_1^* - \Pi_2^* = \dfrac{\delta v(18kt-1)}{(9kt-1)} - \eta\delta^2$ 可知，若 $\eta < \dfrac{(18kt-1)v}{3\delta(9kt-1)}$，$\pi_1^* - \pi_2^* > 0$；反之，$\pi_1^* - \pi_2^* < 0$。求 Π_1^* 和 Π_2^* 关于 δ 的一阶导数，可得 $\dfrac{\partial\Pi_2^*}{\partial\delta} = \dfrac{-v(18kt-1)(-3k\delta v - 9kt + 1)}{(9kt-1)^2} < 0$，$\dfrac{\partial\Pi_1^*}{\partial\delta} = \dfrac{v(18kt-1)(3k\delta v + 36kt - 1)}{6} - 2\eta\delta$。易知，当 $\delta < \dfrac{(9kt-1)(18kt-1)v}{3\left[4\eta(9kt-1)^2 - kv^2(18kt-1)\right]}$ 时，$\dfrac{\partial\Pi_1^*}{\partial\delta} > 0$。反之，$\dfrac{\partial\Pi_1^*}{\partial\delta} < 0$。证毕。

由推论 8-3 可知：①广告战略并非总是为实施企业带来高收益。当且仅当企业的广告投资效率足够高（即 $\eta < \dfrac{(18kt-1)v}{3\delta(9kt-1)}$）时，广告战略才能为其带来比竞争对手更高的盈利。值得一提的是，对于实施企业而言，广告战略具有"双刃剑"效应：当广告投资强度较低（即 $\delta < \dfrac{(9kt-1)(18kt-1)v}{3\left[4\eta(9kt-1)^2 - kv^2(18kt-1)\right]}$）时，增加广告投资能够提高企业的利润，但当广告投资强度较高时，继续提高广告投资反而会降低企业的利润。这说明广告投资需控制在合理范围内，投资超过一定限度后，再加大广告投资获得的边际利润减少，使企业得不偿失，广告投资过大引致亏损的例子屡见不鲜。

由推论 8-1 至推论 8-3 得到如下管理与政策启示：第一，企业若想通过广告战略提高盈利水平，必须具备较高的广告经营投资效率或设法提高广告投资效率；第二，企业的广告投资强度并非越高越好，不可盲目投资，须根据自身的广告投资效率、竞争对手的策略及市场竞争结构，在成本与收益之间进行权衡，选择最优的广告投资策略；第三，不实施广告战略的企业可根据市场竞争程度，在防御型策略和进攻型策略之间进行战略性选择，以维持市场地位，获取竞争优势；第四，政府部门可通过调节市场竞争结构，诱导或抑制企业的广告投资，激励制药企业研发创新，提高患者的健康福利。

二、创新药市场社会福利分析

本小节通过分析广告投资强度对消费者剩余和创新药市场社会福利的影响，探讨广告战略对创新药市场绩效的作用机制。依据购买渠道的差异，将消费者分为两类：一类为从企业 M_1 购买药品的消费者，即企业 M_1 的目标消费者；另一类为从企业 M_2 购买药品的消费者，即企业 M_2 的目标消费者。

先分析广告战略对不同类型消费者剩余的影响。根据消费者效用理论，企业 M_1 的目标消费者和企业 M_2 的目标消费者购买药品获得的消费者剩余分别为

$$CS_1 = \int_0^{m_1} \left[(1 + \delta)v + q_1 - tx - p_1 \right] dx \tag{8-6}$$

$$CS_2 = \int_{m_1}^1 \left[v + q_2 - t(1 - x) - p_2 \right] dx \tag{8-7}$$

将命题 8-1 的分析结果分别代入式（8-6）和式（8-7），得到以下命题。

命题 8-2　仅有企业 M_1 可实施广告战略时，研发与价格双重竞争下，①当 $t > \dfrac{2 + 6kv}{15k}$ 时，存在 $\delta \in (0,1]$，若 $\delta \leqslant \hat{\delta}$；则企业 M_1 的广告投资水平 δ 与竞争对手的目标客户的消费者剩余（CS_2^*）正相关，反而反之；但 δ 总是与企业 M_1 的目标客户的消费者剩余（CS_1^*）正相关；②当 $\dfrac{1}{9k} < t \leqslant \dfrac{2 + 6kv}{15k}$ 时，δ 与 CS_1^* 正相关，与 CS_2^* 负相关；③当 $\dfrac{1}{18k} < t < \dfrac{1}{9k}$ 时，δ 与 CS_1^* 负相当，与 CS_2^* 正相关。

证明：将命题 8-1 的结果代入式（8-6）和式（8-7），可得均衡中，消费者从企业 M_1 和企业 M_2 购买药品获得的消费者剩余分别为

$$CS_1^* = \frac{(3k\beta v + 9kt - 1)\left[3k(21tk - 2)\beta v + (9kt - 1)(12kv - 15kt + 2)\right]}{24k(9kt - 1)^2}$$

$$CS_2^* = \frac{(-3k\beta v + 9kt - 1)\left[3k(15kt - 2)\beta v + (9kt - 1)(12kv - 15kt + 2)\right]}{24k(9kt - 1)^2}$$

$$(8-8)$$

由式（8-8），求解 CS_1^* 和 CS_2^* 关于 δ 的一阶导数为

$$\frac{\partial CS_1^*}{\partial \delta} = \frac{3kv\left[(21kt - 2)\delta v + (9kt - 1)(2v + t)\right]}{4(9kt - 1)^2}$$

$$\frac{\partial CS_2^*}{\partial \delta} = \frac{-v\left[3k(15kt - 2)\delta v - (9kt - 1)(15kt - 2 - 6kv)\right]}{4(9kt - 1)^2}$$

$$(8-9)$$

由式（8-9）可知，若

$$\begin{cases} 33kt\delta v - 12k\delta v + 27kt^2 + 18ktv - 2\delta v - 3t - 2v + 2 > 0 \\ -9k^2t\delta v - 36k^2\delta v + 81k^2t^2 - 54k^2tv + 6k\delta v + 54k^2t - 27kt + 6kv - 6k + 2 > 0 \end{cases}$$

则 $\dfrac{\partial CS_1^*}{\partial \delta} > 0, \dfrac{\partial CS_2^*}{\partial \delta} > 0$。

联立上述两不等式可得，当 $t > \max\left\{\dfrac{2(6k+1)}{33k}, \dfrac{2(1-6k)}{3k}\right\}$ 时，若 $\delta > \max$

$\left\{-\dfrac{(2v+3t-2)(9kt-1)}{(33kt-12k-2)v}, 0\right\}$，有 $\dfrac{\partial CS_1^*}{\partial \delta} > 0$；若 $\delta < \dfrac{(9kt-1)(9kt-6kv+6k-2)}{3kv(3kt+12k-2)}$，

有 $\dfrac{\partial CS_2^*}{\partial \delta} < 0$；反之，当 $t < \min\left\{\dfrac{2(6k+1)}{33k}, \dfrac{2(1-6k)}{3k}\right\}$ 时，若 $\delta > \max$

$\left\{-\dfrac{(2v+3t-2)(9kt-1)}{(33kt-12k-2)v}, 0\right\}$，有 $\dfrac{\partial CS_1^*}{\partial \delta} < 0$；若 $\delta < \dfrac{(9kt-1)(9kt-6kv+6k-2)}{3kv(3kt+12k-2)}$，

有 $\dfrac{\partial CS_2^*}{\partial \delta} < 0$。证毕。

命题 8-2 表明，广告战略究竟是提高消费者剩余还是降低消费者剩余，取决于市场竞争强度（t）和广告投资强度（δ）的共同作用。具体地，若市场竞争强度较低，当广告投资强度足够高时，提高广告投资强度有助于增进企业 M_1 目标消费者的剩余，降低企业 M_2 目标消费者的剩余。该结论比较直观，广告战略提高了企业 M_1 目标消费者的购买意愿，当广告投资激励足够大时，消费者购买意愿的增加足以抵偿药品价格上涨，消费者购买药品时获得的剩余增加。尽管广告战略不对企业 M_2 目标消费者的购买效用造成直接影响，但广告投资的增加，改变了无差异曲线的位置，导致企业 M_2

目标消费者的效用下降。然而，若市场竞争较为激烈，当广告投资强度较高时，提高广告投资强度反而会损害企业 M_1 目标消费者的剩余，但会提高企业 M_2 目标消费者的剩余。该结论并不直观，其内在经济机制为：当市场竞争较为激烈时，由推论 8-1 可知，广告投资对研发投入具有"挤出效应"，企业 M_1 提高广告投资强度将导致自身药品创新水平的下降，竞争对手（企业 M_2）则趁机加大研发投入，提高药品创新水平，使得企业 M_1 目标消费者的剩余减小（增加）。

接下来分析广告战略对创新药市场社会福利的影响。创新药市场社会福利表达式如下：

$$SW = \Pi_1 + \Pi_2 + CS_1 + CS_2 \tag{8-10}$$

基于式（8-10）、命题 8-1 和命题 8-2 的分析结果，得到以下命题。

命题 8-3　仅企业 M_1 可实施广告战略时，研发与价格双重竞争下：①当 $\eta < \dfrac{(81kt - 36k - 2)kv^2}{4(9kt-1)^2}$，且 $k < \dfrac{5}{72}$ 时，广告投资强度 δ 与创新药市场社会福利正相关；②当 $\eta > \dfrac{(81kt - 36k - 2)kv^2}{4(9kt-1)^2}$ 时，若 $\delta > \dfrac{(9kt-1)^2 v}{4\eta(9kt-1)^2 - (81kt - 36k - 2)kv^2}$，$\delta$ 与创新药市场社会福利正相关，反之，δ 与创新药市场社会福利负相关。

证明：将 Π_1^*、Π_2^*、CS_1^* 和 CS_2^* 带入式（8-8），可得均衡中，创新药市场社会福利为

$$SW^* = \frac{\begin{array}{c}(729k^3\delta^2 tv^2 - 324k^3\delta^2 v^2 + 1458k^3\delta t^2 v - 18k^2\delta^2 v^2 - 729k^3 t^3 + \\ 2916k^3 t^2 v - 324k^2\delta tv + 486k^2 t^2 v - 648k^2 tv + 18\delta kv - 81kt + 36kv + 4)\end{array}}{36k(9kt-1)^2} - \eta\delta^2$$

求解 SW^* 关于 δ 的一阶导数，得到

$$\frac{\partial SW^*}{\partial \delta} = \frac{(1458k^3\delta tv^2 - 1458k^3 t^2 v - 648k^3 v^2\delta - 36k^2 v^2\delta - 324k^2 tv + 18kv)}{36k(9kt-1)^2} -$$
$$2\eta\delta = A \tag{8-11}$$

求解式（8-11）得到，若 $\eta \leqslant \dfrac{(45kt-2)kv^2}{4(9kt-1)^2} = \hat{\eta}$，$\dfrac{\partial^2 SW^*}{\partial \delta^2} > 0$；反之，$\dfrac{\partial^2 SW^*}{\partial \delta^2} < 0$。令 $\dfrac{\partial SW^*}{\partial \delta} = 0$，可得 $\delta^* = \dfrac{(9kt-1)^2 v}{4\eta(9kt-1)^2 - (45kt-2)kv^2}$。易知，当 $\eta \leqslant \hat{\eta}$ 时，$\delta^* \leqslant 0$；当 $\eta > \hat{\eta}$ 时，$\delta^* > 0$。综上可知，当 $\delta \leqslant \delta^*$ 时，$\dfrac{\partial SW^*}{\partial \delta} > 0$；当

$\delta > \delta^*$ 时,$\frac{\partial SW^*}{\partial \delta} < 0$。由于 δ 恒大于 0,故 $\frac{\partial SW^*}{\partial \delta} < 0$,$\eta > \hat{\eta}$。另一方面,若 $\eta < \hat{\eta}$,有 $\frac{\partial^2 SW^*}{\partial \beta^2} > 0$。由此可得,当 $\delta < \delta^*$ 时,$\frac{\partial SW^*}{\partial \delta} < 0$;当 $\delta \geqslant \delta^*$ 时,$\frac{\partial SW^*}{\partial \delta} > 0$。由于 δ 恒大于 0,故 $\frac{\partial SW^*}{\partial \delta} > 0$,$\eta < \hat{\eta}$。

由命题 8-3 可知,仅有一家企业可实施广告战略时,研发与价格双重竞争下,当实施企业的广告投资效率和研发效率均较高(即 $\eta < \frac{(81kt - 36k - 2)kv^2}{4(9kt - 1)^2}$,$k < \frac{5}{72}$)时,广告战略能够增进创新药市场社会福利。特别地,广告投资强度越高,对创新药市场社会福利的增进效应越显著。然而,当实施企业的广告投资效率较低(即 $\eta > \max\left\{\frac{(81kt - 36k - 2)kv^2}{4(9kt - 1)^2}, 0\right\}$)时,当且仅当实施企业的广告投资强度足够高(即 $\delta > \frac{(9kt - 1)^2 v}{4\eta(9kt - 1)^2 - (81kt - 36k - 2)kv^2}$)时,广告战略才能增进创新药市场社会福利,否则将导致创新药市场社会福利的损失。

由命题 8-3 可得如下政策启示:就短期而言,为增进创新药市场社会福利水平,政府部门应采用适当的政策工具,如适当放松广告规制、降低广告交易成本,提高制药企业的广告投资强度;就长期而言,政府部门则需配套相应的产业政策和规制手段,激励制药企业提高广告投资效率和研发效率,从研发端和市场端协同发力,增进创新药市场社会福利。

第4节　价格管制政策的影响

本节探讨价格管制政策与广告战略对不同类型企业的研发投入、药品价格、市场份额和利润的交互作用关系及其内在的经济机制。根据管制价格的高低,将管制分为严格管制(即对两类药品均实施价格管制)和宽松管制(即仅对高价药实施价格管制)两种情形(张新鑫 等,2015;Brekke 等,2015)。

一、严格价格管制下的博弈均衡

严格价格管制下,两类药品的价格均受到管制,即 $p_1 = p_2 = P$,其中,

$P \leq \min\{p_1^*, p_2^*\}$ 为管制价格，p_1^* 和 p_2^* 分别为不实施价格管制下企业 M_1 药品和企业 M_2 药品的均衡价格。

由式（8-2）可知，严格价格管制下，企业 M_1 和企业 M_2 的市场份额分别为

$$m_1 = \frac{1}{2} + \frac{\delta v + q_1 - q_2}{2t}, \quad m_2 = \frac{1}{2} + \frac{q_2 - q_1 - \delta v}{2t} \tag{8-12}$$

相应地，企业 M_1 和企业 M_2 的利润函数分别为

$$\Pi_1(q_1, q_2) = Pm_1 - kq_1^2 - \eta\delta^2, \quad \Pi_2(q_2, q_1) = Pm_2 - kq_2^2 \tag{8-13}$$

将式（8-12）带入式（8-13），优化求解，得到命题 8-4。

命题 8-4 仅企业 M_1 可实施广告战略时，严格的价格管制下，当 $\delta < \dfrac{\left|8kt^2 - P\right|}{8kt^2 v}$ 时，企业 M_1 与企业 M_2 的竞争博弈存在唯一的纯策略纳什均衡。均衡中，有 $q_1^{SP} = q_2^{SP} = \dfrac{P}{4kt}$（上标 SP 代表严格价格管制）。相应地，企业 M_1 与企业 M_2 的市场份额和利润分别为 $m_1^{SP} = \dfrac{1}{2} + \dfrac{\delta v}{2t}$，$\Pi_1^{SP} = \dfrac{P(8kt\delta v + 8kt^2 - P)}{16kt^2} - \eta\delta^2$，$m_2^{SP} = \dfrac{1}{2} - \dfrac{\delta v}{2t}$，$\Pi_2^{SP} = \dfrac{P(-8kt\delta v + 8kt^2 - P)}{16kt^2}$。

命题 8-4 表明，仅有一家企业可实施广告战略时，严格价格管制下：①两家企业药品的创新水平相同，企业的研发投入与管制价格负相关，但不受广告战略的影响，表明严格的价格管制政策弱化了广告战略对产品纵向差异化的影响。②实施广告战略的企业获得的市场份额总是高于不实施广告战略的企业，随着广告投资强度的增加，企业间市场份额的差距拉大。③企业 M_1 与企业 M_2 的利润受到广告投资强度和管制价格的双重影响。特别地，价格管制越严格（即 P 越小），企业间的利润差越小。当广告投资强度阈值较高（即 $\delta < \dfrac{Pv}{4\eta t}$）时，加大广告投资强度，企业间的利润差逐步缩小；反之，当广告投资强度阈值较低时，加大广告投资强度，企业间的利润差会加大。

在严格价格管制下，广告战略对不同类型企业均衡利润的影响，如推论 8-4 所示。

推论 8-4 仅企业 M_1 可实施广告战略时，严格价格管制下：①当且仅当 $\eta \leq \dfrac{Pv}{\delta t}$ 时，$\Pi_1^{SP} \geq \Pi_2^{SP}$，否则，$\Pi_1^{SP} < \Pi_2^{SP}$；②当且仅当 $\delta < \dfrac{Pv}{4\eta t}$ 时，Π_1^{SP} 随

δ 增加而增加；③ Π_2^{SP} 随 δ 增加而减少。推论 8-4 的证明请参见推论 8-3 的证明。

推论 8-4①表明，与不实施价格管制的情形类似，严格价格管制下，当且仅当企业的广告投资效率足够高（即 $\eta \le \dfrac{Pv}{\delta t}$ ）时，广告战略才能为实施企业带来比竞争对手更高的盈利。值得注意的是，价格管制越严格（ η 阈值 $\dfrac{Pv}{\delta t}$ 越小），企业越难以通过广告战略获得或扩大竞争优势。

推论 8-4②和③表明，价格管制越严格（ δ 的阈值 $\dfrac{Pv}{4\eta t}$ 越小），企业越容易通过提高广告投资强度增加利润，意味着价格管制政策强化了广告战略对实施企业利润的正效应。

二、宽松价格管制下的博弈均衡

本小节考虑宽松价格管制，即仅对高价药实施价格管制的情形。宽松价格管制下，给定管制价格 P ，当 $p_1 < p_2$ 时， $p_2 = P$ ， $p_1 = \mathrm{argmax}\Pi_1$ ；反之，当 $p_1 > p_2$ 时， $p_1 = P$ ， $p_2 = \mathrm{argmax}\Pi_2$ 。因此，宽松价格管制又可分为仅对药品 1 实施价格管制和仅对药品 2 实施价格管制两种情形。

命题 8-5 仅企业 M_1 可实施广告战略时，若企业 M_1 的广告投资对研发投入为"挤出效应"，宽松价格管制下，企业 M_1 与企业 M_2 的竞争博弈不存在纯策略博弈均衡。

命题 8-5 表明，宽松价格管制只适用于市场竞争强度较小，即企业间药品横向差异化较大的情形，此时药品 1 的均衡价格高于药品 2 的均衡价格。当市场竞争较为激烈时，宽松价格管制下不存在纯策略博弈均衡，意味着，在激烈的市场竞争中，不适宜仅对高价药实施价格管制。

命题 8-6 仅企业 M_1 可实施广告战略时，若企业 M_1 的广告投资对研发投入为"促进效应"，宽松价格管制下，当 $\delta \in \left(\dfrac{8kt^2 - (8kt - 1)\hat{p}}{8ktv} \right.$ ，$\left. \dfrac{(8kt - 1)\hat{p} + 8kt^2}{8ktv} \right)$ 且 $8kt - 1 > 0$ 时，企业 M_1 与企业 M_2 的竞争博弈存在唯一的纯策略子博弈精练纳什均衡。均衡中，企业 M_1 与企业 M_2 的均衡策略分别为 $q_1^{EP} = \dfrac{\hat{p}}{8kt}$ ， $p_1^{EP} = \hat{p}$ ， $q_2^{EP} = \dfrac{(8kt - 1)\hat{p} + 8kt(t - \delta v)}{8kt(8kt - 1)}$ ， $p_2^{EP} =$

$\dfrac{(8kt - 1)\hat{p} + 8kt(t - \delta v)}{2(8kt - 1)}$（上标 EP 代表宽松价格管制）。相应地，企业 M_1

与企业 M_2 的市场份额和利润分别为 $m_1^{EP} = \dfrac{2k\delta v + 6kt - 1}{8kt - 1} - \dfrac{\hat{p}}{4t}$，$m_2^{EP} = \dfrac{\hat{p}}{4t} +$

$\dfrac{2(t - \delta v)k}{8kt - 1}$，$\Pi_1^{EP} = \dfrac{\hat{p}(64kt^2(2k\delta v + 6kt - 1) - \hat{p}(16kt + 1)(8kt - 1))}{64kt^2(8kt - 1)} - \eta\delta^2$

和 $\Pi_2^{EP} = \dfrac{((8kt - 1)\hat{p} + 8kt(t - \delta v))^2}{64kt^2(8kt - 1)}$。命题 8-6 的证明参见命题 8-1 的

证明。

命题 8-6 表明，若仅对企业 M_1 的药品实施价格管制：①管制价格与两家企业的研发投入和药品价格正相关，高价药的创新水平和价格均不受广告战略的影响，而低价药的创新水平和价格均与广告投资强度负相关。②尽管对企业 M_1 的药品实施价格管制，但企业 M_1 依然可以获得比竞争对手企业 M_2 更高的市场份额，这表明广告战略可以缓解价格管制政策对企业市场份额的负面影响。如图 8-1 所示（参数取值为 $v = 6, t = 1, k = 0.5, \delta = 0.1 \sim 0.5, P = 0.7 \sim 1.1$）：当管制价格一定时，随着广告投资强度的提高，两企业间市场份额的差距拉大；而当广告投资强度一定时，价格管制越严格（P 越小），两企业间市场份额的差距越小。③价格管制政策和广告战略对两家企业利润的影响比较复杂。如图 8-2 所示（参数取值为 $v = 6, t = 1, k = 0.5, \eta = 0.4, \delta = 0.1 \sim 0.5, P = 0.7 \sim 1.4$）：当价格管制较为严格（即 P 较小）或广告投资强度较低时，企业间的利润差距随着管制价格和广告投资强度提高而加大；而当价格管制较为宽松（即 P 较大）或广告投资强度较高时，企业间的利润差距随着管制价格和广告投资强度提高而缩小。

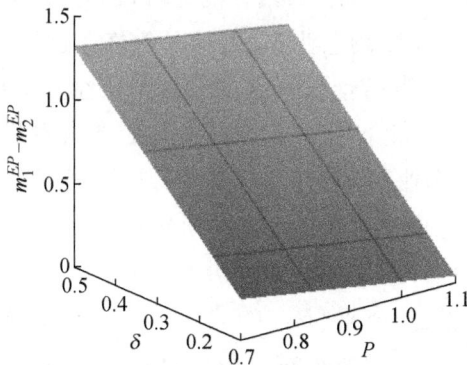

图 8-1 企业 M_1 与企业 M_2 市场份额差距随 P 和 δ 变动的情况

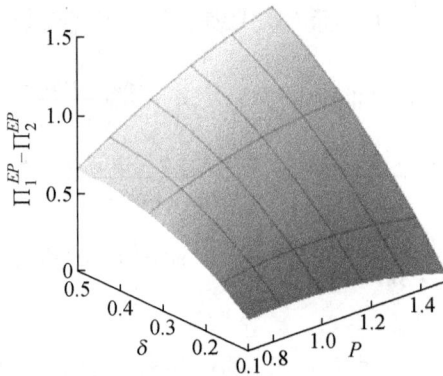

图8-2 企业 M_1 与企业 M_2 利润差距随 P 和 δ 变动的情况

宽松价格管制下，企业 M_1 与企业 M_2 研发投入的关系如推论8-5所示。

推论8-5 若仅对企业 M_1 的药品实施价格管制，当 $\delta > t/v$ 时，$q_1^{EP} > q_2^{EP}$；反之，$q_1^{EP} < q_2^{EP}$。

由推论8-5可知，不同于不实施价格管制的情形，若仅对企业 M_1 的药品实施价格管制，当企业 M_1 的广告投资对研发投入为"促进效应"时，企业 M_1 并非总是选择较高的研发投入，而竞争对手企业 M_2 也并非总是选择降低研发投入的防御型策略。两家企业究竟选择何种研发战略，取决于企业 M_1 的广告投资强度。具体地，当且仅当广告投资强度足够高（即 $\delta > t/v$）时，企业 M_1 才选择较高的研发投入，企业 M_2 选择降低研发投入的防御型策略；反之，企业 M_1 选择较低的研发投入，企业 M_2 选择提高研发投入的进攻型策略。该结论并不直观，其内在的经济机制为，价格管制只限制了企业 M_1 的药品价格，并未限制企业 M_2 的药品价格，这无形中增加了企业 M_2 的竞争优势。特别是，当广告投资强度较低时，企业间的差异较小，企业 M_2 可针对企业 M_1 在定价方面的劣势，采取提高研发投入的进攻型策略，获得竞争优势。对于企业 M_1 而言，只有广告投资强度足够高时，消费者对企业 M_1 药品的购买意愿才足够强，提高研发投入才能为企业带来盈利，否则增加研发投入只会损害企业的利润。

推论 8-6 若仅企业 M_1 的药品实施价格管制：① 当 $\eta \leqslant \dfrac{\hat{p}(32kt\delta v - 24kt\hat{p} + 32kt^2 - 2\delta v + 3\hat{p} - 6t) - 8kt(t - \delta v)^2}{8(8kt - 1)t\delta^2}$ 时，$\Pi_1^{EP} \geqslant \Pi_2^{EP}$；

否则，$\Pi_1^{EP} < \Pi_2^{EP}$；②当 $\delta < \dfrac{\hat{p}kv}{\eta(8kt-1)}$ 时，Π_1^{EP} 随 δ 增加而增加，反之，Π_1^{EP} 随 δ 增加而降低；③ Π_2^{EP} 随 δ 增加而降低。

由推论 8-6 可知，与不实施价格管制和严格价格管制的情形类似，若仅对企业 M_1 的药品实施价格管制，当且仅当广告投资效率较高时，企业 M_1 才可通过广告战略获得比竞争对手更高的利润。此外，实施广告战略的企业可通过战略性选择广告投资强度，提高自身利润，降低竞争对手的利润。值得一提的是，价格管制政策并非总是给企业利润带来负面影响，如图 8-3 所示，当管制较为严格（即 P 较小）时，企业 M_1 的利润随管制价格 P 增加而增加，表明价格管制政策可在一定程度上，强化广告战略对企业利润增进的效果。

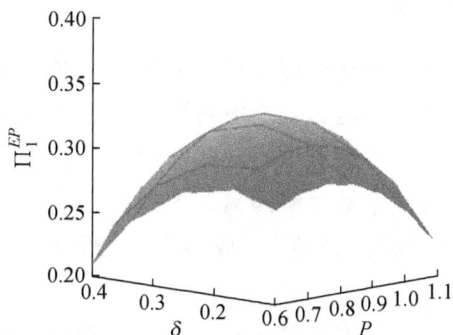

图 8-3　Π_1^{EP} 随 P 和 δ 变动的情况

第 5 节　本章小结

一、主要研究结论

在制药产业规制与激励并存、消费需求变幻莫测的市场环境下，如何协调广告投资和研发投入之间的关系，提高企业创新水平和创新药市场绩效是所有中国制药企业面对的共同议题。本章综合考虑消费者异质性偏好和药品价格管制政策，探究广告战略对不同类型企业研发战略、市场份额、药品价格、企业利润和创新药市场绩效的影响机制，得到如下主要研究结论：第一，企业广告投资强度与高创新企业的创新水平、药品价格和市场份额正相关，与低创新企业的创新水平、药品价格和市场份额负相关。第二，广告投资对研发投入究竟为"促进效应"还是"挤出效应"，取决于药品市场的竞争强度。当市场竞争较为激烈时，广告投资对研发投入产生"挤出效应"；反之，当市场竞争强度较低时，广告投资能够促进企业的研发投入，具有"促进效应"。第三，研发与价格双重竞争下，企业的广告效率和研发效率均较高时，广告投资强度越高，对创新药市场社会福利的增进效应越显著；广告效率低时，只有广告投资强度足够高时才能增进创新药市场社会福利。第四，价格管制政策并非总是给制药企业带来利润损失，无论是对全部药品实施价格管制还是仅对高价药实施价格管制，当管制较为严格时，价格管制政策能够强化广告战略对企业利润的增进效应，而广告战略则有助于缓解价格管制对制药企业市场份额的不利影响。

二、管理与政策启示

对于制药企业而言，应通过提高广告效率来发挥广告战略的盈利效果，并根据企业自身的广告投资能力、竞争对手的策略及市场竞争结构，权衡成本与收益，选择最优的广告投资策略。具体地，企业应当深入了解市场竞争强度、广告效率及研发效率等关键因素，弄清企业广告投资对研发投入究竟为"促进效应"还是"挤出效应"，战略性地选择研发投入水平和定价策略，获取竞争优势。

政府部门应当注重药品市场的结构调整，短期应采用适当的政策工具，如适当放松广告规制、降低广告交易成本，提高制药企业的广告投资激励；长期则需配置合理的产业激励与规制政策，激励制药企业提高广告效率和研发效率，研发端和市场端协同发力，增进社会福利。

鉴于企业绩效会受到价格管制、广告投资强度的综合影响，我们认为，宽松价格管制只适用于企业间药品横向差异化较大，即市场竞争强度较小的情形，宽松价格管制政策有利于强化广告战略对实施企业利润的增进效应；严格价格管制下，当且仅当企业的广告投资效率足够高时，广告战略才能为实施企业带来比竞争对手更高的盈利。

本章的研究有助于管理者更加重视分析市场消费结构、竞争结构与态势，深入理解广告投资、研发投入之间的作用关系及对创新药市场绩效的影响规律，从而采取合理的广告—研发组合战略。同时，研究结论对于政府制定有效的制药产业创新激励与规制政策，促进企业绩效和社会福利的共同提高具有借鉴价值。未来进一步探讨广告规制、医保控费等多重因素对创新药市场绩效的综合影响都是非常有意义的研究方向。

第9章 总结与展望

第1节 研究结论与管理启示

众所周知，制药业是典型的创新驱动型产业，同时为保障患者对药品的公平可及性，药品市场受到较多政府干预。此外，鉴于我国特殊的体制，以制药企业为主体的产学研合作逐渐成为我国制药业主流的新药创制模式。本书立足于中国药品市场的现实背景，运用博弈论、产业组织理论、市场营销学、讨价还价理论和最优化理论等相关理论和方法，分别研究了制药企业创新的战略选择、产学研创新联盟的形成与利润分配机制，以及价格管制、政府的创新激励政策和集中采购规制3种政府规制政策对制药企业创新激励、药品定价和药品市场绩效的作用关系，并得到如下研究结论与管理启示：

①当两家相互竞争的制药企业与同一个学研机构进行合作药品创新时（中国制药业常见的现象），产品创新不一定会提高药品的价格，也不一定会提高制药企业的市场份额和销售利润，甚至可能导致"双输"的结果。尽管创新不一定会提高制药企业的绩效（利润），但是却能够提高社会福利。当两家企业的议价能力存着差异时，企业的议价能力呈现"双刃剑"特性：当议价能力较弱（低于阈值）时，提高议价能力有助于提高企业的利润；然而，当议价能力较强（高于阈值）时，再提高议价能力反而会降低利润。制药企业应当充分收集同行企业的信息资料，结合自身经营状况，合理使用谈判议价能力，理性进行创新决策，避免盲目风创新所导致的利润损失。

②在完全竞争的药品市场中，若存在拥有医疗保险患者和自费患者两类细分消费者，制药企业定价机制的选择受到管制价格和医疗保险支付政策的双重影响。特别地，当医疗保险支付比例较高时，创新药的价格不能完全反映其创新水平，制药企业倾向于小创新，而低价格弹性市场是制药企业创新投入配置扭曲的重要驱动因素。适当降低医疗保险支付比例，可以纠正企业

创新投入配置的扭曲，控制或减少制药企业创新中的机会主义行为。价格管制对制药企业创新投入的作用受到医疗保险支付政策和企业自身创新能力的共同影响。价格管制不一定总是降低制药企业的创新激励，当医疗保险支付比例较高时，价格管制能够激励创新能力中等的制药企业加大创新投入。但是，无论医疗保险支付比例如何，价格管制均导致创新能力强的制药企业创新投入不足。

③在双寡头竞争的药品市场中，当政府不对制药业实施战略性创新激励时，价格管制并非总是降低制药企业的创新激励，管制价格的合理设置能够纠正制药企业创新投入配置的扭曲，实现社会最优时的创新投入配置。若放开价格管制，医疗保险的福利水平将成为影响制药企业创新投入的重要驱动因素，医疗保险福利水平过高或过低，均将导致企业创新投入配置的扭曲，造成制药企业过度创新或创新不足。无论是否对药品实施价格管制，随着制药企业药品差异化程度的增加，制药企业的利润提高，而患者的福利和药品市场的社会总福利均降低。价格管制下，产品差异化战略将损害制药企业的创新激励，而放开价格管制下，产品差异化战略则不会影响制药企业的创新激励，但会推高创新药的市场价格。然而，当政府对制药业实施战略性创新激励时，无论是否对药品实施价格管制，战略性创新激励政策均能够对制药企业的创新投入进行双向调节，纠正价格管制和医疗保险支付政策导致的制药企业创新投入配置的扭曲，引导企业的创新投入实现社会最优时的创新投入配置，并能够增进社会总福利，但价格管制政策将削弱战略性创新激励政策的福利效应。价格管制下，政府对制药企业的创新行为采取正向激励、负向激励还是不干预政策，以及对制药企业的创新激励强度取决于药品的管制价格设置，而放开价格管制下，政府对制药企业的创新行为采取正向激励、负向激励还是不干预政策，以及对制药企业的创新激励强度取决于医疗保险的福利水平。政府对制药业的战略性创新激励政策不一定能够提高制药企业的利润。特别是，当管制价格设置较低或医疗保险福利水平较低（放开价格管制时）时，战略性创新激励政策将导致制药企业利润的下降，却能提高患者的福利水平。价格管制下，制药企业的利润不受产品差异化战略的影响，但患者的福利和社会总福利均随着药品差异化程度的提高而下降。放开价格管制下，随着药品差异化程度的提高，制药企业的利润增加，患者的福利下降，但制药企业产品差异化战略的福利效应受到医疗保险支付政策的影响。具体地，当医疗保险的福利水平较高时，制药企业产品差异化战略将增

进社会总福利，反之，制药企业产品差异化战略将导致社会总福利的下降。最后，无论政府是否对制药业实施战略性创新激励，药品价格管制政策有利于增进患者的福利，但却导致制药企业利润和社会总福利的降低。

④集中采购规制下，制药企业的差异化战略（即提高制药企业的差异化程度）不仅能够缓解市场竞争对制药企业的不利影响，而且有助于提高制药企业的创新激励。无论集中采购平台采取何种收费机制（佣金制和两部收费制），集中采购规制在降低药品采购价格和医疗机构采购成本等方面具有积极作用，且采购平台向制药企业收取交易服务费不会导致药品采购价格和采购成本的上升。集中采购规制并非总是对制药企业的创新激励产生负面效应，而是受到集中采购平台的收费机制的影响。特别是，两部收费制下，当创新效率较低时，集中采购规制有助于提高制药企业的创新激励，进而提高药品的创新水平。药品集中采购规制不一定能够提高药品采购的社会福利，其对社会福利的作用受到产品差异化水平、采购平台收费机制、制药企业保留利润（外部获利机会）及集中采购带来的交易成本的节约等四重因素的共同影响。当且仅当集中采购带来的交易成本节约足够大时，集中采购规制才能提高药品采购的社会福利，从而改善整个药品供应链的绩效。

⑤药品集中采购模式在平抑药价和降低医疗机构采购成本方面具有积极作用，但不一定能够促进社会福利，提高整个药品供应链的效率。当且仅当全部企业参与集中采购或药品差异化程度足够大时，集中采购才能提高整个药品供应链的效率。集中采购为制药企业及其竞争对手带来的成本节约和制药企业及竞争对手的议价能力是影响制药企业集中采购参与意愿的关键因素。具体地，集中采购为制药企业带来的成本节约越大，企业集中采购的参与意愿越强。然而，随着参与意愿的增强，制药企业的谈判地位下降，利润也随之下降。制药企业的议价能力的"双刃剑"特性：当议价能力较弱时，提高议价能力有助于企业提高利润；当议价能力较强时，再提高议价能力反而导致企业利润下降。尽管两家企业均参与集中采购为占优均衡，但是对于制药企业而言，参与集中采购并非总是最优的选择，甚至可能带来"双输"的结果。

⑥制药企业应当协调广告投资和研发投入之间的关系，提高企业创新水平和创新药市场绩效。具体地，企业应通过提高广告效率来发挥广告战略的盈利效果，并根据自身的广告投资能力、竞争对手的策略及市场竞争结构，权衡成本与收益，选择最优的广告投资策略；应当深入了解市场竞争强度、

广告效率及研发效率等关键因素，弄清企业广告投资对研发投入究竟为"促进效应"还是"挤出效应"，战略性地选择研发投入水平和定价策略，获取竞争优势。

第2节　政策建议

如何在促进制药业健康发展，提高制药企业的创新研发积极性与保障患者利益之间取得平衡，是世界各国药品监管部门亟须解决的难题。其中，最具争议的问题是，应该加强还是放松对药品市场的政府规制？尽管政府规制可能会损害制药企业的利益，但是政府在规范药品市场秩序、降低药品费用支出和增进社会福利等方面具有不可或缺的作用（吴斌珍 等，2011）。笔者研究发现，价格管制政策本身有很大的空间进行优化，来减少乃至纠正可能带来的行为扭曲，如设置合理的管制价格、设计合理的集中采购平台收费机制等，进而增进患者的福利。基于本文的研究结论，可以得到如下政策建议：

①政府应当大力发展制药企业产学研合作创新模式，在政策设计及监督管理工作中，注意防范合作创新中的风险，防止过度创新、过度竞争造成的创新低效情况。在此过程中，帮助制药企业逐渐积累创新资源，培育制药企业的合作开发、自主创新能力。

②药品的价格管制对制药企业的利润、社会总福利和患者的福利效应具有异质性影响，公共政策制定者需要在促进制药业发展、增进社会总福利和保障药品的公平可及性3个方面进行权衡，设计更为有效的价格管理机制，设置合理的管制价格而非盲目放开药品的价格管制，充分发挥价格管制政策的积极作用，否则不仅会加剧制药企业创新投入配置的扭曲，还将加重患者的医疗负担，甚至引发深层次的社会问题。

③鉴于价格管制对制药企业创新激励的影响与制药企业实际的创新能力的关联性，我国政府可以从多方面采取措施：如依据药品的创新水平设置管制价格上限，适当放松对具有自主知识产权的高水平创新药的价格管制，为具有较高创新能力的企业"松绑"，制定激励机制，如提供创新补贴、合理定价、市场准入和税收政策等，鼓励和扶持高水平的药品创新，以增进社会福利。

④政府对制药业的创新激励政策、药品价格管制政策和医疗保险支付政

策须合理匹配，这样不仅能够降低药品价格，减轻患者的医疗负担，控制第三方（医疗保险机构）的药费支出，而且能够提高制药企业的创新激励，增进社会福利，实现政府、制药企业、医疗机构、医疗保险机构和患者的"多赢"局面。

⑤鉴于集中采购规制和平台收费机制在制药企业定价、创新投入和整个药品供应链绩效的交互作用关系，在现行的政府主导的集中采购规制下，相关部门应积极探索合理的平台收费机制，提高制药企业的集中采购参与意愿，如此不仅能够降低政府在药品集中采购方面的支出和药品的采购价格，而且能够提高制药企业的创新激励，并增进药品市场的社会总福利，实现患者、医疗机构、制药企业和政府的"多赢"局面。

⑥对于制药企业而言，应通过提高广告效率来发挥广告战略的盈利效果，并根据企业自身的广告投资能力、竞争对手的策略及市场竞争结构，权衡成本与收益，选择最优的广告投资策略。具体地，企业应当深入了解市场竞争强度、广告效率及研发效率等关键因素，弄清企业广告投资对研发投入究竟为"促进效应"还是"挤出效应"，战略性地选择研发投入水平和定价策略，获取竞争优势。

政府部门应当注重药品市场的结构调整，短期应采用适当的政策工具，如适当放松广告规制、降低广告交易成本，提高制药企业的广告投资激励；长期则需配置合理的产业激励与规制政策，激励制药企业提高广告效率和研发效率，研发端和市场端协同发力，增进社会福利。鉴于企业绩效会受到价格管制、广告投资强度的综合影响，我们认为，宽松价格管制只适用于企业间药品横向差异化较大，即市场竞争强度较小的情形，宽松价格管制政策有利于强化广告战略对实施企业利润的增进效应；严格价格管制下，当且仅当企业的广告投资效率足够高时，广告战略才能为实施企业带来比竞争对手更高的盈利。

第 3 节　未来研究展望

政府规制对制药企业创新激励的影响问题历来是产业经济学、企业管理和技术创新管理等领域的研究热点问题，有很多内容值得深入研究。本书首次基于运营管理的视角，针对政府规制下制药企业合作创新模式、创新激励和市场绩效问题进行了系列研究。作为一次探索性的研究，本书难免存在一些不足之处，有待今后进一步深入研究。鉴于国外医药市场结构、激励与规制模式等与中国医药市场存在较大差异，该领域的研究必须立足中国的管理实践情境，挖掘提炼科学问题，以制定科学的政策组合激励中国制药产业创新发展。根据本书给出的激励与规制的研究线索，结合以往制药产业创新激励政策的研究成果，笔者认为，未来的研究突破主要可能在以下几个方面：

①现有关于制药产业创新激励政策的理论研究大多基于完全信息框架。实际上，政府在创新政策制定和实施中面临着诸多信息约束，如缺少关于制药企业研发能力、努力程度等私有信息，导致无法甄选创新实力强、有志于原始创新的企业，给予针对性的资助。突破完全信息框架，在非对称信息下研究创新药物研发政策的激励机制和约束机制是值得深入探索的方向。

②以往政府创新激励政策、价格管制政策对创新药物研发激励的影响关系的研究是分开独立进行的，特别缺乏激励性政策和约束性政策对创新药物研发激励综合作用机制方面的研究。由于制药产业创新的复杂特性，单一产业政策无法收到最优效果，因此，进行整合型研究并设计优化的政策组合无疑将是非常有价值的研究方向。

③现有研究较多关注价格管制对制药产业创新的影响关系。但从药品的创新研发、定价及流通销售全过程来看，作用于药品需求侧的医疗保险支付控费政策、集中采购规制都对制药企业的创新及运营管理产生根本性影响。在流通领域，由于违法、虚假药品广告持续不断，我国政府对药品广告的监管日趋严格。药品广告管制对制药企业的广告支出、广告绩效产生直接影响，进而影响着企业的创新回报、创新战略及创新投入。因此，非常有必要研究药品广告规制、制药产业创新激励政策与制药产业创新绩效之间的作用关系。

④从研究范式来看，目前国内关于创新药物研发政策激励效应的研究多是质化研究、实证研究和案例研究，基于博弈论的严密数理模型的研究还较为欠缺。博弈论可以刻画、解释政府与制药企业之间的策略互动，深入分析制药企业和政府的微观行为动机，探索如何设计制药产业研发政策的激励机制和约束机制，无疑是一个具有理论和实践意义的研究方向。

参 考 文 献

[1] Abdulkadir C, Michael T M. The effect of price on pharmaceutical R&D [J]. B. E. Journal of Economic Analysis & Policy, 2009, 9 (1): 1 - 22.

[2] Acs Z J, Anselin L, Varga A. Patents and innovation counts as measures of regional production of new knowledge [J]. Research Policy, 2002, 31 (7): 1069 - 1085.

[3] Adams W J, Yellen J. What makes advertising profitable? [J]. Economic Journal, 1977, 87 (347): 427 - 449.

[4] Amaldoss W, He C. Direct-to-consumer advertising of prescription drugs: A strategic analysis [J]. Marketing Science, 2009, 28 (3): 472 - 487.

[5] Andrea J C, Margaret T. Critical success factors for B2B e-commerce use within the UK NHS pharmaceutical supply chain [J]. International Journal of Operations & Production Management, 2009, 29 (11): 1156 - 1185.

[6] Armstrong M, Vickers J. Welfare effects of price discrimination by a regulated monopolist [J]. Rand Journal of Economics, 1991, 22 (4): 571 - 580.

[7] Arrow K J. Economic welfare and the allocation of resources for innovation [M]. Princeton: Princeton University Press, 1962.

[8] Aspremont C D, Jacquemin A. Cooperative and noncooperative R&D in duopoly with spillovers [J]. American Economic Review, 1988, 78 (5): 1133 - 1137.

[9] Bala R, Bhardwaj P. Detailing vs. direct-to-consumer advertising in the prescription pharmaceutical industry [J]. Management Science, 2010, 56 (1): 148 - 160.

[10] Bardey D, Bommier A, Jullien B. Retail price regulation and innovation: Reference pricing in the pharmaceutical industry [J]. Journal of Health Economics, 2010, 29 (2): 303 - 316.

[11] Barry J, Loehr J, Holman R. The global innovation 1000: Navigating the digital future [EB/OL]. (2013 - 10 - 22). http://www. strategyand. pwc. com/global/home/what-we-think/reports-white-papers/article-display/2013-global-innovation-1000-study.

[12] Besanko D, Donnenfeld S, White L. The multiproduct firm, quality choice, and regulation [J]. Journal of Industrial Economics, 1988, 36 (4): 411 - 429.

[13] Bester H, Petrakis E. The incentives for cost reduction in a differentiated industry [J].

International Journal of Industrial Organization, 1993, 11 (4): 519 - 534.

[14] Bhaskaran S R, Krishnan V. Effort, revenue, and cost sharing mechanisms for collaborative new product development [J]. Management Science, 2009, 55 (6): 1152 - 1169.

[15] Bonano G, Haworth B. Intensity of competition and the choice between product and process innovation [J]. International Journal of Industrial Organization, 1998, 16 (4): 495 - 510.

[16] Bottazzi L, Peri G. Innovation and spillovers in regions: Evidence from European patent data [J]. European Economic Review, 2003, 47 (4): 687 - 710.

[17] Brekke K R, Holmas T H, Straume O R. Price regulation and parallel imports of pharmaceuticals [J]. Journal of Public Economics, 2015 (129): 92 - 105.

[18] Brockhoff K. R&D cooperation between firms: A perceived transaction cost perspective [J]. Management Science, 1992, 38 (4): 514 - 524.

[19] Burns L, Lee J. Hospital purchasing alliances: Utilization, services, and performance [J]. Health Care Manage Review, 2008, 33 (3): 203 - 215.

[20] Burns L. The health care value chain: Producers, purchasers, and providers [M]. Boston: Jossey Bass, 2002.

[21] Camejo R, McGrath C, Herings R. A dynamic perspective on pharmaceutical competition, drug development and cost effectiveness [J]. Health Policy, 2011, 100 (1): 18 - 24.

[22] Chauvin K W, Hirschey M. Advertising, R&D expenditures and the market value of the firm [J]. Financial Management, 1993, 22 (4): 128 - 140.

[23] Choi D W, Armitage R, Brady L S. Medicines for the mind: policy-based "pull" incentives for creating breakthrough CNS drugs [J]. Neuron, 2014, 84 (3): 554 - 563.

[24] Civan A, Maloney M T. The effect of price on pharmaceutical R&D [J]. B. E. Journal of Economic Analysis & Policy, 2009, 9 (1): 1 - 22.

[25] Cohen W M, Levinthal D A. Absorptive capacity: A new perspective on learning and innovation [J]. Administrative Science Quarterly, 1990 (35): 128 - 152.

[26] Connolly R A, Hirschey M. Firm size and the effect of R&D on Tobin's q [J]. R&D Management, 2005, 35 (2): 217 - 223.

[27] Croft S L. Public-private partnership: from there to here [J]. Transactions of the Royal Society of Tropical Medicine and Hygiene, 2005 (99): 9 - 14.

[28] Danzon P M, Nicholson S, Pereira N S. Productivity in pharmaceutical biotechnology R&D: The role of experience and alliances [J]. Journal of Health Economics, 2005, 24 (2): 317 - 339.

［29］ Dasgupta P, Maskin E. The simple economics of research portfolios economic theory ［M］. Cambridge: Cambridge University, 1986.

［30］ David P, Hall B H, Toole A. Is public R&D a complement or substitute for private R&D? A review of the econometric evidence ［J］. Research Policy, 2000, 29 (4): 497 – 529.

［31］ De Frutos M, Ornaghi C, Siotis G. Competition in the pharmaceutical industry: How do quality differences shape advertising strategies? ［J］. Journal of Health Economics, 2013, 12 (32): 268 – 285.

［32］ Delbono F, Denicolo V. R&D investment in a symmetric and homogeneous oligopoly ［J］. International Journal of Industrial Organization, 1990, 8 (2): 297 – 313.

［33］ Ellison G. A model of add-on pricing ［J］. The Quarterly Journal of Economics, 2005, 120 (2): 585 – 637.

［34］ Feng Q, Lu L. Supply chain contracting under competition: Bilateral bargaining vs. Stackelberg ［J］. Production and Operations Management, 2013, 22 (3): 661 – 675.

［35］ Feng Q, Lu L. The strategic perils on low cost outsourcing ［J］. Management Science, 2012, 58 (6): 1196 – 1210.

［36］ Ganuza J, Llobet G, Dominguez B. R&D in the pharmaceutical industry: A world of small innovation ［J］. Management Science, 2009, 55 (4): 539 – 551.

［37］ Gellhom E, Pierce R J. Regulated Industries ［M］. St. Paul: West Publishing Co. , 1982.

［38］ Golec J, Hegde S, Vernon J. Pharmaceutical R&D spending and threats of price regulation ［J］. Journal of Financial and Quantitative Analysis, 2010 (1): 239 – 264.

［39］ Grabowski H, DiMasi J A, Long G. The roles of patents and research and development incentives in biopharmaceutical innovation ［J］. Health Affairs, 2015, 34 (2): 302 – 310.

［40］ Grabowski H, Vernon J, Helms, R B. The determinants of R&D expenditures ［M］ // Helms R. B. (edition) . Drugs and Health. Washington: AEI Press, 1981.

［41］ Grabowski H, Vernon J, DiMasi J. Returns on R&D for 1990s new drug introductions ［J］. Pharmacoeconomics, 2002.

［42］ Grabowski H, Vernon J. The determinants of pharmaceutical research and development expenditures ［J］. Journal of Evolutionary Economics, 2000, 10 (1 – 2): 201 – 215.

［43］ Grossmann V. Do cost-sharing and entry deregulation curb pharmaceutical innovation? ［J］. Journal of Health Economics, 2013 (32): 881 – 894.

［44］ Grover J M. The evolving role of collaboration in biotechnology ［J］. Nature Biotechnology, 1998 (16): 31 - 32.

[45] Guan J, Zhao Q J. The impact of university-industry collaboration networks on innovation in nanobiopharmaceuticals [J]. Technological Forecasting & Social Change, 2013, 80 (7): 1271 - 1286.

[46] Guasch J L, Hahn R W. The costs and benefits of regulation: Implications for developing countries [J]. The World Bank Research Observer, 1999 (14): 137 - 158.

[47] Hahn R W. Reviving Regulatory Reform: A Global Perspective [M]. New York: Cambridge University Press and AEI Press, 2001.

[48] Hall B H. Innovation and Market Value. Productivity, Innovation and Economic Performance [M]. Cambridge: Cambridge University Press, 2000.

[49] Hazlett J A, Carayannis E G. Business-university virtual teaming for strategic planning [J]. Technological Forecasting and Social Change, 1998, 57 (3): 261 - 265.

[50] Healthcare Supply Chain Association (HSCA). A primer on group purchasing organizations: Questions and answers [EB/OL]. (2011 - 12 - 05). http://higpa. site-ym. com/resource/resmgr/research/gpo_ primer. pdf.

[51] Heffron F A. The Administrative Regulatory Process [M]. New York: Longman, 1983.

[52] Henry D, Lexchin J. The pharmaceutical industry as a medicines provider [J]. Medicines society and industry Ⅲ, 2002 (360): 590 - 1595.

[53] Hewitt Dundas N, Roper S. Output additionality of public support for innovation: Evidence for Irish manufacturing plants [J]. European Planning Studies, 2010, 18 (1): 107 - 122.

[54] Holmes H, Petrakis E. The incentives for cost reduction in a differentiated industry [J]. International Journal of Industrial Organization, 1993 (11): 519 - 534.

[55] Holmes S C, Miller R H. The strategic role of e-commerce in the supply chain of the healthcare industry [J]. International Journal of Services Technology and Management, 2003, 4 (4 - 6): 507 - 517.

[56] Hu Q, Schwarz L, Uhan A. The impact of group purchasing organizations on healthcare-product supply chain [J]. Manufacturing & Service Operations Management, 2012, 14 (1): 7 - 23.

[57] Hu Q, Schwarz L. Controversial role of GPOs in healthcare-product supply chain [J]. Production and Operations Management, 2011, 20 (1): 1 - 15.

[58] Jerah K, Netessine S, Veeraraghavan S K. Revenue management with strategic customers: Last-minute selling and opaque selling [J]. Management Science, 2010, 56 (3): 430 - 448.

[59] Jiang B J, Srinivasan K. Pricing and persuasive advertising in a differentiated market

[J]. Marketing Letter, 2016, 27 (3): 579 – 588.

[60] Katz M L, Shapiro C. R&D rivalry with licensing or imitation [J]. American Economic Review, 1987, 77 (3): 402 – 420.

[61] Kim S, Netessine S. Collaborative cost reduction and component procurement under information asymmetry [J]. Management Science, 2013, 59 (1): 189 – 206.

[62] Le S A, Walters B, Kroll M. The moderating effects of external monitors on the relationship between R&D spending and firm performance [J]. Journal of Business Research. 2006, 59 (2): 278 – 287.

[63] Lichtenberg F. Importation and Innovation [R]. NBER Working Paper, 2006.

[64] McCutchen W W. Estimating the impact of the R&D tax credit on strategic groups in the pharmaceutical industry [J]. Research Policy, 1993, 22 (4): 337 – 351.

[65] Meier K J. Regulation: Politics, Bureaucracy and Economics [M]. New York: St. Martin's Press, 1985.

[66] Milgrom P R, Shannon C. Monotone comparative statics [J]. Econometrica, 1994, 62 (1): 157 – 180.

[67] Mitnick B M. The Political Economy of Regulation [M]. New York: Columbia University Press, 1980.

[68] Nash J. The bargaining game [J]. Econometrica, 1950, 18 (2): 155 – 162.

[69] Neary J. Pitfalls in the theory of international trade policy: Concertina reforms of tariffs, and subsidies to high-technology industries [J]. Scandinavian Journal of Economics, 2002, 100 (1): 187 – 206.

[70] Nicola Dimitri. R&D investments for neglected diseases can be sensitive to the economic goal of pharmaceutical companies [J]. Drug Discovery Today, 2012, 17 (15 – 16): 818 – 823.

[71] Nicoletti G, Scarpetta S. Regulation, productivity and growth: OECD evidence [J]. Economic Policy, 2003, 18 (36): 9 – 72.

[72] Nwaka S. Drag discovery and beyond: The role of public-private partnerships in improving access to new malaria medicines [J]. Transactions of the Royal Society of Tropical Medicine and Hygiene, 2005 (99): 20 – 29.

[73] Osborne M, Rubinstein A. Bargaining and markets [M]. San Diego: Academic Press, 1990.

[74] Peltzman S. Toward a more general theory of regulation [J]. Journal of Law and Economics, 1974 (19): 211 – 240.

[75] Pere A C. Persistence in R&D performance and its implications for the granting of subsidies [J]. Review of Industrial Organization, 2013, 43 (3): 193 – 220.

[76] Roland N M, Jacquelene M B. Externalities from government and non-profit sectors [J]. Canadian Journal of Economics, 1975, 8 (4): 574 –590.

[77] Romano R E. Aspects of R&D subsidization [J]. Quarterly Journal of Economics, 1989, 104 (4): 863 – 873.

[78] Rovira J. Health technology assessment and the incentives to innovation in the life cycle of a health technology [M] // Health technology assessment and health policy today: A multifaceted view of their unstable crossroads. Switzerland: Springer International Publishing, 2015.

[79] Rustum R. University-industry interaction patterns [J]. Science, New Series, 1972, 178 (4064): 955 – 960.

[80] Santoro M D, Gopalakrishan S. Relationship dynamics between university research centers and industrial firms: Their impact on technology transfer activities [J]. Journal of Technology Transfer, 2001, 26 (1): 163 – 171.

[81] Scherer F. An early application of average total cost concept [J]. Journal of Economic Literature, 2001 (3): 897 – 901.

[82] Scherer F. The pharmaceutical industry [M] // Handbook of Health Economics vol. 1. Amsterdam: Elsevier, 2000.

[83] Schneller E. The value of group purchasing in the healthcare supply chain [R]. Arizona: Arizona State University, School of Health Management and Policy, 2005.

[84] Schneller E, Smeltzer L. Strategic management of the health care supply chain [M]. San Francisco: Jossey Bass, 2006.

[85] SFDA. The annual report for examination and approval of drug registration in 2012 [EB/OL]. (2013 – 02 – 04). http://www. cde. org. cn.

[86] Shuzhen Chu, Chunmei Sun, Chun Liang Pharmaceutical enterprises'R&D strategic alliance-the road for small and medium sized pharmaceutical enterprises' R&D in China [J]. International Business Research, 2010 (1): 131 – 135.

[87] Smith A D, Correa J. Value-added benefits of technology: E-procurement and E-commerce related to the health care industry [J]. International Journal of Health Care Quality Assurance, 2005, 18 (6): 458 – 473.

[88] Sood N, Vries H, Gutierrez L, et al. The effect of regulation on pharmaceutical revenues: Experience in nineteen countries [J]. Health Affairs, 2009, 28 (1): 125 – 137.

[89] Stefano C, Rosella L. Reconciling social and industrial goals: A bargaining model to pricing pharmaceuticals [J]. Serie Economiae Impresa, 2005, 42 (S): 2 – 16.

[90] Stigler G J. The theory of economic regulation [J]. Bell Journal of Economics and Man-

agement Science, 1971, 2 (1): 3 – 21.

[91] Thomas L G. Regulation and firm size: FDA impacts on regulation [J]. The Rand Journal of Economics, 1990, 21 (4): 497 – 517.

[92] Timmermann C. Limiting and facilitating access to innovations in medicine and agriculture: A brief exposition of the ethical arguments [J]. Life Sciences, Society and Policy, 2014, 10 (1): 1 – 20.

[93] Troyer J L, Krasnikov A V. The effect of price regulation on innovation in the pharmaceutical industry [J]. Journal of Applied Business Research, 2002, 18 (4): 87 – 96.

[94] Tyagi P. Technological advances, transaction costs, and consumer welfare [J]. Marketing Science, 2004, 23 (3): 335 – 344.

[95] United States Government Accountability Office. New drug development: Science, business, regulatory and intellectual property issues cited as hampering drug development efforts [EB/OL]. (2006 – 12 – 19). http://www. gao. gov. /new. Items/do749. pdf.

[96] Veldman J, Gaalman G. A model of strategic product quality and process improvement incentives [J]. International Journal of Production Economics, 2014, 149 (3): 202 – 210.

[97] Veldman J, Klingenberg W, Gaalman G, et al. Getting what you pay for – strategic process improvement compensation and profitability impact [J]. Production and Operations Management, 2014, 23 (8): 1059 – 1478.

[98] Vernon J A. Examining the link between price regulation and pharmaceutical R&D investment [J]. Health Economics, 2005 (14): 1 – 16.

[99] Wiggins S N. Product quality regulation and new drug introductions: Some new evidence from the 1970s [J]. Review of Economics Statistics, 1981 (32): 615 – 619.

[100] Wilson J Q. The Politics of Regulation [M] // McKie J W, editor. Social Responsibility and the Business Predicament. Washington DC: Brookings Institution, 1974.

[101] Wu J. Cooperation with competitors and product innovation: Moderating effects of technological capability and alliance with universities [J]. Industrial Marketing Management, 2014, 43 (2): 199 – 209.

[102] Yin W. Market incentives and pharmaceutical innovation [J]. Journal of Health Economics, 2008, 27 (4): 1060 – 1077.

[103] Yin W. R&D policy, agency costs and innovation in personalized medicine [J]. Journal of Health Economics, 2009, 8 (3): 950 – 962.

[104] 2010 年全球十大药企研发投入与研发状况简析 [N]. 中国医药报, 2011 – 03 – 24 (1).

[105] 安彬, 吕庆化. 药品集中招标采购制度分析 [J]. 理论探索, 2007 (1):

87 – 89.

[106] 安同良，周绍东，皮建才. R&D 补贴对中国企业自主创新的激励效应 [J]. 经济研究，2009（10）：87 – 98.

[107] 佰吉斯. 管制和反垄断经济学 [M]. 冯金华，译. 上海：上海财经大学出版社，2003.

[108] 蔡理铖，孙养学. 基于 DEA 和 SFA 的生物制药企业效率研究 [J]. 科技管理研究，2013（2）：93 – 96.

[109] 曹剑涛，俞晔，马进. 药品的管制价格与研发投入的均衡：基于新药研发成功不确定性的博弈论模型 [J]. 卫生经济研究，2013（6）：34 – 37.

[110] 曹阳. 医药产业技术创新风险与政府政策支持 [J]. 上海医药，2002，23（10）：443 – 444.

[111] 曾峥. 中国医药产业发展概况及其趋势研究 [J]. 经济研究参考，2014（32）：4 – 38.

[112] 常峰，李思函，苏涛. 药品集中招标采购中的反横向串谋合同设计 [J]. 中国药房，2013，24（28）：2014 – 2617.

[113] 常峰. 我国药品价格管制政策研究药品定价与补偿机制 [D]. 南京：东南大学，2010.

[114] 陈波. 完善政府定价机制推进药品阳光采购：广东医疗机构药品网上集中招标采购工作的理性思考 [J]. 价格理论与实践，2007（12）：22 – 24.

[115] 陈富良，吴晓云. 药品集中招标采购中的逆向选择问题解析：一个兼顾价格与质量的信号传递模型 [J]. 宁夏社会科学，2010，59（2）：45 – 48.

[116] 陈敬贤，马志强，孟庆峰. 线性量折扣方案下团购策略对渠道绩效的影响 [J]. 中国管理科学，2014，22（1）：110 – 119.

[117] 陈林，朱卫平. 出口退税和创新补贴政策效应研究 [J]. 经济研究，2008（11）：74 – 87.

[118] 陈文. 我国药品价格管制的政策选择 [J]. 中国卫生政策研究，2008，1（3）：35 – 38.

[119] 陈宪. 我国药品定价对新药研发的影响研究 [D]. 沈阳：沈阳药科大学，2008.

[120] 程锦锥，朱恒鹏. 中国药品市场报告（2012 版）[M]. 北京：社会科学文献出版社，2012.

[121] 蒂德，贝赞特. 创新管理 [M]. 陈劲，译. 北京：中国人民大学出版社，2012.

[122] 丁锦希，季娜，李晓婷，等. 我国生物医药创新投入及其政策成因分析：基于中美欧创新投入现状的实证评价 [J]. 科学管理研究，2012（4）：10 – 14.

[123] 丁锦希，孟立立，罗茜玮. 日本创新药物研发激励政策及对我国的启示：基于依达拉奉研发的实证分析 [J]. 中国新药与临床杂志，2011a（11）：839 – 847.

[124] 丁锦希, 赵敏. 中美创新药物研发监管激励政策的比较研究 [J]. 中国新药杂志, 2009, 18 (5): 387-392.

[125] 丁锦希, 耿露, 孙晓东, 等. 创新药物创新激励政策的量化分析 [J]. 科技进步与对策, 2011b, 28 (19): 102-106.

[126] 杜创. 价格管制与过度医疗 [J]. 世界经济, 2013a (1): 116-140.

[127] 杜创. 药品流通与定价的理性与复杂 [J]. 中国医院院长, 2013 (3): 112-113.

[128] 范妙璇, 胡豪, 赵海誉, 等. 提高中国医药科技国际竞争力途径: 中国医药行业研发联盟现状研究 [J]. 中国医药技术经济与管理, 2009, 3 (5): 38-45.

[129] 冯志强. 创新战略 [M]. 北京: 中国市场出版社, 2009.

[130] 高冰洋, 王春. 让药物创新与市场需求 "无缝对接" [N]. 科技日报, 2014-08-22 (6).

[131] 高宏伟. 政府补贴对大型国有企业研发的挤出效应研究 [J]. 中国科技论坛, 2011 (8): 15-20.

[132] 高军, 侯玉岭, 赵一帆. 药品集中招标采购给中国制药产业灾难性打击: 全国人大代表刘群谈药价虚高背后的问题 [J]. 首都医药, 2014 (7): 35.

[133] 贡森. 医院药品集中采购政策的评价与分析 [J]. 中国卫生政策研究, 2009, 2 (4): 14-21.

[134] 顾海, 唐艳, 邓晨珂. 我国药品集中招标采购制度的缺陷和对策 [J]. 卫生经济研究, 2006 (7): 28-29.

[135] 郭春丽. 中国药品生产流通: 体制现状、存在的问题及政策取向 [J]. 经济学家, 2013 (9): 24-33.

[136] 郭宗儒, 赵红宇. 新药创制的现状与对策 [J]. 药学学报, 2013, 48 (7): 1031-1040.

[137] 国家发改委经济研究所课题组. 深化中国药品价格管理改革的对策建议 [J]. 经济研究参考, 2014 (31): 27-50.

[138] 韩锋. 我国药品政府定价对制药企业的影响及建议 [D]. 沈阳: 沈阳药科大学, 2009.

[139] 韩中华, 付金方. 西方政府规制理论的发展及其对我国的启示 [J]. 中国矿业大学学报: 社会科学版, 2010 (1): 38-40.

[140] 何爱, 曾楚宏. 诱致性技术创新: 文献综述及其引申 [J]. 改革, 2010 (6): 45-48.

[141] 何芬华, 力晓蓉. 中国药品集中招标采购历程的文献研究: 1999—2010 [J]. 中国卫生政策研究, 2011 (4): 64-70.

[142] 何秋艳. 政府定价处方药, 药价虚高能否 "落地" [J]. 健康大视野, 2007

(5)：38－41.

[143] 黄波，孟卫东，李宇雨．基于双边激励的产学研合作最优利益分配方式［J］．管理科学学报，2011，14（7）：31－42.

[144] 黄新华．政府规制研究：从经济学到政治学和法学［J］．福建行政学院学报，2013（5）：1－8.

[145] 嵇忆虹，吴伟，朱庆华．产学研合作的利益分配方式分析［J］．研究与发展管理，1999，11（1）：36－38.

[146] 蒋建华．基于利益集团政治的委托：代理模型的药品价格管制研究［J］．经济问题探索，2011（6）：39－43.

[147] 解维敏，唐清泉，陆姗姗．政府R&D资助，企业R&D支出与自主创新：来自中国上市公司的经验证据［J］．金融研究，2009（6）：86－99.

[148] 康义瑶．构筑中国医药产业价值的国际维度［N］．医药经济报，2010－11－03（3）.

[149] 科斯．财产权利与制度变迁［M］．刘守英，译．上海：上海人民出版社，1994.

[150] 孔学东，干荣富．中国医药产业的机遇、挑战及相应对策［J］．中国医药工业杂志，2011，42（1）：76－80.

[151] 寇宗来．"以药养医"与"看病贵、看病难"［J］．世界经济，2010（1）：49－68.

[152] 拉丰，梯若尔．政府采购与规制中的激励理论［M］．石磊，王永钦，译．上海：上海人民出版社，2004.

[153] 赖云锋，胡豪．基于网络能力视角的制药企业研发创新演进［J］．科技管理研究，2012（7）：9－12.

[154] 雷永，徐飞．基于不完全信息博弈的产学研联盟形成机理研究［J］．科技进步与对策，2009，26（8）：28－31.

[155] 黎东生，王婕．药品集中招标采购制度对医药企业的影响分析［J］．中国卫生事业管理，2014（7）：504－506.

[156] 李柏洲，罗小芳．基于Shapley值法的产学研合作型企业原始创新收益分配研究［J］．运筹与管理，2013，22（4）：220－224.

[157] 李宝良，郭其友．产业组织理论与新规制经济学的拓展和应用：2014年度诺贝尔经济学奖得主让·梯若尔主要经济理论贡献述评［J］．外国经济与管理，2014（11）：71－81.

[158] 李天柱，银路，程跃．美国生物制药企业的发展路径研究及其启示［J］．中国软科学，2010（5）：136－142.

[159] 李先国．药品供应链的整合问题研究［J］．管理世界，2010（7）：176－177.

[160] 李宪法．政府主导的药品招标已难以为继［J］．中国医院院长，2013（17）：45.

[161] 梁莱歆，严绍东．中国上市公司 R&D 支出及其经济效果的实证研究［J］．科学学与科学技术管理，2006（7）：34 – 38.

[162] 梁雪峰．技术创新激励理论新进展及其启示［J］．研究与发展管理，1998，10（6）：1 – 4.

[163] 廖中举，程华．企业技术创新激励措施的影响因素及绩效研究［J］．科研管理，2014，35（7）：60 – 66.

[164] 刘泉红，刘方．中国医药产业发展及产业政策现状、问题与政策建议［J］．经济研究参考，2014（32）：39 – 67.

[165] 刘素坤．中国制药产业技术创新激励效应研究［D］．大连：东北财经大学，2013.

[166] 刘西国，王健，王镇．药品集中采购的制度性缺陷及解决途径［J］．中国卫生经济，2012，31（3）：33 – 34.

[167] 刘西国，王健．以系统论视角解析药品集中采购困境［J］．中国卫生经济，2012，31（6）：20 – 22.

[168] 刘小鲁．产品多样化、产品质量与中国药品价格管制绩效［J］．经济评论，2010（6）：76 – 84.

[169] 刘亚力，夏姗姗．药价改革到底卡在哪［N］．北京商报，2014 – 11 – 19（D1）.

[170] 鲁若愚，傅家骥，王念星．校企合作创新的属性演化及对分配方式的影响［J］．中国软科学，2003（10）：153 – 160.

[171] 陆国庆，王舟，张春宇．中国战略性新兴产业政府创新补贴的绩效研究［J］．经济研究，2014（7）：44 – 55.

[172] 罗宾斯．组织行为学［M］．孙建敏，译．北京：中国人民大学出版社，1997.

[173] 罗婷，朱青，李丹．解析 R&D 投入和公司价值之间的关系［J］．金融研究，2009（6）：100 – 110.

[174] 买忆媛，李逸．新创企业的广告投入和 R&D 投入对品牌资产的影响［J］．科研管理，2016，37（1）：137 – 144.

[175] 孟令全，刘志刚，施伯琰，等．美国医药电子商务发展的情况及其对我国的启示［J］．中国药房，2006，17（7）：551 – 553.

[176] 南方医药经济研究所．2014 年中国医药市场发展蓝皮书［R］．广州：国家药品监督管理局南方医药经济研究所，2014.

[177] 宁钟．创新管理：获取持续竞争优势［M］．北京：机械工业出版社，2012.

[178] 潘伟杰．制度、制度变迁与政府规制研究［M］．上海：上海三联书店，2005.

[179] 秦勇，周霄雪，李凯．纵向结构对下游产品质量创新激励的影响［J］．系统工程学报，2012，27（5）：626 – 632.

[180] 任培民，赵树然．期权—博弈整体方法与产学研结合利益最优分配［J］．科研管

理，2008，29（6）：171 - 177.

[181] 邵蓉，谢金平，蒋蓉．美国集团采购组织分析及对我国药品采购的启示［J］．中国卫生政策研究，2014，7（6）：35 - 40.

[182] 施蒂格勒．产业组织与政府管制［M］．潘振民，译．上海：上海人民出版社，1996.

[183] 石文凯，王广平，刘人才．新医改政策对我国医药产业发展的影响分析［J］．中国药业，2011，20（24）：5 - 6.

[184] 史洪昊，胡豪，王一涛．竞合视角下的中国医药企业间合作［J］．科技管理研究，2012，（5）：116 - 118.

[185] 史普博．管制与市场［M］．余晖，译．上海：上海人民出版社，1999.

[186] 宋华．中国医药分销物流变革存在的问题与前景展望［J］．中国软科学，2006（6）：132 - 138.

[187] 宋铁波，钟熙，陈伟宏．经营绩效反馈、环境不确定性与企业广告投入［J］．工业技术经济，2017，36（06）：79 - 86.

[188] 苏敬勤．产学研合作创新的交易成本及内外部化条件［J］．科研管理，1999，20（5）：68 - 72.

[189] 孙冰．技术创新动因研究综述［J］．华东经济管理，2010，24（4）：143 - 147.

[190] 孙维峰，黄祖辉．广告支出、研发支出与企业绩效［J］．科研管理，2013，34（2）：44 - 51.

[191] 孙晓华，郑辉．买方势力对工艺创新与产品创新的异质性影响［J］．管理科学学报，2013，16（10）：25 - 39.

[192] 唐丁祥，蒋传海．定价模式、产品差异化与企业的创新激励研究［J］．财经研究，2010，36（8）：90 - 99.

[193] 唐方成，池坤鹏．双边网络环境下的网络团购定价策略研究［J］．中国管理科学，2013，21（3）：185 - 192.

[194] 唐圣春，张新平．药品定价方法及定价模型研究［J］．中国卫生经济，2009，28（2）：58 - 60.

[195] 唐艳，徐怀伏．药品价格管制与社会福利的经济学分析［J］．中国卫生经济，2008，27（7）：52 - 54.

[196] 天士力创新科研体系产学研合作结硕果［N/OL］．［2011 - 09 - 23］．http://www.tj. xinhuanet. com.

[197] 田巍，张子刚，刘宁杰．零售商竞争环境下上游企业创新投入的供应链协调［J］．系统工程理论与实践，2008，28（1）：64 - 70.

[198] 汪秋明，韩庆潇，杨晨．战略性新兴产业中的政府补贴与企业行为：基于政府规制下的动态博弈分析视角［J］．财经研究，2014，40（7）：43 - 53.

[199] 汪秋明. 新规制经济学研究述评 [J]. 经济评论, 2005 (4): 118 - 123.

[200] 王广平. 目前我国医药电子商务模式的分析 [J]. 上海医药, 2004, 25 (3): 101 - 103.

[201] 王列军, 葛建华. 医院药品集中采购政策的背景和演变 [J]. 中国卫生政策研究, 2009, 2 (4): 8 - 13.

[202] 王龙, 康灿华. 我国医药企业研发战略联盟研究 [J]. 科技管理研究, 2005 (12): 111 - 113.

[203] 王强, 毛华. 集团采购组织在药品采购中的降价机制与发展阶段的经济学分析 [J]. 中国卫生政策研究, 2011, 4 (8): 66 - 70.

[204] 王微, 王列军. 关于进一步改革和完善药品集中采购的政策建议 [J]. 中国卫生政策研究, 2009, 2 (4): 22 - 27.

[205] 王蔚佳. 政府定价终结, 明年起药价全放开 [N]. 第一财经日报, 2014 - 11 - 27 (A01).

[206] 王勇. 开放创新范式下医药研发 [J]. 中国科技论坛, 2014 (8): 11 - 15.

[207] 王玉芬. 新医药产业协同创新结构考察 [J]. 开放导报, 2014, 144 (6): 72 - 75.

[208] 王增鑫, 尹畅, 刘西国, 等. 药品集中采购制度下药价虚高的成因与制约 [J]. 中国卫生经济, 2014, 32 (4): 72 - 74.

[209] 王振平, 方锐. 药品采购 "二次议价" 的社会效用损失研究 [J]. 价格理论与实践, 2013 (3): 54 - 56.

[210] 维斯库斯. 反垄断与管制经济学 [M]. 陈甫军, 译. 北京: 机械工业出版社, 2004.

[211] 吴斌珍, 张琼, 乔雪. 对药品市场降价政策的评估: 来自中国 1997—2008 年的证据 [J]. 金融研究, 2011 (6): 168 - 180.

[212] 吴海燕, 杨武, 雷家骕. 我国企业创新激励体系主要问题及对策探析 [J]. 科技进步与对策, 2010, 27 (20): 89 - 92.

[213] 吴红雁. 新《药品注册管理办法》对新药研发的影响与对策 [J]. 中国药业, 2008 (16): 5 - 6.

[214] 吴剑峰, 杨震宁. 政府补贴、两权分离与企业技术创新 [J]. 科研管理, 2014, 35 (12): 54 - 61.

[215] 吴晶. 药品价格决定机制的理论与实证研究 [D]. 沈阳: 沈阳药科大学, 2007.

[216] 吴晓园, 丛林. 企业技术创新策略与政府 R&D 补贴: 基于不完美信息的动态博弈模型 [J]. 科学学与科学技术管理, 2012, 33 (2): 56 - 62.

[217] 西达克, 史普博. 美国公用事业的竞争转型: 管制与管制契约 [M]. 宋华琳, 译. 上海: 上海人民出版社, 2012.

[218] 肖兴志，王伊攀. 战略性新兴产业政府补贴是否用在了"刀刃"上？——基于254家上市公司的数据 [J]. 经济管理，2014，36（4）：19-31.

[219] 谢科范，刘海林. 产学研合作共建研发（R&D）实体的博弈分析 [J]. 科学学及科学技术管理，2006，27（10）：27-30.

[220] 谢申祥，王孝松. 国际寡头竞争、产业研发效率与战略性研发政策 [J]. 科学学与科学技术管理，2013（2）：28-35.

[221] 谢申祥，王孝松. 战略性研发补贴政策稳健吗？——基于中间品贸易的视角 [J]. 经济学（季刊），2012（1）：223-242.

[222] 邢素，杨悦. 中成药研发、广告投入和主营业务利润的实证研究 [J]. 中国医药工业杂志，2009，40（6）：474-476.

[223] 薛澜，胡颖廉. "三重失灵"：监管政治学视阈中的"铬超标胶囊" [J]. 行政管理改革，2012（9）：32-36.

[224] 闫峻峰. 医疗机构药品集中采购现状与发展趋势 [J]. 中国药房，2010，21（32）：3005-3009.

[225] 杨莉，李野，徐莹. 美国的新药研发激励政策 [J]. 中国新药杂志，2007，16（13）：985-988.

[226] 杨莉，连桂玉，邢花，等. FDA在新药注册审批中的研发激励机制研究 [J]. 中国新药杂志，2012，21（9）：964-96.

[227] 杨易成，杜纲，刘国恩. 基于竞争合作分析的我国制药企业研发国际化策略研究 [J]. 科技进步与对策，2009（14）：96-100.

[228] 姚晓璐. 看看这些制药巨头2016年都花了多少广告费 [EB/OL]. （2017-01-18）. http://med. sina. com/article_detail_100_1_18976. html.

[229] 医药行业40位代表委员吁请取消药品集中招标采购 [N/OL]. （2013-03-05）. http://finance. china. com. cn/news/special/lianghui2013/20130305/1312231. shtml.

[230] 易八贤，王广平，吴晓明. 基于孤儿药制度的传统疑难杂症药物研发激励策略 [J]. 中国医药工业杂志，2014，45（3）：302-306.

[231] 于春海，樊治平，周文光. 基于产品创新的企业R&D联盟形成的博弈分析 [J]. 运筹与管理，2008，17（4）：56-60.

[232] 詹美求，潘杰义. 校企合作创新利益分配问题的博弈分析 [J]. 科研管理，2008，29（1）：8-13.

[233] 张根明，温秋兴. 企业创新：激励体系与企业创新能力关系研究 [J]. 科学学与科学技术管理，2010（4）：126-129.

[234] 张国庆，王华. 动态平衡：新时期中国政府管制的双重选择 [J]. 湖南社会科学，2004（1）：47-50.

[235] 张俊祥，左晓利，武治印，等. 对加强我国新药创制几点思考 [J]. 中国科技论

坛，2012（10）：5-9.

[236] 张磊，王艳霞．全球创新药研发趋势与重点研发领域［J］．中国药业，2014，23
（2）：1-4.

[237] 张米尔，武春友．产学研合作创新的交易费用［J］．科学学研究，2001，19
（1）：89-92.

[238] 张庆霖，郭嘉仪．政府规制、买方势力与技术创新：中国制药产业的研究［J］．
当代财经，2013（6）：98-109.

[239] 张庆霖，苏启林．政府规制失灵：原因与治理［J］．经济学动态，2009（4）：
38-41.

[240] 张庆霖．药品市场的政府规制：社会福利改进与技术创新效率［J］．改革，2012
（7）：152-157.

[241] 张庆霖．医疗机构市场势力对药品价格形成的影响与规制：基于纵向市场框架下
的考察［J］．价格月刊，2013（12）：48-51.

[242] 张庆霖．纵向市场、政府规制与创新扭曲：中国制药产业的研究［D］．广州，
暨南大学，2011.

[243] 张荣，付宪法．企业最优 R&D 与广告投入策略分析［J］．科技进步与对策，
2010，27（14）：86-90.

[244] 张晓兰．中国药品集中招标采购制度的缺失与完善研究［J］．中国市场，2007
（8）：120.

[245] 张新鑫，侯文华，申成霖．集中采购规制下制药企业创新激励与市场绩效研究
［J］．系统工程理论与实践，2017a，37（6）：1557-1567.

[246] 张新鑫，侯文华，申成霖．价格管制、医保支付政策与制药企业创新激励［J］．
科研管理，2015，36（12）：120-128.

[247] 张新鑫，侯文华，申成霖．医药产学研联盟创新决策、创新危机与利润分配
［J］．运筹与管理，2016a，25（3）：267-273.

[248] 张新鑫，申成霖，侯文华．考虑竞争者进入威胁的易逝品动态定价机制［J］．管
理科学学报，2016b，19（10）：34-47.

[249] 张新鑫，侯文华，申成霖，等．集中采购参与意愿、制药企业议价能力与药品市
场绩效［J］．中国管理科学，2017b，25（7）：113-122.

[250] 张新鑫，侯文华，申成霖．价格管制、战略性创新激励与创新药市场绩效［J］．
科研管理，2017c，38（11）：8-12.

[251] 申成霖，张新鑫，侯文华．制药产业创新激励政策研究的述评与展望［J］．中国
卫生政策研究，2017，10（8）：34-39.

[252] 赵远亮，周寄中，许治．医药创新系统中的"R&D-大服务"联动：基于两个一
类新药创新的研究［J］．中国软科学，2008（8）：43-51.

[253] 赵远亮，周寄中，侯亮，等．医药企业知识产权与经营绩效的关联性研究 [J]．科研管理，2009，30（4）：175 – 183.

[254] 赵正国，肖广岭．从产学合著论文看中国产学科技知识生产合作：以中国制药工业为例 [J]．自然辩证法研究，2012（4）：68 – 72.

[255] 郑晓南，黄文龙．基于世界"被忽视疾病"新药研发的 PPP 模式：国际抗疟药风险联盟 MMV 案例分析 [J]．研究与发展管理，2010（6）：64 – 70.

[256] 植草益．微观规制经济学 [M]．朱绍文，译．北京：中国发展出版社，1992.

[257] 国家食品药品监督管理总局．2012 年药品注册审批年度报告 [EB/OL]．（2013 – 02 – 04）．http://www.cde.org.cn.

[258] 周斌，吴晓明．创新激励视角下我国药品价格管理政策完善策略 [J]．中国医药工业杂志，2014，48（8）：799 – 802.

[259] 周慧，许长新．新规制经济学理论的发展 [J]．经济评论，2006（2）：152 – 158.

[260] 朱恒鹏．医疗体制弊端与药品定价扭曲 [J]．中国社会科学，2007（4）：89 – 103.

[261] 朱晓琴．企业网络能力、跨组织知识管理与创新绩效的关系研究 [D]．成都：西南财经大学，2011.